法學啟蒙叢書

民法系列——

婚姻法與夫妻財產制

Marriage and Matrimonial Property Regime

戴東雄
戴瑀如　著

Civil Law

三民書局

國家圖書館出版品預行編目資料

婚姻法與夫妻財產制／戴東雄,戴瑀如著.－－初版一
刷.－－臺北市：三民，2009
　　面；　公分.－－(法學啟蒙叢書)
參考書目：面
ISBN 978–957–14–5106–0　（平裝）
　1.婚姻法 2.夫妻財產制

584.41　　　　　　　　　　　　　　97018546

© 　婚姻法與夫妻財產制

著 作 人	戴東雄　戴瑀如
責任編輯	容君玉
美術設計	陳健茹
發 行 人	劉振強
著作財產權人	三民書局股份有限公司
發 行 所	三民書局股份有限公司
	地址　臺北市復興北路386號
	電話　(02)25006600
	郵撥帳號　0009998–5
門 市 部	(復北店) 臺北市復興北路386號
	(重南店) 臺北市重慶南路一段61號
出版日期	初版一刷　2009年1月
編　　號	S 585790

行政院新聞局登記證局版臺業字第○二○○號

有著作權・不准侵害

ISBN　978–957–14–5106–0　（平裝）

http://www.sanmin.com.tw　三民網路書店
※本書如有缺頁、破損或裝訂錯誤，請寄回本公司更換。

　　臺灣自解嚴以來，奠立了民主法治的國家。人民對權利義務之意識普遍提高。國內提倡法律知識不遺餘力之三民書局，為因應此新的法治環境，特別以民法為基礎，而企劃一系列「法學叢書」，期能對民法領域中重要觀念作深入淺出的解析。本人深感此叢書之出版對法律知識及推廣法律教育有很大的幫助。因此本人率先加入撰寫行列，於民國95年5月順利出版了《民法系列：繼承》專書。本書出版後深受讀者的熱烈回響，本人至感欣慰。

　　本書《民法系列：婚姻法與夫妻財產制》，原計畫由小女戴瑀如助理教授獨立完成，但因懷孕生產的緣故，為不耽擱三民書局整體系列的出版作業，小女邀請本人共同參與撰寫工作。因為有感於法學知識推廣的重要性，以及《民法系列：繼承》一書的良好經驗，本人也就欣然接受邀請。

　　本書《婚姻法與夫妻財產制》為親屬編重要的一環，而親屬法乃規律人類身分上之關係，其中以結婚、離婚、父母子女、收養等為規律的核心。此身分關係影響人民家庭生活的美滿幸福，社會秩序的安定祥和，甚至與國家的繁榮，民族的綿延有重大的關係。本書以婚姻為主題，分為兩部分。第一編為〈結婚與離婚〉，說明身分關係如何建立與解消及其所產生之效力問題。第二編為〈夫妻財產制〉，此包括一男一女因結婚而創設夫妻身分後，如何適用夫妻財產制規律夫妻間之財產關係及對第三人如何為債務之清償。

　　民法親屬編自民國 19 年制定以來，因配合社會之變動及人們實際需要，於民國 74 年全面修正過一次。其後又於民國 85 年、87 年、89 年、91 年、96 年及 97 年陸續作部分修正。為使讀者就親屬編之內容深入了解，本書乃以歷史方法論，探討其內容沿革之所在，其次，為理解理論上之優劣，以比較法之方法，就外國立法例與我國之規定作一比較。最後以實例來說明如何利用法條或判例、解釋例解決法律問題，以示理論與實務相互配合。

戴東雄　謹誌

民國 97 年 10 月 31 日

　　三民書局所企劃這一系列法學啟蒙叢書，希望以深入淺出的方式，引領對法律有興趣的國人進入法學的世界。要建立並鞏固一個法治國家的實質基礎，這些基礎法律知識的推廣是必要的工作，實在值得我們投入更多的心力。筆者在與學生以及社會一般大眾的接觸中，深感這方面著作欠缺的問題嚴重，有幸受邀參加這個計畫，自當義不容辭，貢獻自己所學於社會。

　　民法親屬編分為婚姻與親子兩大部分，規範夫妻與父母子女身分的建立，以及因而發生之法律上的權利與義務。本書乃以婚姻為中心，第一編以夫妻之身分關係如何建立或解消為核心，包括婚姻之締結、離婚等重要內容；第二編則著重在夫妻關係所產生之財產法上的權利與義務，即夫妻財產制。夫妻財產制是近年來我國立法者多次修正民法親屬編的重心，由於其對夫妻於共同生活之中或是之後的地位平等有決定性的影響，未來發展也深受社會大眾之關切。但由於我國法制在此領域中實為後進，於是國外的立法例以及實務運作經驗對我們應有相當的參考價值，是以本書中亦花費相當的篇幅，介紹與我國制度關係密切的德瑞法規定，除了幫助讀者能藉著比較法的觀點更加了解我國的制度規定外，並希望因而能激發對此議題有興趣的讀者進行更深入的思考。又本書以基礎理論的介紹與例題解析的搭配，期能使讀者在閱讀之後，對於夫妻彼此之間的法律關係，能有基本完整的認識。

　　本書原應由我獨力完成，在完成資料蒐集以及設計本書
整體架構與初步的草稿工作之後，因懷孕生產緣故，致使寫
作進度嚴重落後，為不耽擱到三民書局的出版作業，特別情
商家父戴東雄教授接手其後的撰寫工作。家父在這個領域的
學養以及經歷自然是我所遠遠不及的，透過這次的合作，在
兩人反覆討論的過程中，不但讓我學習到許多寶貴的經驗以
及知識，也提昇了本書的內容品質，對讀者亦是一大福音。
又適逢民法親屬編於 96 年、97 年有所修正，有涉及新法之部
分，本書亦配合加以更動。

戴瑀如　謹誌

民國 97 年 10 月 31 日

婚姻法與夫妻財產制

目 次

第3章　現行民法上之婚姻解消　56

第二編　夫妻財產制

第4章　各種夫妻財產制之類型　156

附　錄

第一編

結婚與離婚

第**1**章
我國固有社會之結婚與離婚

第一節 固有社會結婚之要件

一、結婚之形式要件

我國固有社會信奉儒家思想，而其中心思想乃將上天絕對支配地面之理論，適用於人類社會組織的關係，提出三綱原則：君為臣之綱，父為子之綱，夫為妻之綱。父為子之綱，引申為子之人格為父所吸收；夫為妻綱，引申為妻之人格為夫所吸收。從而子依附於父之尊長權；妻依附於夫之夫權生活，子與妻雙雙無獨立之人格可言❶。

固有社會之男女成家，乃是為祖先而結婚，婚姻當事人之婚姻生活反居於次要地位。《禮記・昏義》說：「昏禮者，將合二姓之好，上以事宗廟，而下繼後世也，故君子重之」。因此固有社會之結婚，不以個人為本位，而具有團體主義之性質。祭祀祖先與傳香火乃我國為人後之最大任務。孟子說：「不孝有三，無後為大」。能祭祀祖先之後代又限於男系子孫，女系子孫則無此資格。因此傳統社會形成男女不平等與夫妻不平等。

由於傳統社會中，子之人格為父所吸收，結婚以家長或父母為當事人，婿媳本人惟命是從，無表示意願之餘地❷。俗語說：「結婚應從父母之命，媒妁之言」。至於婚禮之形式要件乃以六禮為主，即納采、問名、納吉、納徵、請期、親迎，此前四禮為定婚之儀式；後二禮為成婚之儀式，但二者之儀式不能分開，其係一氣呵成。換言之，定婚為結婚必須履行之要件，無定婚就無成婚❸。

---

❶ 戴炎輝，《中國法制史》，三民書局，民國 49 年，250 頁、266 頁。

❷ 戴炎輝，《中國法制史》，222 頁。

二、結婚之實質要件

　　傳統社會結婚之實質要件亦與現行法有出入：㈠須男女雙方主婚人之家長或尊長之合意，男女結婚之當事人無表示意思之餘地。㈡結婚無法定結婚之年齡，民間多有指腹為婚或割衫襟為親，甚至童養媳之婚姻習俗。㈢禁婚親屬之範圍廣泛。舊律對於同宗親，不論親等之遠近，均禁止結婚。清律（婚姻門、同姓為婚條）：「凡同姓為婚者，各杖六十，離異」。又娶親屬妻妾條：「凡娶同宗無服之親者（男女）各杖一百」。對於外姻之禁婚，依清律（婚姻門、娶親屬妻妾條）之規定，凡娶同宗無服之妻者（男女），各杖一百；若娶緦麻親之妻及舅甥妻，各杖六十，徒一年。小功以上之妻，各以姦論（自徒三年至俟斬）。㈣娶正妻納妾為律所允許。明律限於年四十以上而無子時，始得納妾，清律則不加年齡的限制，夫隨時得納妾。㈤禁止娶逃亡之婦女，此意旨在於重夫輕妻之下，妻不得因犯罪逃亡，否則妻因無行為能力，無法自謀生計。㈥禁止詐欺娶妻：詐欺為婚在舊律稱為妄冒，受刑法制裁。例如清律婚姻門良賤為婚條：「若妄以奴婢為良人，而與良人為夫妻者，杖九十，各離異，改正」。㈦禁止脅迫結婚：清律禁止強占良家婦女，如因脅迫成婚者，可訴請離異：「凡豪勢之人，強奪良家妻女，姦占為妻妾者，絞。婦女結親。配與子孫、弟姪、家人者，罪亦如之。男女不坐」（清律婚姻門、強占良家妻女條）。㈧子孫於父母或祖父母被囚禁時不得結婚。唐律不問其所犯之罪如何，均禁止結婚；至明、清律時，以祖父母、父母犯死罪為限，始予以禁止，但奉祖父母之命者，即不坐。㈨結婚不得違背身分上的限制。例如良人與賤民不得結婚或官吏不得與部民結婚等。

三、違反結婚要件之效力

　　違反結婚實質要件時，舊律例尚無有如現行法上之婚姻無效或婚姻撤銷之理論，而其規定與離婚相同，均以離異表示結婚無效與撤銷之效果，

---

❸　定婚乃訂婚之古語，見戴炎輝，《中國法制史》，228頁以下。

且不區分結婚無效與結婚撤銷。例如清律（戶律嫁娶違律主婚人罪條）：「其違律為婚各條稱離異、改正者，雖會赦，猶離異、改正。離異者，婦女並歸宗」。

第二節　結婚之效力

一、定婚之效力❹

　　傳統社會之結婚，定婚與結婚之儀式不可區分，二者必須連成一氣。男女定婚後，雙方有成婚之法律上義務，故雙方家長或尊長應協議婚期，擇期完婚。惟男方在成婚前不得強娶，女方亦不能故違婚期；違背時，男家或女家主婚人須受刑事處罰（清律戶律男女婚姻條）。僅定婚而尚未成婚時，男女之間尚未創立夫妻身分關係，故定婚男女之一方與他方親屬間尚無親屬關係，因此定婚男或定婚女之親屬相互間之通姦，不以親屬相姦論。定婚女與他人之通姦，亦以無夫姦論，非以有夫姦論。但另一方面，男女定婚後，發生一定之身分上之關係。定婚男與定婚女之私通，不以和姦論，而以違反教令或以不應為論處，其處罰較輕。定婚女對定婚男父母之服制，準用於子婦之服制。又定婚女對於其本宗或定婚男宗族之謀反、謀大逆及謀判罪，定婚女均不連坐（清律刑律謀反大逆條）。

二、成婚之效力

　　我國傳統禮制採夫妻齊體主義，即妻之人格為夫所吸收，夫妻之地位懸殊。歷代法制，妻亦隨夫的官品、職位而享受榮譽。

　　㈠扶養義務：舊律上無明文規定夫妻間之扶養義務，但夫妻成婚後，妻妾即入夫家與夫共同生活，故夫家自有扶養妻妾之義務。

　　㈡同居義務：舊律基於父系主義與重男輕女之思想，在同居義務上，強調妻方之義務。例如清律（婚姻門出妻條）規定：「若（夫無願離之情）

---

❹　戴炎輝，《中國法制史》，232 頁。

妻（輒）背夫在逃者，杖一百」。反之，清律（婚姻門出妻條附例），夫逃亡三年不還，妻始得告官，別行改嫁。

㈢貞操義務：貞操義務上，舊律僅課妻❺。妻與夫以外之任何第三人通姦，均為法律上之通姦（清律刑律犯姦條）。反之，夫娶妻外，尚能納妾，且不限人數。又夫之通姦係侵害相姦人之夫權，即男子與有夫之婦通姦，始為法律上之通姦。

㈣財產關係：在傳統社會，一家人，即家長與家屬為同居共財的生活團體，在法律上不承認家屬之私有財產，也無所稱之特有財產。依民間習俗，妻出嫁到夫家時，其從娘家所帶出來之衣服、器具或首飾，俗稱細軟，則仍屬於妻個人所有。如嫁奩為金錢、田土或房屋時，仍應納入夫家公同共有之財產❻。由此可知，在傳統社會上，嫁奩中妻個人專用之物為妻之特有財產，妻可自由管理、使用、收益，並處分。但妻之嫁奩為田土、房屋等價值高的財產時，其所有權雖屬妻所有，但管理權、使用權及處分權屬於夫家之家長。現行民法所規定之夫妻財產制，在婦女終身受監護的傳統社會是不能想像的。

💟 第三節　固有社會之離婚

一、離婚之種類

在男尊女卑的舊社會，離婚幾乎為夫的特權。錢大昕（《昏儀》）說：「父子兄弟以天合者也，夫婦以人合者也。以天合者，無所逃於天地之間，

---

❺　以現今社會的觀點來看，這樣的規定顯然不公。近年來，雖經諸多社會以及立法運動的努力，已逐漸在法律條文的規定中，將男女地位間的不平等排除，但是整體社會觀念是否已經發生相應的變遷，尚待觀察。

❻　依《中國農村慣行調查》，其中問說：「普通媳婦帶何物之夫家？」答：「帶土地的幾乎沒有，帶金錢的也很少，通常所帶之物為鏡子、衣服或飾具。」又問：「如妻帶土地時，是否屬於妻所有？」答：「是的。」又問：「出賣時是否與夫商量？」答：「沒有不商量的。」見《中國農村慣行調查》，第五卷，65 頁中段。

而以人合者，可制以去就之義」。惟儒家三綱之理論，將夫比喻為天，妻為地，故夫為妻之綱，僅夫有權離妻，而妻無離夫之權。《白虎通》說：「夫有惡行，妻不得去者，地為去天之義也」。《清明集》（戶婚門）亦說：「夫有出妻之理，妻無棄夫之條」。傳統社會之離婚稱為離異，而此分為三種：棄妻、義絕及和離。

㈠棄　妻

　　1.七出事由：禮制為保護妻之利益，不能由夫無因棄妻，故有七出三不去之棄妻。而律例亦從禮制，具有強制拘束性。棄妻又稱為出妻、休妻或去妻。此七出三不去僅適用於妻方，夫方無適用之餘地。所稱七出，乃允許夫片面棄妻，但必須限於七種禮制所列舉之積極事由始可，但妻有三種消極事由存在時，雖有七出事由之一，仍能阻止夫之片面棄妻。禮制之《大戴禮記》、《孔子家語》等對七出三不去事由，均有明白記載。依《大戴禮記・本命》記載：「婦有七去：不順父母去，無子去，淫去，妒去，有惡疾去，多言去，竊盜去。不順父母去，為其逆德也。無子為其絕世也。淫為其亂世也。有惡疾，為其不可共粢也。口多言，為其離親也。盜竊，為其反義也」。

　　2.三不去事由：禮制上所稱三不去係夫片面棄妻之消極事由。依《大戴禮記・本命》說：「婦有三不去：有所取無所歸，不去。經持舅姑之喪，不去。前貧後富貴，不去」。

　　此禮制上七出三不去，自唐律以後，歷代律例均予以沿襲。惟依唐律，縱有三不去事由，妻如犯淫佚、惡疾及姦時，仍得棄妻。依清律例，犯姦時，亦同。

㈡義　絕

　　義絕所以為裁判離婚之原因，乃夫妻之情意乖離，其義已絕，依法不得不強制離異。夫妻間發生義絕事由，經審判衙門判決應離而未離時，夫與妻均應受刑事處罰。歷代法制對於義絕事由甚為重視，因攸關婚姻大事

能否繼續維持。惟各朝代對於該事由之認定不盡相同。例如唐宋法與明清法有不同的規定。但課以女方之義絕事由較男方嚴苛，在此亦表現出傳統法制中男女不平等之觀念。

1.**唐宋法**：夫妻對義絕事由不同，對夫較寬，對妻較嚴。(1)夫之義絕事由：夫毆妻之祖父母、父母；夫殺妻之外祖父母、伯叔父母等；夫與妻母相姦等。(2)妻之義絕事由：妻毆、詈夫之祖父母、父母；妻毆、傷夫之外祖父母、伯叔父母；妻與夫之緦麻以上親屬相姦；妻欲害夫等。(3)夫妻親屬間之義絕事由：夫妻之祖父母、父母、外祖父母、伯叔父母、兄弟、姑等自相殺等。

2.**明清法**：依《大清律集解》說，所稱義絕係指各本條明定為「離異歸宗」或「仍兩離之」。凡唐宋法有明文規定之義絕事由，明清法應適用之，但明清法又以實務之例文擴大義絕事由，在干名犯義條上說：「若女婿與妻父母，果有義絕之狀，許相告言，各依常人論」。其在夾注說：「義絕之狀有：(1)如身在遠方，妻父母將妻改嫁；(2)趕逐出外，重別招婿；(3)容止外人通姦；(4)女婿毆妻至重；(5)抑妻通姦；(6)有妻詐稱無妻，欺妄更娶妻；(7)以妻為妾；(8)受財將妻妾典雇，妄作姊妹嫁人之類」。

檢討明清法與唐宋法不同之處，在於其義絕事由增多，尤夫及舅姑對妻婦之迫害或虐待將成為義絕事由，此或多或少對男女間之不平等有所改善，故值得注意。

㈢和　離（兩願離）

舊律上之和離與現行法之兩願離婚相同，夫妻雙方可以合意終止夫妻之身分關係。唐律（義絕、離之條）規定：「若夫妻不相安諧而和離者，不坐」。自宋至清代均沿襲唐制，但自明清法改稱為「兩願離」。此舊制仍以夫妻當事人的合意為要件，但夫通常應得其父母或家長之同意，且多以夫家一方之意思而和離，女方之合意不受重視。女方家長一旦將女兒嫁出後，即甚少介入夫妻之感情糾紛，而夫家為避免七出棄妻之惡名，亦多利用和離而達到棄妻之目的。

二、離婚之效力❼

　　傳統社會不論棄妻、義絕或和離，因離婚而發生夫妻間、親屬間及子女監護效力之變更。

㈠夫妻關係

　　結婚後夫妻間之一切權利義務，自離婚時起消滅。夫妻各自可以自由再婚。傳統社會無待婚期間之問題。至於夫妻間之財產，妻於結婚時從娘家帶入之妝奩，除其專用之衣服、首飾、器具外，其他金錢、田土、房屋等已經成為夫家之公同共有之家產。因此妻離婚後，不能攜帶妝奩之金錢、田土或房屋改嫁或歸宗。

㈡親屬關係

　　由婚姻所生之親屬關係，因離婚而消滅，但妻與夫之其他同宗親，即使離婚後，仍不得結婚。妻須搬離夫家，並去夫家之姓，而恢復本姓。

㈢子女之監護

　　親子關係為自然血親，不得以人為因素而予斷絕。即使夫妻離婚後，母去夫家，母子關係仍然存在，而被離之母稱為出母。婚姻關係存續中所生之子女，除招贅婚外，皆屬於從夫姓，並以留在夫家受家長保護、教養及監護為原則。但離婚時，妻得與夫家協議而定其監護權。離婚後所生之子女歸屬於妻家扶養，如妻改嫁時，則為後夫之子，並由後夫扶養。傳統社會之親子法，並無婚生推定與受胎期間之法理，故夫妻離婚時，其共同子女之教養以離婚時期為準。

---

❼　戴炎輝，《中國法制史》，235頁、240頁。

第2章
我國現行民法上之婚約與結婚

💗 第一節 婚 約

一、婚約之要件

我國民法上所規定的婚姻，形式上與傳統社會的六禮結婚相同，分為婚約的訂立與結婚之舉行。但二者的內容有甚大之差異。現行民法上的婚約，又稱為訂婚，而傳統社會稱為定婚。民法的結婚不以先有婚約為必要，男女當事人不先訂婚而直接結婚，仍為法所允許；反之，舊法之成婚非先履踐定婚不可。

依民法之規定，婚約不發生身分之效力，故不要求有形式要件，男女當事人意思表示一致即能成立婚約。雖然民間習俗在訂婚時有交換信物或禮物，但是依據現行民法，未舉行此種信物之交換或儀式，不會影響婚約之成立。

民法的婚約非結婚必備的行為，但婚約係以將來結婚為目的之契約行為，其雖不發生身分之效力，但在違反婚約時，有財產上與非財產上之損害賠償問題，故應具備婚約的實質要件。惟其民法上的要件與結婚比較顯然規定較為簡單：

㈠婚約當事人須有訂婚能力

此要件在法條上並無明文規定，但婚約之性質乃身分上之契約行為，雙方應有意思的合意始可，故訂婚當事人須具備意思表示的能力。訂婚時，若當事人處於心神喪失或精神錯亂時，不問其有無受法院之監護之宣告，因其本身無意思能力，故其無訂婚能力，如訂婚時，該訂婚為無效。

受監護宣告之人，雖未撤銷其監護之宣告，但如恢復常態時，得由其法定代理人之同意而能訂婚。如未得法定代理人之同意，則由其行使婚約之撤銷。

(二)須有婚約雙方當事人之合意

我國傳統社會上，婚姻為宗族或家族之大事，故決定婚姻之權利專屬於家長，男女當事人無法表示自己的意見。現行民法已確立獨立人格與婚姻自由的原則，因此民法第 972 條明定：「婚約應由男女當事人自行訂定」。基於此規定，現行民法如由父母為子女代訂婚約時，該婚約為無效。惟日後男女本人對該婚約無異議時，應認為從此時起，婚約發生效力。婚約之訂立為身分契約，身分行為不宜適用無權代理之法理，其代理行為不能解釋為不生效力，而應解釋為無效❶。

(三)訂立婚約當事人，男須滿十七歲，女須滿十五歲

訂婚之法定年齡，不從民法總則有關行為能力之規定，而在親屬編另為特別規定。因身心尚未趨於成熟，且對婚約與結婚之意義不能充分了解，故立法者於民法第 973 條明定法定訂婚之年齡：「男未滿十七歲，女未滿十五歲者，不得訂定婚約」。

傳統社會對定婚之年齡不受限制，而有指腹為婚或童養媳的陋習，此依現行法均為無效之婚約。至於違反法定訂婚年齡時，有學者主張其為無效，如胡長清❷；有學者採撤銷說，如戴炎輝❸。實務上之見解則採無效說，例如司法院 34 年院字第 2812 號解釋或最高法院 32 年上字第 1098 號判例。

此兩種見解均有法理之依據，但本人認為以採撤銷說較妥。因為結婚與婚約同為身分行為，身分行為有其與財產行為不同之特質，且婚約行為

---

❶　戴炎輝、戴東雄、戴瑀如合著（以下簡稱戴合著），《親屬法》，民國 96 年，45 頁。

❷　胡長清，《中國民法親屬論》，商務印書館，民國 35 年，61 頁。

❸　戴合著，《親屬法》，49 頁。

較結婚行為輕，前者發生夫妻之身分，後者則否。違反結婚之法定年齡（民980條），其效力為可得撤銷（民989條），而不為無效，故違反法定訂婚年齡時，依論理解釋，宜解釋為得撤銷較妥。

㈣未成年人訂婚須得法定代理人之同意

未成年人身心未成熟，思慮欠周密，雖然婚約尚不發生身分關係，但婚約之目的畢竟在於將來結婚。又訂婚不慎而有過失時，應負損害賠償責任。故民法第974條明文規定：「未成年人訂定婚約，應得法定代理人之同意」，期能保護未成年人。如法定代理人就其婚約的同意權，有故意刁難時，依司法院36年院解字第3399號解釋，認為仍非得其同意不可。但依本人之見解，法定代理人的此行為已構成權利的濫用，似可請求法院停止其親權、變更法定代理人或其他之救濟。至於法定代理人應如何表示其同意權，民法無明文規定。但依法理，不必有何形式要件，可對其所監護之當事人或其相對人為之。如相對人亦為未成年人時，對其法定代理人為之。未成年人受領婚約同意之意思表示時，無須得其法定代理人之同意，因其為身分行為，而以意思能力為已足。

㈤結婚實質要件之準用

民法對於婚約之實質要件，因其尚不發生任何身分上之效力，故其規定較結婚簡要。惟婚約之目的在於結婚，而在婚約上，雖無明文規定為其要件，但該事由為結婚之無效要件時，例如有人與民法第983條所規定禁止結婚之親屬訂婚時，其婚約應解釋同為無效。又該事由為結婚可得撤銷時，因結婚之行為較訂婚是比較嚴重之身分行為，依論理解釋，凡結婚可為撤銷之事由，例如訂婚時受詐欺或脅迫，理應解釋同為婚約之實質要件。如有違反時，得準用結婚各條撤銷之規定，亦得撤銷為是。

又如訂定婚約之相對人有不能人道時，亦應準用民法第995條之規定，婚約當事人之一方，於訂定婚約時不能人道而不能治時，他方得撤銷其婚約。如於婚約訂定後一方始成為不能人道時，他方似得依民法第976條第

一項第六款，以婚約訂定後成為殘廢事由解除婚約❹。

二、婚約之效力

㈠概　說

　　婚約成立前，男女雙方除了各對他方之身分及人品同意以外，其他內容在訂婚以前，總要有相當的約定，始能達成婚約目的之結婚。通常婚約內容如不違背結婚的純正目的，法律均不加以限制。例如約定結婚日期、地點、證婚人之選任等。甚至約定將來結婚後，是否加冠夫姓或妻姓、婚姻住所之選定、應採用何種夫妻財產制、子女應從夫姓或妻姓等，均無不可。

　　至於結婚通常不能附條件或期限，而婚約是否也相同？婚約因尚不發生身分上之效力，故與結婚就此情形有所不同。婚約如不違反法律之強制禁止規定或公共秩序善良風俗，得附條件與期限，例如約定禮餅之品牌或數量或約定結婚之日期等。惟有配偶之人，以其離婚或配偶死亡為條件而與他人訂婚，或以將來不結婚或結婚不生子女為條件而與人訂婚時，因其違背公共秩序或善良風俗，其婚約應為無效。

㈡婚約無強制性

　　我國現行法之婚約與舊傳統社會之定婚不能相提並論，因為舊社會之定婚，不但能訴請法院強制履行，而且發生身分上的效力，有如上述。

　　民法上的婚約僅對將來預約結婚。自民法確立獨立人格之觀念後，在身分行為，要求高度的意思自治之原則。因此結婚須絕對由男女當事人自由意思決定，不受第三人之干涉。為此民法第 975 條規定：「婚約不得強迫履行」。司法院 23 年院字第 1135 號解釋說：「婚約當事人之一方，無民法第 967 條之理由而違反婚約者，僅得依同法第 978 條對之為損害賠償之請求。其訴請履行婚約，既有同法第 975 條之限制，自應予以駁回」。由此可

---

❹　陳棋炎、黃宗樂、郭振恭合著（以下簡稱陳、黃、郭合著），《民法親屬新論》，三民書局，民國 97 年，72 頁。

知，婚約當事人履行結婚之義務僅為道德上之義務，不具有強制性，如當事人之一方為達到強制效果，於訂定婚約時，附加違約金條款者，該條款為無效。

我國為繼受歐陸法的國家，德、瑞立法例影響我國民法甚大。而婚約之不得強迫履行亦可見於德國與瑞士法中之相關規定。德國民法第 1297 條規定婚約之無訴訟性 (Nichtklagbarkeit)：「男女當事人不得依據婚約，訴請法院結婚（第一項）。當事人約定不履行婚約時應支付違約金者，其約定無效（第二項）」。瑞士民法第 90 條第三項規定：「婚約當事人不得依其婚約，訴請法院履行結婚」。

㈢婚約不發生身分效力

男女於婚約成立後，在習俗上稱為未婚夫妻，二人之互動即使親密，但在法律上尚不發生配偶之身分與姻親之關係。未婚夫妻相互間並無同居義務。如因同居而生育子女時，其為非婚生子女，應由未婚夫之認領（民 1065 條二項）或由未婚夫妻結婚之準正（民 1064 條），始能成立父子身分關係。未婚夫妻間亦無扶養義務，也無日常家務之代理權。未婚夫或未婚妻與第三人再訂婚時，後訂婚非無效，仍為有效之婚約，而前婚約之相對人僅能解除自己之婚約而已。如因此符合民法第 977 條之要件，解除權人無過失，而他方有過失時，得請求財產上與非財產上之損害賠償。

三、婚約之解消

㈠當事人一方之死亡與合意解除婚約

1. 當事人一方之死亡

婚約一旦成立後，因其中一方嗣後發生一定事由，不能完成結婚而消滅婚約效力時，稱為婚約之解消。婚約之解消分為死亡與婚約之解除。婚約因當事人一方的死亡而解消，而死亡包括自然死亡與死亡宣告。後者在民法第 9 條有死亡時間之推定。又因死亡而解除婚約時，不發生損害賠償

之問題。但雙方為婚約互贈之禮物，如戒指、首飾等物，法律雖無明文，但依一般習俗，不必返還，此為司法院 21 年院字第 838 號之解釋，學者之解釋亦如此❺。

2. 合意解除婚約

婚約有效成立後，雙方可否依合意解除婚約？民法對此亦無明文規定，但結婚後夫妻可依法定要件合意離婚，此為民法第 1049 條所明定，而結婚是較婚約更為重要的身分行為，若結婚可依兩願離婚時，依論理解釋，婚約自然也能依合意解除。尤其婚約尚未發生身分上複雜關係，故更應允許合意解除婚約。惟雖不發生財產上或非財產上之損害賠償，但婚約當事人另有約定賠償時，自當從其約定。至於雙方互贈之禮物，原則上應返還之。

(二)有理由之解除婚約

1. 婚約解除之事由

婚約一方於婚約訂定後，發生民法第 976 條第一項所規定之事由之一時，他方得解除婚約，此稱為有理由之解除婚約。民法第 976 條第一項共例示八款具體之事由，而第九款則為概括之規定。此例示八款事由中，有的為有責事由，也有無責事由，但不論其為有責或無責事由，其共同之處在於，如讓其結婚，勢必對將來婚姻生活之美滿有不利之影響，故他方得解除婚約。

(1)婚約訂定後再與他人訂定婚約或結婚者

此為有責事由，且一方有此情事時，表示該人已無結婚之誠意，更是對愛情的不專，他方自得解除婚約。但他方不得主張因其先訂婚，而否認後訂婚為無效或得撤銷，也不能因他方先訂婚，而主張後結婚為無效或得撤銷。

(2)故違結婚期約者

此事由亦為有責事由，即一方對於約定之結婚日期，故意不遵守之意。惟當事人之一方延緩結婚日期，乃出於不得已之事由，例如軍人服兵役（司

---

❺　戴合著，《親屬法》，63 頁。

法院 29 年院字第 2103 號解釋）或為父或母奔喪（最高法院 22 年上字第 3674 號判例），或因病住院，而不能如期依法結婚等。雙方於訂婚後，若已有約定確切的結婚日期者，該日期一到而無故不結婚時，不必經催告，即構成本款之故違結婚期約，而得解除婚約。婚約後未定有結婚之日期者，當事人之一方應先催告結婚之相當日期，如不在該期日結婚時，始構成故違結婚期約，而解除婚約❻。

⑶生死不明已滿一年者

此為婚約解除之無責事由。所稱生死不明，係指客觀上是否已死亡或尚生存無法知悉之謂。婚約當事人之一方雖曾生死不明滿一年，但一年後已知其生存時，自不得再為婚約解除之事由❼。又失蹤一年是否已構成此款事由，宜採否定說為是。

⑷有重大不治之病者

此亦為無責事由。何謂重大不治之病，此屬於不確定之概念，即醫學上不易治癒之病，如癌症、愛滋病等。當事人對病症是否重大不治有爭議時，由主管機關組成醫學鑑定委員會決定之。實務上，如訂約之一方明知他方有重大不治之病，而仍與他方訂婚時，依誠實信用之原則，宜解釋不得解除婚約。惟郭振恭教授對此採不同見解，即明知他方有重大不治之病而與之訂婚者，應解為仍得據以解除婚約。蓋僅有婚約，尚未發生複雜之身分關係，自個人幸福及社會公益為考慮，應得解除婚約❽。

⑸有花柳病或其他惡疾者

此事由宜解釋為無責事由，即當事人染上花柳病時，不問其出於有責行為或無責行為，因有妨礙將來夫妻共同生活，將其列為婚約解除之事由。民法將花柳病列為惡疾之一，但何謂惡疾，頗為費解。惡疾並非現代醫學名詞，而來自於傳統社會法制史上的用語，是《禮記》與舊律上之離婚事

---

❻　趙鳳喈，《民法親屬論》，正中書局，民國 34 年，62 頁；戴合著，《親屬法》，53 頁。

❼　陳、黃、郭合著，《民法親屬新論》，82 頁。

❽　陳、黃、郭合著，《民法親屬新論》，83 頁。

由。惡疾為夫片面七出棄妻事由之一，當時所稱之惡疾，在唐律上係指痲瘋病而言。最高法院 23 年上字第 4051 號判例從舊律，亦以痲瘋為惡疾。本事由以花柳病為惡疾之代表性疾病，而花柳病又為所有性病之代表，故其他梅毒、淋病等性病自應屬惡疾之一種。如當事人之一方明知他方有此惡疾，而仍與之訂婚時，依誠實信用之原則，不宜再解釋為得撤銷或解除婚約。惟多數學者主張為維持民族健康及婚姻幸福計，在此情形，仍得解除婚約❾。

⑹婚約訂定後成為殘廢者

本事由又為無責事由。所稱殘廢，民事法無特別規定，依大理院 7 年上字第 910 號判例，係指人體五官陰陽之機能有一失其作用者而言。此必須於訂婚後成為殘廢，始能成為婚約解除之事由。於訂婚前當事人一方已殘廢，而他方不知此事實時，則可能成為詐欺而為婚約撤銷之事由。但他方明知之情形者，依誠實信用原則及公平起見，應認為不能撤銷或解除婚約為是。

⑺婚約訂定後與人通姦者

本款亦為有責事由。當事人於訂婚後，再與他人發生通姦時，除可證明其對愛情不專，也勢必對將來婚姻生活的美滿有相當之妨礙，故將其列為婚約解消之事由。所謂通姦，乃指當事人之一方與他方以外之異性發生性交而言。如當事人一方與同性發生性交（即同性戀）時，是否構成本款事由而得解除婚約？依本人之見解，此種行為對雙方將來婚姻生活的美滿構成相當的威脅，故應肯定為是。若是通姦嚴格解釋為僅限於異性間的性交時，則同性間發生性交的情形，應可構成本條第九款概括規定的其他重大事由，而得解除婚約。民國 96 年 5 月修正親屬編時，民法第 1052 條第一項第二款裁判離婚之事由從「與人通姦」，改為「與配偶以外之人合意性交」，從而同性間之性交也包括在內，此乃配合刑法之規定而修正。但為何民法第 976 條第一項婚約解除之通姦事由不同步修正，令人費解。無論如何，婚約解除事由，實應與裁判離婚事由為相同解釋。又本款通姦行為不

---

❾　胡長清，《中國民法親屬論》，66 頁；趙鳳喈，《民法親屬論》，63 頁。

必與有配偶之人為之，從而在刑法上是否成立刑責，並非所問。通姦係雙方合意的性行為，如當事人之一方被他人強制性交時，他方不得依本款事由解除婚約。但當事人之一方強制性交第三人，依論理解釋，強制性交較通姦之惡性重大，故應可構成本款婚約解除之事由，或是解為本條第九款之重大事由。又通姦在訂婚之前者，尚不構成本款事由，但訂婚時對他方之曾否有通姦之質疑，而有故意隱瞞時，應構成詐欺行為，得構成婚約撤銷的原因。

(8)婚約訂定後受徒刑之宣告者

本款亦為有責事由。婚約當事人之一方因犯罪受徒刑的宣告即足，不必等待受徒刑判決的確定。本款事由之發生，足以毀損他方之名譽，故列為婚約解除之事由。本款事由只問受徒刑之宣告，但不問有無受緩刑之宣告，也不問其刑是否已執行。凡犯罪在訂婚之前，而刑之宣告在訂婚之後者，是否為本款之事由，不無疑問？若認為本款立法的重點在於，一方的犯罪，將使他方之名譽受到損害，故仍宜解釋能解除婚約。訂婚後僅受罰金之宣告時，不屬於本款事由。但罰金能否構成本條第九款之重大事由，原則上雖尚不構成本款事由，但有時尚須視具體個案，有無影響他方名譽之程度而斷。

(9)有其他重大事由者

現行民法在婚約解除上，先是例示八款具體事由，然後再以概括的第九款規定婚約解除之事由，而不以此例示規定為限，如有發生其他重大事由時，仍能解除婚約。我國雖繼受德、瑞立法例，但是德國與瑞士民法就此與我國之規定稍有不同。德國民法第 1298 條、第 1299 條與瑞士民法第 92 條，就婚約解除之事由，僅有概括之規定，而無例示之事由。外國立法例所以不例示婚約解除之具體事由，在於婚約不能強迫履行，且不發生身分上任何效力，故婚約解除應從寬處理，而不必另有例示事由的規定。相較之下，從立法政策來說，以採單純概括規定為優。

何謂重大事由，此為一不確定之概念，不容易解釋其範圍。通說認為應由法官就具體事由，依社會一般觀念來判斷。當事人之教育程度、社會

地位、職業及曾否有結婚的經驗等，均應予以考慮，例如雞姦、同性戀、放蕩生活等應構成此重大事由。惟此處應注意的是，本條例示事由包括無責事由與有責事由兩種，故解釋其他重大事由，不必以有責事由為限，即使無責事由亦應包括在內。例如一方訂婚後，因受車禍，而無法排卵或排精或成不孕症等，應屬其他重大事由。

　　有爭議的是，若當事人有本條例示之事由，而他方對該事由共同所為或增加其程度時，其是否尚能解除婚約？此則宜視該事狀有無妨害雙方將來的婚姻生活為斷。如肯定時，得解除婚約；反之，則否。又如當事人雙方均有婚約解除之事由，或一方有解除事由之一款情事，而他方有解除婚約事由二款不同情事，甚至三款事由時，應如何解除婚約？在此情形，不能解釋為解除事由的相互抵銷，而應解釋為只要一方有解除婚約事由時，他方即能解除婚約。從而在此情形，雙方均有獨立解除婚約之權利。

2.婚約解除之方法

　　婚約解除之方法，民法親屬編並無明文規定，依民法第 258 條第一項之規定，解除權之行使，應向他方當事人以意思表示為之。此意思表示為單獨行為，不必得他方之同意，又依同條第二項規定，解除契約之意思表示，不得撤銷。行使婚約解除之權乃身分行為，故應屬於一身專屬權，不能由其法定代理人代為行使之。但其為未成年人時，應得法定代理人之同意，始能發生解除之效力。

　　有權解除婚約之一方，如事實上不能向他方為解除婚約之意思表示，例如生死不明、住所或居所不明、正處於無意思狀態，甚至他方故意避不見面時，為解決此困境，民法第 976 條第二項規定，依前項規定解除婚約者，如事實上不能向他方為解除之意思表示時，無須為意思表示，自得為解除婚約時起，不受婚約之拘束。至於行使之期間，法律無明文限制，但至少應於結婚以前行使，因為二人一旦結婚後，其婚約之解除已經毫無意義。

3.婚約解除之損害賠償

　　婚約訂定後，當事人雖無法訴請法院強迫履行，但如一方因有民法第 976 條任何一款之事由，而他方行使婚約解除後，他方在一定要件下，尚

能請求損害賠償。此可分為財產上與非財產上的損害賠償。

　　⑴財產上之損害賠償

　　民法第 977 條第一項規定：「依第 976 條之規定，婚約解除時，無過失之一方，得向有過失之他方，請求賠償其因此所受之損害」。依此項規定，婚約解除之受害人對加害人請求財產上的損害賠償，應具備三要件：

　　①須被請求權人有過失：此處所稱之過失，學者對此解釋有不同的見解。有的學者認為，凡有民法第 976 條第一項各款事由時，即有過失，而可成為損害賠償之原因。但此說將造成損害賠償一方之不公平，因為民法第 976 條第一項婚約解除之事由有無過失之事由，例如生死不明滿一年或婚約訂定後成為殘廢等。在此情形，雖無過失，他方不但能解除婚約，尚且得請求財產上之損害賠償，顯失公允。故此說屬少數說❿。

　　有的學者提出第 976 條第一項解除婚約的事由，既然分為有責事由與無責事由，故當事人之一方發生無責事由時，他方僅能解除婚約，但不得請求損害賠償；反之，當事人發生有責事由時，始能解除婚約，同時請求損害賠償。此說為多數說⓫。

　　依本人之見解，凡當事人就具體婚約解除事由之發生應負責時，即認定有過失，而應負損害賠償之責任。例如當事人於婚約訂定後成為殘廢，就一般情形而言，殘廢屬無責事由，但造成其殘廢之原因係其為竊盜行為，而被屋主發現，為免於被逮捕，自二樓窗口跳下，造成大腿骨折之殘廢。此種情形宜解釋為有過失。又如染上花柳病是因為在花街買春，則為有過失，但因住進便宜的旅站使用不潔的衛浴設備，或是因為醫護人員疏失，而染上性病，此情形宜解釋為無過失。

　　此過失之認定，依德國民法第 1299 條之規定，須對婚約解除發生之事由有過失，始負責任。瑞士民法第 92 條亦有相同規定，可供參考。

　　②須請求權人無過失：損害賠償之發生，除被請求權人須具備過失之

---

❿　吳歧，《中國親屬法原理》，中國文化服務社，民國 36 年，50 頁。

⓫　曹傑，《中國民法親屬論》，會文堂新記書局，民國 35 年，115 頁；羅鼎，《親屬法綱要》，大東書局，民國 35 年，79 頁。

要件以外，尚須請求權人無過失始可。當事人一方有通姦之事由，而該通姦為他方所縱容，則宜解釋與有過失，而不得請求損害賠償。又如一方有重訂婚約的行為，而他方亦有故違結婚期約時，雙方僅能相互解除婚約，但均不能請求損害賠償。本條立法之意旨，不斤斤計較過失之輕重或多寡，只要請求權人一方有過失時，不論他方之過失多重或數量甚多，均不得請求損害賠償。如一方有重訂婚約事由，而他方有故違結婚期約、訂婚後與他人有通姦行為及訂婚後被宣告徒刑等時，仍不能請求損害賠償。換言之，民法第 977 條第一項之財產上之損害賠償不能適用一般債法上之過失相抵之原則。反之，結婚撤銷或離婚時，即使雙方均有過失，如有損害，能依債法損益相抵之原則，損失較少之一方對損失較多之他方，請求其雙方損失之差額。此不同之處應注意。

③請求賠償之範圍：一般債法的損害賠償範圍，依民法第 216 條第一項規定：「損害賠償，除法律另有規定或契約另有訂定外，應以填補債權人所受損害及所失利益為限」。民法第 977 條第一項後段有關婚約解除之損害賠償請求權規定，權利人僅限於因此所受之損害。此處所稱「因此所受之損害」，通說解釋為當事人因訂定婚約而實際所支出之費用，但不包括應得而未得之期待利益。依瑞士民法第 92 條之規定，婚約當事人之一方，因期待結婚而善意準備之費用，得向無重大事由而違背婚約之他方，請求相當之賠償。由此可知，因此所受之損害，限於因婚約而支出之損失，例如因訂婚所花掉之交通費、因準備結婚就訂購家具所預付之訂金或訂婚儀式時所宴請親朋好友的餐費，或是準備結婚租禮服之費用及預訂蜜月旅行之訂金等。至於應得而未得的期待利益，即消極的損害不能請求，例如將來結婚後法定財產制之剩餘財產分配請求權，或因婚約締結後，當事人之一方為與他方之會面，對職務升遷未能履行，因此所生薪資差額之損失等。婚約所受之聘金，不能為婚約解除時損害賠償之標的，但得為禮物而獨立於過失請求返還（民 979 條之一）。

(2)非財產上的損害賠償

非財產上的損害賠償，於民國 19 年制定親屬編時，並無此規定，直至

民國 74 年修法時，始增訂第 977 條第二項與第三項：「前項情形，雖非財產上之損害，受害人亦得請求賠償相當之金額。前項請求權不得讓與或繼承。但已依契約承諾，或已起訴者，不在此限」。依民法第 977 條第二項規定，權利人之請求非財產上之損害賠償，不能單純以婚約之解除而受到精神上之痛苦為理由，必須另有其他特別原因始可。此種請求權本為保護受害人本身之人格而設，故有一身專屬之性質，原則上不得讓與或繼承，但如依契約或已起訴者，已變成普通財產上之請求權，自得讓與或繼承。

(三)無理由之解除婚約

無理由之解除婚約，又稱為違背婚約。此係婚約當事人之一方，因無故悔婚，而應對他方負財產上與非財產上的損害賠償。我國民法規定於第 978 條與第 979 條。

1. 財產上之損害賠償

民法第 978 條規定：「婚約當事人之一方，無第 976 條之理由而違反婚約者，對於他方因此所受之損害，應負賠償之責」。由本條規定，所謂無理由解除婚約乃婚約當事人之一方，就他方雖無民法第 976 條第一項任何一款事由，仍故意逃避結婚，即任意悔婚之情形。此與民法第 977 條之規定，當事人一方因他方有第 976 條第一項事由之一而解除婚約，使解除權人不再受婚約拘束之情形不同。從而無理由解除婚約之當事人，應負損害賠償之責任在於惡意逃婚所造成的損失。

2. 非財產上之損害賠償

民法第 979 條規定：「前條情形，雖非財產上之損害，受害人亦得請求賠償相當之金額。但以受害人無過失者為限（第一項）。前項請求權，不得讓與或繼承。但已依契約承諾或已起訴者，不在此限（第二項）」。本條之規定與民法第 977 條第二項與第三項甚為相似，僅本條在請求非財產上的損害賠償時，受害之權利人多出一要件，即必須以無過失為限。

此處所稱之「過失」，與民法第 977 條第一項所稱之「過失」，顯然有所不同。後者所稱之「過失」，有如前述，係指應就民法第 976 條第一項婚

約解除具體事由之發生負責，但第 979 條所稱之「過失」，權利人根本無第 976 條第一項之事由，而為義務人故意逃婚所造成之損害賠償責任。因此解釋第 979 條之「過失」，似指較第 976 條輕微之過失而言。例如當事人之一方受徒刑之宣告者，此為第 976 條第一項之過失，如其僅受拘役或罰金者，此不失為過失，但與第 976 條第一項之過失輕重有別，徒刑較重，拘役或罰金較輕。又如訂婚後與他人通姦時，構成第 976 條第一項之過失，如其僅與他人或數人有放蕩行為，而無通姦之明證時，不失為過失，但其程度尚未達到第 976 條第一項通姦之過失。此二者之過失亦輕重有別，放蕩行為較輕，通姦較重。

　　由於民法第 977 條第一項與第 979 條之過失輕重有別，使得無論因第 977 條第二項或依第 979 條第一項之非財產上的損害賠償，請求權人皆須以無過失為要件，結果產生不公平的情形。以甲男乙女訂婚為例，甲男於訂婚後與丙女通姦，被乙女得知，而至夜店喝酒，並被他人慫恿吸食搖頭丸，而碰上警察臨檢，被法院判決拘役二個月，服刑完畢後，乙女向甲男依第 976 條之規定請求解除婚約。除此之外，乙女得向甲男依第 977 條第一項請求財產上之損害賠償，因甲男與丙女通姦，為第 976 條第一項第七款之有責事由，所以甲男為有過失之一方。乙女雖亦被判拘役二個月，惟尚不構成第 976 條第一項第八款徒刑宣告之有責事由，所以並無過失存在，符合第 977 條第二項之規定，進而得以請求非財產上之損害賠償。相反的，若甲男今日以個性不合無故向乙女解除婚約，而乙女有至夜店喝酒，吸食搖頭丸，被法院判決拘役二個月的事實時，此時依第 978 條之規定，乙女就違反婚約之財產上損失得向甲男請求損害賠償，但非財產上之損失，依第 979 條第一項但書之規定，須以無過失為限，而該過失之認定比第 977 條第一項輕微，換言之，僅拘役不用受徒刑之宣告，就已構成此處之過失。因此乙女因有過失而無法向甲男請求非財產上之損害賠償。因此比較第 979 條與第 977 條損害賠償之義務人，就婚約的解除而言，前者較後者之惡性重大，因為前者係無任何原因而逃避結婚，後者乃因有婚約解除之事由，而被權利人解除婚約。再由第 979 條與第 977 條之權利人來看，前者

權利人並無解除婚約之意願，婚約解除對之毫無意義，而僅能請求財產上與非財產上的損害賠償，又因對過失的要求較高，甚至動輒無法向義務人請求非財產上之損害賠償，如本例之情形；反之，後者之權利人不但可行使婚約解除權，不必再受原婚約之拘束，同時尚能請求財產上之損害賠償，非財產上之損害賠償雖以無過失為前提，但對過失程度要求因較前者低，而容易請求。是以二者之權利人在請求損害賠償上乃有輕重失衡之處。有鑑於此，第 979 條第一項但書之過失要件規定不當，應予以刪除為是，方足以保護無理由被解除婚約之受害人。

(四)禮物之返還

現行民法於訂婚時無須有禮物的交換，但民間的習俗常常有相互接受對方之禮物。該禮物在法律上有附條件贈與的性質，即其贈與乃預定將來婚姻的成立，也就是說以婚姻不成立為解除條件。婚姻如已成立，贈與亦成立，也就是解除條件已確定不能成立，而不能再請求返還。惟當事人之一方如已死亡時，依民間習俗，也不必返還所受之禮物。

婚約無效、婚約撤銷或婚約解除而有收受禮物時，應如何處理？在民國 74 年以前，乃是依債編之不當得利，請求返還。民國 74 年修法時，增訂民法第 979 條之一：「因訂定婚約而為贈與者，婚約無效、解除或撤銷時，當事人之一方，得請求他方返還贈與物」。本條之規定係依從債法不當得利之理論，故在解釋上，應獨立於婚約解除時的過失，而發生禮物的返還。從而當事人之一方有贈與他方禮物時，因本身有過失而被他方解除婚約時，仍能請求他方返還其所贈與之禮物。但本身對他方仍應負責賠償因訂婚所受實際之損害，乃屬當然。

(五)請求權之消滅時效

關於婚約解除時，權利人對義務人之損害賠償請求權之期間多長，有無時效的適用，在民國 74 年修法以前，無明文規定，而學者多主張準用民法第 197 條有關侵權行為所生之損害賠償請求權之時效規定。民國 74 年修

法時，為杜絕該爭議，增訂民法第 979 條之二：「第 977 條至第 979 條之一所規定之請求權，因二年間不行使而消滅」。依此規定，其適用範圍包括婚約解除、違背婚約之損害賠償請求權及婚約無效、婚約撤銷、婚約解除或違背婚約時贈與物的返還請求權在內。

第二節　結婚之要件

一、概　說

　　傳統社會之婚姻為傳宗接代與為親之權益而成婚，故婚姻當事人之意願不受考慮。但是現行親屬法之婚姻，則係以雙方當事人的合意而成立，強調獨立人格與高度意思自治為原則。現行法之婚姻雖以婚姻當事人的合意而創設夫妻身分，此屬於私生活之領域，但是婚姻又是一切親屬生活關係的根源，其對社會國家之存續發展亦有重大意義。因此，國家應有其一定的婚姻政策，期以維持善良風俗，促進婚姻生活的正向發展。有鑑於婚姻制度的重要性，所以其成立必須要具備法定的實質要件與形式要件。

　　婚姻的實質要件乃依法律的規定，於婚姻當事人不可不具備的要件；形式要件係依法律規定，婚姻成立必須具備的一定方式。結婚當事人違反實質要件者，攸關公益或較嚴重時，將為婚姻無效；如違反私益或較輕微時，將可撤銷婚姻。至於違反形式要件時，婚姻無效。

二、結婚之實質要件

　　結婚乃一男一女取得夫妻身分關係的契約行為。男女一旦結婚後，即發生財產與身分上各種法律上的權利義務，同時進而影響子女的婚生性與適用夫妻財產制。夫妻之身分有如此的重要性，所以立法者要明文規定其應遵守的要件。此分為實質要件與形式要件。將先檢討結婚的實質要件。

（一）應有結婚能力

　　所謂結婚能力係指當事人能理解結婚之意義及其產生的效果，而此能力以有意思能力為已足，不必有行為能力。滿七歲而未滿二十歲之限制行為能力人之結婚，應得法定代理人的同意（民981條），此與結婚能力無直接關係，其並非補充未成年人的能力，而是其以監護人的地位，保護未成年人的權益。

　　受監護宣告之人（舊法上之禁治產宣告）於回復常態時有無結婚能力，於實務上發生爭議。有學者以為結婚為身分行為，需要高度的意思自治為原則，從而以其實質的心神狀態為依據。因此受監護宣告之人雖仍未撤銷監護之宣告，而無行為能力，但如已在回復正常狀態下結婚時，應肯定其已具備意思能力，故無須得法定代理人之同意，當能自己為有效的結婚。此見解由身分行為之本質出發，注重當事人之意願，實值贊同。雖然亦有學者認為受監護宣告之人已回復常態時，雖可結婚，但須得法定代理人之同意 ⓬，以期能保護結婚之當事人。不過依該見解，無異承認結婚能力得以他人之能力加以補充，況且無法解決受監護宣告之人回復常態後，未得法定代理人同意所為結婚之效力如何？徒增困擾 ⓭。以比較法而言，德國與瑞士都以明文規定無行為能力人不得締結婚姻（德民1304條；瑞民94條二項）但德國法卻同時於第1315條第一項第二款中規定，無行為能力人於無行為能力情形消失後，對於該已締結之婚姻已有承認之意思時，該婚姻不得予以撤銷，而維持該婚姻之效力。換言之，德國法在此仍然注重婚姻的本質，針對受監護宣告之人所締結的婚姻，仍應在其回復常態而承認該婚姻時，予以維持效力。故在我國現行法無明文規定下，似應承認受監護宣告之人於回復常態時，得自己為有效之結婚，方顧及身分行為之特殊性，為尊重當事人意願的表現。

(二)須婚姻當事人之合意

　　結婚為身分法上的契約行為，雙方應有合意始能創設夫妻身分關係，

⓬　胡長清，《中國民法親屬論》，82頁，註6。

⓭　戴合著，《親屬法》，65頁。

因此結婚之當事人須有意思能力始可。此處所稱之「意思」，郭振恭教授從身分法之觀點，分為實質的意思與形式的意思。前者乃形成夫妻關係之真實意思，也就是說在社會觀念上，創設婚姻共同生活關係之意思；後者則強調婚姻因履行法定之婚姻方式而成立，婚姻意思乃指履行婚姻方式之表示意思而言❶。郭教授認為結婚當事人之意思一致，應指實質意思說為當❶。此見解雖不無道理，但在實務上要區分實質之意思與形式之意思，在舉證上甚為困難。現行親屬法既採結婚當事人之意思一致說，則父母代子女舉行之公開婚禮，不合本要件而應認為無效。

㈢須達法定結婚年齡，但未成年人結婚應得法定代理人之同意

　　基於優生保健的考量，民法特別規定法定結婚年齡，即男須滿十八歲，女須滿十六歲（民 980 條）。此為結婚之最低年齡，但最高年齡法無規定。即使結婚當事人間之年齡相差懸殊，法律並不禁止。蓋傳統社會素有早婚之習性，此將影響國民體力之衰弱，故現行民法特明定結婚之法定年齡，以救其弊，如有違反此法定年齡而結婚時，得撤銷其婚姻。

　　法定結婚年齡為男滿十八歲，女滿十六歲，尚未成年。如結婚當事人未成年而結婚時，尚需得法定代理人之同意，以對其思慮不周、判斷不足之處，予以補充，此為民法第 981 條所明定。未成年人結婚應得法定代理人之同意，父母均健在時，二人皆為未成年人之法定代理人，二人對共同子女之結婚有不同意見時，應如何處理？此法定代理人之同意權，乃民法第 1089 條親權行使之一種，依該條第二項規定，父母對未成年子女重大事項權利之行使意思不一致時，得請求法院依子女最佳利益酌定之。同意子女是否結婚，乃父母重大事項，故由法院為子女最佳利益決定應從父或母之意見為是。

　　法定代理人如無正當理由，對於未成年子女之結婚故意不同意時，我

---

❶　陳、黃、郭合著，《民法親屬新論》，96 頁。
❶　陳、黃、郭合著，《民法親屬新論》，96 頁。

民法無明文,易引起解釋上之爭議。實務上之司法院 36 年院解字第 3399 號
解釋謂:「法定代理人對於未成年人訂定婚約或結婚後,縱令故意為難不予
以同意,法律上並未設有代替同意之方法,仍非得其同意不可」。本人以為
此解釋似有違反未成年子女之利益之嫌,有其不當之處。依德國民法規定,
在此情形,本人或利害關係人得向家事法院 (Familiegericht) 聲請,以法院
之同意取代法定代理人之同意,以保護未成年子女之利益❶。此立法例值
得參考。

四須非禁止結婚之一定親屬 (民 983 條)

1.我國固有社會基於婚姻為光宗耀祖、家屬和諧,故對之極為重視,
而嚴格禁止近親,甚至同姓結婚。其禁止結婚之理由有二,其一,倫常觀
念,同姓結婚有如禽獸之行為。其二,生理觀念,同姓結婚有礙子孫之繁
殖。民法亦承受傳統禁婚之理由,基於倫常名分與優生學的觀點,也禁止
一定親屬不得結婚。二者不同之處,在於傳統之禁婚較重視倫常名分,而
現行民法較注重生理之因素。

民法上之禁婚親屬規定於民法第 983 條。該條自民國 20 年 5 月 5 日施
行以來,因旁系血親之堂兄弟姊妹與表兄弟姊妹是否禁止結婚之爭議,及
其規定禁婚親等之範圍是否妥當,而前後於民國 74 年 6 月 3 日與民國 87
年 6 月 17 日各修正一次。

2.現行法第 983 條有關禁婚親屬共分三項:

(1)第一項: 與下列親屬不得結婚:

①直系血親及直系姻親。

②旁系血親在六親等以內者。但因收養而成立之四親等及六親等旁系
血親,輩分相同者,不在此限。

③旁系姻親在五親等以內,輩分不相同者。

(2)第二項:前項直系姻親結婚之限制,於姻親關係消滅後,亦適用之。

(3)第三項: 第一項直系血親及直系姻親結婚之限制,於因收養而成立

---

❶ 參照德國民法第 1303 條第三項。

之直系親屬間，在收養關係終止後，亦適用之。

　　3.本條禁婚親屬之規定應注意之處有下列三點：

　　⑴民法禁止近親結婚最重視親系之直系親屬，不問其為血親或姻親，絕對禁止結婚（第一項第一款）。所謂直系血親乃指己身所從出，或從己身所出之血親（民 967 條一項），例如母子或養父養女間是。所稱直系姻親乃有人依民法第 970 條規定之姻親，其配偶連繫之血親為直系時，為直系姻親。例如公公與媳婦或繼母與子之間是。在旁系親則分為血親與姻親而有不同的範圍，此親屬種類為民法第二重視之標準。現行法就旁系血親來說，從男女平等之觀點，不再區分堂兄弟姊妹與表兄弟姊妹，而僅以親等數規律禁婚親屬之範圍，因此六親等的旁系血親，不問其為堂或表兄弟姊妹間，均不得結婚。所稱旁系血親，依民法第 967 條第二項規定，係指非直系血親，而與己身出於同源血親。至於親等之計算，依民法第 968 條之規定，旁系血親從己身數至同源之直系血親，再由同源之直系血親，數至與之計算親等之血親，以其總世數為親等之數。兄妹為二親等，堂表兄妹為四親等，以此類推。

　　⑵旁系姻親之禁婚上，分為姻親關係存續中與姻親關係已消滅而規定不同。①在姻親關係存續中，旁系姻親在五親等以內，輩分不相同之人不得結婚（第一項第三款）。姻親有血親之配偶、配偶之血親及配偶之血親之配偶（民 969 條）。至於姻親之親等計算，依民法第 970 條之規定，血親之配偶，從其配偶之親等。配偶之血親，從其與配偶之親等。配偶之血親之配偶，從其與配偶之親等。由此可知，旁系姻親在五親等內，如其輩分相同時，不禁止結婚。例如兄長死亡，而由弟娶兄嫂時，不牴觸禁婚規定。②在姻親關係已消滅時，旁系姻親禁婚之規定不再適用，但直系姻親仍適用禁婚親屬之規定。

　　⑶法定血親相互間本無血統優生之顧慮，僅有倫常名分之影響，故法定血親間之禁婚規定應較自然血親為寬。①現行法第 983 條第一項第二款規定旁系血親在六親等內不得結婚，但因收養而成立之四親等及六親等，且輩分相同時，不禁止結婚（民 983 條一項二款但書）。②在旁系血親或旁

系姻親之禁婚上，因收養而成立之親屬關係，如收養關係終止後，不再禁止結婚，但養父母與養子女間或養子女與其配偶之直系親屬間仍不得結婚（民983條三項）。依此規定，養子被養父母收養後，因故養子與養父母終止收養。嗣後養父死亡或養父與養母離婚，此時該養子不得與養母結婚，因二人間曾因收養關係而為直系姻親之關係。但養父母有親生女時，養子與養父母終止收養關係後，與該親生女曾為旁系血親二親等，故養子與該親生女得結婚。

㈤須無監護關係（民984條）

依民法第984條之規定，監護人與受監護人於監護關係存續中不得結婚，但經受監護人父母同意時，不在此限。

本條監護人與受監護人之禁止結婚，不問其為未成年人或受監護宣告之人之監護，均被禁止。其意旨乃在受監護人常為監護人之意思所左右，且受監護人的財產容易因此被侵吞。此處所稱之監護人，包括指定監護人、法定監護人及選定監護人（民1093條、1094條），但委託監護人則否（參照民1092條）。

本條之規定仍有應檢討之處。未成年人或受監護宣告之人為受監護人，係因無父母或父母均不能行使親權（民1091條）。在此種情形，父母還能為其未成年子女之結婚表示同意嗎？因為父母對未成年子女行使結婚之同意權，屬於身分行為之親權。父母能行使該同意權時，不可能設置監護人。反之，設置監護人時，父母已不能行使同意權。二者相互排斥，不能並存，故本條但書之規定，甚有疑問。

㈥須非重婚或未同時與二人以上之人結婚

1.民法確立一夫一妻之婚姻政策，有配偶之人自不許重婚，如重婚時，犯刑法上之重婚罪（刑237條）。在民法上，民國74年6月4日以前重婚為可得撤銷，舊法第985條規定：「有配偶者不得重婚」，又在第992條規定：「結婚違反第985條之規定者，利害關係人，得向法院請求撤銷之。但

在前婚關係消滅後，不得請求撤銷」。此立法意旨乃在於，重婚如為無效，夫妻所生之子女將為非婚生子女，對子女保護不周，但其缺失為不能維持一夫一妻之婚姻政策，且因重婚可得撤銷之情形下，又無規定撤銷之期間，此時後婚將處於不安定之狀態。

2.有鑑於此，民國 74 年 6 月 3 日修正後，有違一夫一妻之婚姻政策之重婚可得撤銷的規定，除了將其改為無效，並對同時與二人以上之人結婚可能被解釋為並非為有配偶而重為結婚之重婚行為的漏洞予以填補，立法者將民法第 985 條改為：「有配偶者不得重婚（第一項）。一人不得同時與二人以上結婚（第二項）」❼。

惟民國 74 年改為重婚無效後，因於民國 83 年 8 月 29 日的司法院釋字第 362 號解釋與民國 91 年 12 月 13 日的釋字第 552 號解釋之出爐，而造成前婚姻與後婚姻同時存在之重婚例外有效之情形，稱為特殊重婚。又於民國 96 年 5 月 23 日之親屬法修正中，增訂民法第 988 條第三款但書，將釋字第 552 號解釋所成立之重婚，即雙方當事人因善意且無過失信賴一方前婚姻消滅之兩願離婚登記或離婚確定判決而結婚者，不為無效。但為解決前後婚併存的問題，有違一夫一妻制度，乃以第 988 條之一的規定，維持後婚姻，使前婚自後婚成立時起視為消滅，並以親屬編施行法第 4 條之一第二項之規定，使其溯及既往。至於前婚則準用離婚之規定，對前婚配偶為適當的補償。有關此重婚之檢討，留待婚姻無效時，再予以說明。

(七)須非被詐欺或被脅迫之結婚（民 997 條）

男女當事人之結婚應出於真實意願，如受詐欺或脅迫時，將影響未來的婚姻生活，故該婚姻得由利害關係人行使撤銷權。本條所稱「詐欺」，乃故意表示虛構的事實，使人陷於錯誤，而造成結婚。詐欺分為兩種，一為

---

❼　德國於西元 2004 年為因應同性伴侶法之通過，而修正民法親屬編之重婚規定。其民法第 1306 條規定：「一人不得於婚姻關係存續中，或共同伴侶生活中，另與第三人締結婚姻」。表示承認同性間的伴侶關係至少有準婚姻的效力，而不得與婚姻併存。

張冠李戴，對人同一性的錯誤，即舊律所稱的「妄冒」。此因當事人根本無結婚的合意，其結婚為無效。一為當事人性質上的陷於錯誤，即對對方之社會地位、年齡、學歷等陷於錯誤而結婚。當事人性質上的詐欺，以影響婚姻生活的重要因素為限，始能行使撤銷權。

例如以學歷來說，小學畢業詐稱高中或大學畢業，固然符合詐欺之要件，又如大學國文系畢業偽稱電機系畢業亦符合詐欺之要件，但以國立政治大學法律系畢業偽稱國立臺灣大學法律系畢業，則不宜構成婚姻詐欺之要件。如何判斷結婚之詐欺，在實務上極為困難，但應以有無影響將來婚姻生活為判斷上的重心。至於所謂「脅迫」乃當事人之一方對他方故意表示不正當之惡意，使他方心生畏懼而受到結婚的強制時，屬於本條的婚姻脅迫，其婚姻得撤銷。受脅迫之人，如非結婚的當事人，但其與結婚的當事人有密切關係時，仍應解釋其婚姻受脅迫而得撤銷。例如有人脅迫結婚的相對人，如不結婚，將對其父母、近親或摯友不利。又詐欺或脅迫係由第三人所為時，結婚之當事人是否須明知或可得而知此情事，該婚姻始能撤銷？一般認為應類推適用民法第 92 條第一項之規定。詳言之，此應分為詐欺與脅迫作不同的解釋。詐欺由第三人所為時，須相對人明知其情事或可得而知時為限；反之，脅迫係由第三人所為時，應不問相對人是否知悉或可得而知其事實，皆可撤銷其婚姻較妥❶⑧。

(八)須非在無意識或精神錯亂中之結婚（民 996 條）

結婚當事人雖有意思能力，但結婚之際，暫時陷入無意思或精神錯亂時，則與無意思能力相同，無法表達結婚的意願，其雙方結婚之意思不能一致，本應解釋為無效，但立法者為保護子女的婚生性，僅規定其為得撤銷的婚姻。本人對此立法認為值得檢討，因為無意思能力之人能創設夫妻的身分時，不但違背身分行為意思自治與契約行為雙方必須意思一致之原則，而且對無意思能力之一方未盡到保護的責任。為保護將來未知的子女婚生性，竟犧牲婚姻要求雙方意思必須合意的代價，實有本末倒置之嫌。

❶⑧ 陳、黃、郭合著，《民法親屬新論》，99 頁。

德國舊婚姻法之規定，當事人一方在無意思或精神錯亂中結婚時，先保護結婚當事人之意思自主，然後始兼顧子女之婚生性。此立法例較我國民法第 996 條之規定為優，值得參考❶。

(九)須非不能人道之結婚（民 995 條）

本條所稱不能人道乃指不能性交而言。民法以不能性交為結婚障礙之一種。凡男女當事人有天閹或石女之不能性交時，將妨害婚姻生活的美滿。夫妻一方有無不能性交，以結婚時為準。於結婚後始不能人道時，不能撤銷其婚姻，但或許可能成為民法第 1052 條第二項裁判離婚概括規定之原因。其次，不能人道須達到不能治的程度，當事人不能人道，而不願治療時，宜解釋為得撤銷婚姻。但不能生育之無生殖能力或受胎能力，則不能撤銷婚姻。

至於舊民法第 986 條所規定「因姦經判決離婚或因受刑之宣告者，不得與相姦者結婚」及第 987 條所規定「女子自婚姻關係消滅後，非逾六個月不得再行結婚，但於六個月內已分娩者，不在此限」，已於民國 87 年修正親屬編時，將其刪除，不再為結婚之實質要件。

三、結婚之形式要件

(一)民國 20 年 5 月 5 日親屬編之形式要件

民國 19 年制定親屬編時，受到傳統六禮的結婚儀式影響，仍然採取儀式婚，公權力未予介入。舊民法第 982 條規定：「結婚應有公開儀式及二人

---

❶ 依德國舊婚姻法第 18 條規定，配偶之一方於結婚時，係無行為能力或在無意識狀態或暫時性之精神錯亂者，其結婚無效（第一項）。前項婚姻，如可認為配偶一方於其無行為能力、無意識狀態或精神錯亂之情形消失後，仍有繼續維持其婚姻之意思者，其結婚視為自始有效（第二項）。參閱戴瑀如，〈以比較法的角度看法律的變革——由德國法上的重婚規定論我國民法修法後的重婚效力〉，載於戴東雄教授七秩華誕祝壽論文集《現代身分法之基礎理論》，354 頁以下。

以上之證人」。此規定對結婚當事人來說，甚為方便。因為結婚之場所無硬性規定，任何場所均能為結婚之用地，而僅具備公開儀式即可。所稱「儀式」，係指結婚當事人在式場舉行一定表象之結婚行為。儀式不限於宗教的儀式，即習俗的儀式也包括在內，也不限於古制，現代飯店大廳的新式婚禮亦無不可。所稱「公開」，係指結婚之儀式在公然場所，不特定之人均可共見共聞。

至於證人，法條無規定其資格，甚為不當。因證人資格不符時，依民法第 988 條第一款規定，其屬於形式要件之不具備，而為無效之婚姻。證人之資格，通說以為須有行為能力，而戴炎輝教授見解以為凡有判斷結婚意義及其效果之能力者，其有證人資格[20]。郭振恭教授以為有意思能力之成年人，始得為證人較妥[21]。

又舊法的結婚形式要件，因無公示性，此為其缺失。結婚的實質要件大多為得撤銷的婚姻，撤銷權人若不知當事人的結婚，其自然無從撤銷違法的結婚。依照舊法的規定，其公示性顯然不足，且公權力亦難以監督，故身分的安定性也受到威脅。

(二)民國 74 年 6 月 3 日親屬編之形式要件

民國 74 年全面修正親屬編時，民法第 982 條除保留原有規定外，增訂第二項：「依戶籍法為結婚之登記者，推定其已結婚」。本條第二項之新增，依其立法意旨乃在舉證責任之倒置。因夫妻於婚後十年、二十年，有人始質疑其結婚有無具備公開儀式之要件時，令結婚的當事人必須先負舉證責任，甚為困難而且不公平。因此立法者認為，在此情形應由該質疑之第三人舉證。依此意旨，結婚的形式要件仍為公開的儀式與二人以上之證人，並無改變。但因有第二項的新增，當事人的結婚，雖無公開婚禮的儀式，如有結婚的戶籍登記，亦能在第三人為反證推翻以前，創設夫妻的身分關係。惟第三人一旦舉證當事人無舉行公開之婚禮成立時，曾創設的夫妻身

---

[20]　戴合著，《親屬法》，91 頁。

[21]　陳、黃、郭合著，《民法親屬新論》，115 頁。

分不得不溯及既往至結婚戶籍登記時無效。

此新增第二項雖有舉證責任倒置的優點，但仍有其缺失：

1.僅因結婚的戶籍登記而所創設的夫妻身分，非終局的確定。配偶一方或第三人得隨時提出反證而推翻該結婚的效力。

2.由於民法第 982 條增訂第二項有關結婚推定的效力，容易使一般民眾以為結婚的形式要件採取雙軌制度，即誤認結婚的戶籍登記與公開的婚禮發生同等效力，得由當事人任擇其一為之，而造成誤認結婚只需要戶籍登記，使結婚留下有人得舉反證的危險。

3.民國 74 年修正親屬編時，有關結婚與兩願離婚採不同的立法標準，結婚仍維持禮俗婚，公權力並未介入，但兩願離婚已採國家監督主義的離婚之戶籍登記。從而當事人舉行公開婚禮，而未為結婚的戶籍登記者，如要兩願離婚時，因戶政人員無實質就其是否結婚及何時結婚之調查權，將使之遭遇困難，在無法認定當事人何時結婚之情形下，又如何讓其為離婚之登記？

有鑑於此，戶政人員將被迫要求，先由結婚之當事人在法院提起確認結婚有效之訴並獲勝訴確定判決，或出具其他公權力證明結婚之文件後，始能為兩願離婚之戶籍登記。

(三)民國 96 年 5 月 23 日親屬編之形式要件

民國 96 年修正的民法第 982 條，鑑於 74 年所修正之結婚之形式要件雖增訂第二項有關結婚之戶籍登記，但僅為推定之要件，使得結婚與離婚之形式要件仍採不同步調，因此民法第 982 條之結婚之形式要件乃從禮俗婚改為登記婚：「結婚應以書面為之，有二人以上證人之簽名，並應由雙方當事人向戶政機關為結婚之登記」。

現行法從各國立法例，如德國、瑞士或日本，由禮俗婚改為登記婚。登記婚又稱為法律婚，由公權力積極介入監督婚姻的成立。修正後的結婚形式要件應具備書面的合意書，其上並有二證人之簽名，且由當事人親自前往戶政事務所為結婚的戶籍登記，始發生夫妻之身分關係。此規定將舊

法之缺失完全去除，而顯示出身分行為的公示性，以確保婚姻當事人身分的安定與利害關係人的權益。惟婚姻當事人未悉法律的修改，仍以禮俗婚為之時，有無補救之道？又證人之資格也無明文規定，其以意思能力為已足，抑或應具備行為能力，抑或應為成年人始可，仍待解釋，另有結婚的書面未規定當事人應否簽名，這些疑問此次未能一併明文修正加以規範，在適用法條時，難免發生爭議，實在不無遺憾。

民法第 982 條結婚從禮俗婚改為法律婚之後，結婚非經登記不能成立，其變動過大，而影響結婚當事人之權益甚為廣泛。如貿然立即實施，結婚當事人不知法律已變更，仍然以舊規定之公開儀式與二人以上之證人，舉行婚禮時，其依民法第 988 條第一款規定為無效之婚姻。因此在立法時，顧慮此情形，在親屬編施行法第 4 條之一，以過渡條款之性質，規定該條於民國 96 年 5 月 23 日公布後一年，始生效力，並把握此一年期間，由政府負責廣為宣導，以免結婚當事人誤其終身大事。

現行法僅以民法第 982 條單一條文，規定結婚的形式要件，而無其他配套措施，將來何時發生身分效力，必有一番爭議。在此，德國民法可供參考。依德國立法例，其登記婚之形式要件，共有三條，即民法第 1310 條、第 1311 條及第 1312 條。其第 1310 條分三項規定，主要確立戶政機關的參與為結婚的成立要件，依第一項之規定，結婚當事人應在戶政人員面前，親自表示結婚之意願，當該雙方當事人已具備結婚之實質要件時，戶政人員不得拒絕之。至於第二項的規定，則在保護結婚當事人之信賴利益，只要在戶政事務所內主持結婚儀式，並為戶籍之登記，即使非戶政人員所主持，其婚姻仍為有效。第三項則針對婚姻當事人雖有為結婚之意思表示，但並非在戶政人員面前為之時，必須雙方當事人以夫妻關係共同生活已逾十年或其中一方已死亡而其曾以夫妻關係共同生活已逾五年後，並為戶籍之登記時，方例外的予以發生結婚的效力❷。其第 1311 條規定婚姻當事人必須親自前往戶政事務所表示結婚之意願，不得由他人代理為之，也不得附條件或期限。其第 1312 條規定戶政人員在戶政事務所主持結婚儀式時，

---

❷　Coester-Waltjen, *Familienrecht*, S. 86, 87.

應對當事人確認其結婚之真意，如獲肯定後，始由戶政人員登記於結婚登記簿，而創設夫妻的身分關係。我國民法就戶政人員或戶政機關對結婚當事人，其登記結婚時應如何配合，未見隻字片言，實有不足之感，應設法補救為是。

♥ 第三節　結婚之無效與撤銷

一、結婚之無效

㈠無效之原因

我國民法上欠缺結婚要件的情形分為結婚的無效與結婚的撤銷。我民法上的婚姻無效與婚姻不成立並無區別，其均具備絕對、當然及自始無效的特性。反之，外國立法例則認為婚姻的不成立，有絕對、當然及自始無效的性質，但結婚的無效應由法院判決後，始能成為無效。

婚姻的瑕疵嚴重違反婚姻本質目的或公序良俗時，則該婚姻為無效。民法第 988 條規定：「結婚有下列情形之一者，無效： 1.不具備第 982 條之方式； 2.違反第 983 條規定； 3.違反第 985 條規定。但重婚之雙方當事人因善意且無過失信賴一方前婚姻消滅之兩願離婚登記或離婚確定判決而結婚者，不在此限」。說明如下：

1.不具備第 982 條之方式： 此方式有雙方當事人合意的書面、合格的證人二人、於管轄的戶政事務所為結婚的戶籍登記。此三要件缺一不可。

2.違反第 983 條近婚親屬之結婚： 例如父女結婚或女婿於妻死亡後與岳母結婚。又如表兄娶表妹或外甥與舅母結婚。

3.違反第 985 條重婚之規定： 有配偶而再婚或一人同時與二人以上結婚，均破壞一夫一妻之婚姻制度，而該後婚無效。但因有司法院釋字第 362 號與第 552 號解釋，使重婚無效有例外之情形。

4.其他： 第 988 條在法條僅有以上三種結婚無效之事由，但依法理，

婚姻無效的情形應不限於此，因此當事人同一性錯誤之結婚、結婚附解除條件或終期也應為無效婚，再者，冥婚也是無效。可知民法第 988 條所規定之結婚無效，僅為例示性的規定而已。

(二)重婚無效之例外

1. 司法院釋字第 362 號解釋

(1)釋字第 362 號解釋意旨

民國 83 年 8 月 29 日司法院大法官就重婚無效之情形，以釋字第 362 號解釋宣告，重婚之相對人善意無過失時，得使前婚姻與後婚姻同時受維持：「民法第 988 條第二款關於重婚無效之規定，乃所以維持一夫一妻婚姻制度之社會秩序，就一般情形而言，與憲法尚無牴觸。惟如前婚姻關係已因確定判決而消滅，第三人本於善意且無過失，信賴該判決而與前婚姻之一方相婚者，雖該判決嗣後又經變更，致後婚姻成為重婚，究與一般重婚之情形有異，依信賴保護原則，該後婚姻之效力，應予以維持。首開規定未兼顧類此之特殊情況，與憲法保護人民結婚自由權利之意旨未盡相符，應予以檢討。在修正前，上開規定對於前述因信賴確定判決而締結之婚姻部分，應停止適用。如因而致前後婚姻關係同時存在，則重婚者之他方，自得依法請求離婚」。

(2)釋字第 362 號解釋特色

①釋字第 362 號解釋確認一夫一妻之婚姻政策具有法律的位階，與憲法並無牴觸。

②重婚之相對人善意且無過失時，前婚姻與後婚姻同時受維持，至於重婚之本人是否善意，並非所問。

③重婚之例外情形，不限於前婚姻裁判離婚判決無效後，又恢復其效力之情形，其他類此特殊情況，亦能適用。

④前婚姻與後婚姻同時受維持，不受親屬編施行法第 4 條之一第二項溯及效力之影響。

由此可知，釋字第 362 號解釋將重婚分為三種，即一般重婚，依民法

第 988 條第三款之規定，當然無效。如為特殊重婚，則尚須由法院判斷重婚的相對人是否出於善意且無過失。如出於善意且無過失者，則後婚之效力受維持，而與前婚並存；反之，如出於惡意者，則後婚為無效。至於重婚人是否惡意並非所問，而不必受任何制裁。

2.司法院釋字第 552 號解釋

⑴釋字第 552 號解釋意旨

釋字第 362 號解釋因有缺失，而於民國 91 年 12 月 13 日以釋字第 552 號解釋變更釋字第 362 號解釋，其解釋意旨略謂：「……釋字第 362 號……所稱類此之特殊情況，並包括協議離婚所導致之重婚在內。惟婚姻涉及身分關係之變更，攸關公共利益，後婚姻之當事人就前婚姻關係消滅之信賴應有較為嚴格之要求，僅重婚相對人之善意且無過失，尚不足以維持後婚姻之效力，須重婚之雙方當事人均為善意且無過失時，後婚姻之效力始能維持……如因而致前後婚姻關係同時存在時，為維護一夫一妻之婚姻制度，究應解消前婚姻或後婚姻……屬立法政策考量之問題，應由立法機關衡酌信賴保護原則……儘速檢討修正。在修正前，對於符合前開解釋意旨而締結之後婚姻效力仍予維持，民法第 988 條第二款之規定關此部分應停止適用。在本件解釋公布之日前，僅重婚相對人善意且無過失，而重婚人非同屬善意且無過失者，此種重婚在本件解釋後仍為有效。如因而致前後婚姻關係同時存在，則重婚之他方，自得依法向法院請求離婚，併此指明」。

⑵釋字第 552 號解釋特色

①釋字第 552 號解釋確認一夫一妻之婚姻政策之憲法位階。

②基於身分行為攸關公益與高度的意思自由，信賴保護之要求較為嚴格，不僅重婚之相對人，且重婚之本人也要善意且無過失，始能維持後婚姻。

③重婚之情形僅限於前婚姻因裁判離婚確定判決或兩願離婚已為戶籍登記，其後又廢棄該判決或塗銷離婚戶籍登記之情形。

④堅持維持一夫一妻之婚姻政策，不能有重婚之情形，但究維持前婚姻或後婚姻乃立法政策之考量。故立法院以民法第 988 條之一規定，前婚姻自後婚姻成立時起視為消滅，而前婚姻除法律另有規定外，準用離婚之

規定。

由於釋字第 552 號解釋乃針對釋字第 362 號解釋為補充，與釋字第 362 號解釋相牴觸的內容，亦強調不會有溯及既往的效力，因此於解釋文中明白表示在本解釋公布之日前，僅重婚相對人善意且無過失，而重婚人非同屬善意且無過失者，此種婚姻在本件解釋後仍為有效。由此可知，從民國 83 年 8 月 29 日起至民國 91 年 12 月 13 日止，只要重婚的相對人善意且無過失時，前婚姻與後婚姻即可同時並存，而此僅能依民法第 1052 條第一項第一款之事由，由前婚配偶向重婚之他方訴請裁判離婚，以解決重婚之問題。

3. 釋字第 362 號解釋與釋字第 552 號解釋之差異

從釋字第 362 號解釋與釋字第 552 號解釋對重婚無效之例外情形觀察，有以下不同之點值得注意：⑴釋字第 362 號解釋就一夫一妻之婚姻政策認為僅有法律之位階，而釋字第 552 號解釋認定憲法之位階。⑵前者之重婚相對人善意且無過失即足，重婚之本人是否善意，並非所問；反之，後者必須重婚相對人與重婚本人均非善意且無過失不可。⑶重婚例外有效之情形，前者不限於裁判離婚，其他類此特殊情形均包括在內；反之，後者就重婚之情形加以限縮解釋，僅限於信任裁判離婚判決確定與兩願離婚戶籍登記所造成之重婚情形。⑷前者允許重婚之情形繼續存在；反之，後者堅持維護一夫一妻之婚姻，而就重婚情形，應由立法機關決定維持前婚姻或維持後婚姻。

4. 釋字第 552 號解釋有關重婚問題之解決：增訂民法第 988 條之一

⑴釋字第 552 號解釋指出，重婚之雙方當事人如為善意且無過失者，前婚姻與後婚姻同時維持時，其有違一夫一妻之婚姻制度之處，大法官認為此時須由立法機關決定究應維持前婚姻或後婚姻。據此，立法院於民國 96 年 5 月 4 日三讀通過民法第 988 條之一有關第 988 條第三款但書之重婚解決方法，並於同年 5 月 25 日正式施行：即前婚姻自後婚姻成立之日起視為消滅。由此可知，自民國 91 年 12 月 13 日起至民國 96 年 9 月 24 日

止，如重婚之雙方當事人均為善意且無過失時，前婚姻與後婚姻得以並存。

(2)因應釋字第552號解釋有關前婚姻與後婚姻同時並存，而有違反一夫一妻的婚姻政策，故新增第988條之一，解決重婚之問題：「前條第三款但書之情形，前婚姻自後婚姻成立之日起視為消滅（第一項）。前婚姻視為消滅之效力，除法律另有規定外，準用離婚之效力。但剩餘財產已為分配或協議者，仍依原分配或協議定之，不得另行主張（第二項）。依第一項規定前婚姻視為消滅者，其剩餘財產差額之分配請求權，自請求權人知有剩餘財產之差額時起，二年間不行使而消滅。自撤銷兩願離婚登記或廢棄離婚判決確定時起，逾五年者，亦同（第三項）。前婚姻依第一項規定視為消滅者，無過失之前婚姻配偶得向他方請求賠償（第四項）。前項情形，雖非財產上之損害，前婚姻配偶亦得請求賠償相當之金額（第五項）。前項請求權，不得讓與或繼承。但已依契約承諾或已起訴者，不在此限（第六項）」。

(3)本條增訂後，宜注意之處有下列各點：

①前婚姻自後婚姻成立之時，視為消滅，但後婚姻繼續存在，對前婚姻消滅之效力，準用離婚的規定。

②立法者所以選擇維持後婚姻，而犧牲前婚姻，其理由乃著重於婚姻生活的感情因素。前婚姻已一度離婚完成，且已對共同子女之親權行使或剩餘財產等分配達成協議。而後婚姻雙方當事人均對後婚姻之締結為善意且無過失，感情也正濃厚，如有共同子女，也是極為幼小，急需有雙親之全力照應，故應優先予以維持。但相對地，對前婚配偶則應予以較優厚的補償。

③因此，前婚配偶得對無責之他方準用離婚之規定，依民法第1058條規定請求民法第1030條之一之剩餘財產分配、依民法第1056條規定請求財產上與非財產上之損害賠償及依民法第1057條規定之贍養費。

5.增訂親屬編施行法第4條之一第二項溯及既往之效力

立法機關為貫徹司法院釋字第552號解釋之一夫一妻之婚姻意旨，在民國96年5月23日修正親屬編時，在其施行法第4條之一第二項增訂：「修正之民法第988條之規定，於民法修正前重婚者，仍有適用」。依此規

定，本條溯及既往之效力究為溯及至釋字第 552 號解釋之民國 91 年 12 月 13 日，抑或溯及至釋字第 362 號解釋之民國 83 年 8 月 29 日，引起解釋上之爭議。依本人之見解，親屬編施行法第 4 條之一第二項之過渡條款乃因增訂民法第 988 條第三款而來的：「違反第 983 條規定，則該婚姻無效。但重婚之雙方當事人因善意且無過失信賴一方前婚姻消滅之兩願離婚登記或離婚確定判決而結婚者，不在此限」。由該條內容觀之，其在於配合釋字第 552 號解釋有關重婚因兩願離婚登記與裁判離婚確定判決之情形。而釋字第 362 號解釋並無強調一夫一妻之婚姻之憲法位階，並允許重婚情形之存在。又釋字第 362 號解釋有憲法位階之效力，而親屬編施行法第 4 條之一第二項僅有法律位階，故後者牴觸前者時，其為無效。又釋字第 552 號解釋在其主文後段強調，本號解釋以前因重婚相對人之善意且無過失時，而重婚本人即使非善意無過失，前婚姻與後婚姻應同時受維持。有鑑於此，親屬編施行法第 4 條之一第二項規定之溯及效力，應理解為至釋字第 552 號解釋之日期為止。其以前因釋字第 362 號所造成之重婚不受該溯及效力之影響。

又依德國民法第 1314 條之規定，違反重婚之規定者，其後婚姻不再是無效，而是繼續維持其效力，一直至前婚配偶、重婚人、後婚配偶或行政主管機關，以公益為由提起後婚姻廢止之訴訟。如勝訴時，該後婚姻向將來發生解消之效力❷❸。此德國之規定顯較我國重婚之效力簡明甚多，惟在該婚姻未廢止前，無法排除一人可能同時有兩個婚姻存在的情形。

㈢無效婚之性質

我國民法上的無效婚有三種特色，即當然無效、絕對無效及自始無效，此與日本民法第 742 條婚姻無效之性質相同❷❹。但歐陸多數立法例，如瑞

---

❷❸ 德國法將原本重婚無效的法律效果改為得撤銷，以期能保護已實質發生之婚姻生活，對一夫一妻制的絕對原則在此考量下，作出讓步。這樣的立法政策是否妥當，值得深思。參考戴瑀如，前揭 357 頁。

❷❹ 陳、黃、郭合著，《民法親屬新論》，120 頁。

士民法第 109 條或法國民法第 184 條不採當然無效，而須以訴訟主張之。在法院未為無效之裁判前，任何人不得主張無效。

1.當然無效：無效的婚姻有當然無效的性質，即婚姻的不成立，不必提起訴訟，也不必等法院的判決始無效。但利害關係人對婚姻無效發生爭執時，得提起確認婚姻無效之訴訟。

2.絕對無效：婚姻無效的主張，不限於婚姻當事人或有利害關係人，任何第三人均可主張。但婚姻無效發生爭執而須法院判決時，因攸關公益，對第三人亦發生效力。

3.自始無效：婚姻無效尚有自始無效之性質，即婚姻自始不成立。結婚的當事人從未發生夫妻的身分，其所生的子女也無婚生性，亦不能適用夫妻財產制。依瑞士民法第 109 條規定，結婚經法院判決無效後，除夫妻間之相互繼承權自始不發生效力外，其他結婚之效力僅自法院判決無效後，向將來發生效力，而後婚配偶得準用離婚之規定。

㈣婚姻無效之損害賠償

1. 民法第 999 條規定婚姻無效之損害賠償

⑴財產上之損害賠償：當事人之一方，因結婚無效而受有損害者，得向他方請求賠償。但他方無過失者，不在此限。此規定與民法第 1056 條第一項有關離婚之財產上之損害賠償相同，雙方均有過失者，對他方請求損害賠償時，因此發生損失相抵之情形。

⑵非財產上之損害賠償：前項情形，雖非財產上之損害，受害人亦得請求賠償相當之金額。但以受害人無過失者為限。

⑶前項請求權，不得讓與或繼承。但已依契約承諾或已起訴者，不在此限。

2. 民法第 999 條之一第一項為結婚無效時準用離婚之規定

如民法第 1057 條贍養費及民法第 1058 條剩餘財產分配請求權之適用。有關此內容，可參考離婚效果之規定。

二、結婚之撤銷

(一)結婚撤銷之原因

　　有瑕疵的婚姻，其情節嚴重者，應認為無效；情節輕微者，僅得撤銷。得撤銷的婚姻，在尚未撤銷前，仍為有效的婚姻。在未撤銷前所受之胎兒，仍為婚生子女。結婚違反實質要件時，立法者盡量讓其為可得撤銷，而不予以無效的效果，其目的在不使子女淪為非婚生子女。婚姻撤銷原因有以下情形：

1.未達法定結婚年齡

　　結婚當事人違反男年滿十八歲、女年滿十六歲之法定結婚年齡時，該婚姻得撤銷。撤銷權人為當事人或法定代理人，且本人行使撤銷權時，不必得法定代理人的同意。未成年人之結婚即使已經法定代理人之同意，當事人仍得請求撤銷。又法定代理人於事前同意未成年人之結婚，但仍不影響法定代理人之撤銷結婚之權。至於撤銷結婚之期限，法無明文，但當事人已達法定結婚年齡或懷胎時，其撤銷權消滅（民 989 條）。

2.未得法定代理人之同意

　　未成年人結婚而未得法定代理人之同意時，法定代理人得撤銷之，但自知悉其事實之日起，已逾六個月，或結婚已逾一年，或已懷胎者，不得請求撤銷（民 990 條）。未成年人本人因已達法定結婚年齡，不得行使撤銷權。至於法定代理人在撤銷期間內死亡或辭職時，其後任之法定代理人得繼承前任之撤銷權，但後任之法定代理人亦能表示結婚的同意。撤銷期限為法定代理人知悉結婚時起已超過六個月，或結婚已滿一年，或已受胎時，不得再撤銷。

3.監護人與受監護人之結婚

　　結婚違反民法第 984 條之規定，而監護人與受監護人結婚時，受監護人本人或其最近親屬得向法院請求撤銷之。但結婚已逾一年時，不得撤銷之（民 991 條）。受監護人行使其撤銷權時，不必得法定代理人之同意。如

受監護人為受監護宣告之人時，即舊法中所稱受禁治產宣告之人，依民事訴訟法第 571 條第一項之規定，應由親屬會議所指定之人代為訴訟行為。本條所稱最近親屬，不包括未成年人之父母，因為在父母均不存在或均喪失親權時，始有監護人之設置。如父母尚能行使親權時，無監護人出現之可能。因此最近親屬似指未成年子女雙方之祖父母、伯叔舅姨姑或兄弟姊妹中選出最近親屬之一人行使撤銷權。但有一年行使期間之限制。

4. 被詐欺或被脅迫之結婚

當事人因被詐欺或被脅迫而結婚時，其婚姻意思受不法之干涉而有瑕疵，又婚姻行為與一般法律行為性質多少有差異，故民法明定得於發見詐欺或脅迫終止後，六個月內向法院請求撤銷之（民 997 條）。結婚之當事人於結婚後一直未發見詐欺情事或其受脅迫一直未終止時，為保護權利人之利益，其撤銷結婚之期間應一直繼續。但撤銷權人於發見詐欺或脅迫終止後，如追認其結婚時，應解釋為其撤銷權消滅，此為最高法院 18 年上字第 2328 號判例之意旨。結婚由第三人之詐欺、脅迫或因對第三人之詐欺、脅迫而成立時，其撤銷權人仍然為結婚之當事人。

5. 無意識或精神錯亂中之結婚

結婚當事人之一方於結婚時陷於無意識或精神錯亂中時，得於回復常態六個月內，向法院請求撤銷之（民 996 條）。此情形應指平時意識正常，但於結婚時突然暫時陷入無意識狀態，始可撤銷其婚姻。撤銷權人為結婚時暫時無意識而又回復意識之配偶一方。撤銷期間為自回復常態後六個月為之。其立法目的雖在於保護子女之婚生性，但本人認為此規定實有違背結婚必須雙方當事人意思一致的要件，不應認為撤銷，而應為無效。至於夫妻之一方結婚時已經陷於長期性的無意識狀態時，其結婚應認為根本無效。

6. 不能人道之結婚

當事人之一方於結婚時不能人道而不能治時，他方得請求撤銷之，但自知悉其不能治之時起已逾三年者，不得請求撤銷（民 995 條）。夫妻結婚後之性生活雖不是夫妻共同生活唯一之要素，但仍為重要之因素。因此夫妻之一方於結婚時已無法為性行為時，法律明定他方得行使撤銷權，但無

性行為能力之一方則無撤銷權。惟行使撤銷權之要件須知悉對方不能人道而不能治時起三年內為之。如逾越該期間時，撤銷權消滅。此三年期間非消滅時效，而為除斥期間，也就是法定期間，故時效中斷或時效不完成，在此不能適用❷。至於結婚後始不能人道，而不能治時，權利人不能行使撤銷權，但可能成為民法第 1052 條第二項裁判離婚之概括事由。

㈡結婚撤銷之性質

1.一旦結婚後，即使該婚姻為可得撤銷，但男女當事人已創設夫妻的身分關係，夫妻間的一切法定效力均發生，例如日常家務的代理權、夫妻間的扶養義務，甚至夫妻財產制也已適用。因此，為保護子女的婚生性及交易的安全，明定結婚的撤銷採不溯及既往之原則，此為民法第 988 條之意旨。此與財產法上法律行為之撤銷不同，即後者之撤銷溯及於意思表示時發生效力，即自始無效❷。又結婚的撤銷應訴請法院為之，而在法院判決撤銷以前，婚姻關係仍然存在，夫妻仍負同居義務。此時夫妻一方死亡時，其財產，他方得繼承之。婚姻撤銷前所受胎之子女，於婚姻撤銷後始出生者，其仍為婚生子女。

2.由於婚姻撤銷後不溯及既往，僅僅往後發生效力，其性質如同離婚，故民法第 1055 條有關父母離婚後親權及會面交往權之行使、第 1055 條之一有關子女最佳利益的規定、第 1055 條之二有關法院選定監護人的規定、第 1057 條有關贍養費之請求及第 1058 條有關夫妻財產制剩餘財產之分配請求權（民 1030 條之一、1039 條、1040 條），於結婚經撤銷時準用之。

㈢結婚撤銷之損害賠償

依民法第 999 條之規定，結婚經撤銷時，與結婚無效相同，因結婚而受損害之夫妻一方，對他方得請求財產上之損害賠償，但他方無過失時，不在此限（第一項）。前項情形雖非財產上的損害，亦得請求之（第二項）。

---

❷ 參照最高法院 21 年上字第 1616 號判例。

❷ 民法第 114 條第一項規定：「法律行為經撤銷者，自始無效」。

前項請求權有一身專屬的特性，不得讓與或繼承，但已依契約承諾或已起訴者，不在此限（第三項）。就此損害賠償之請求，請參照後面所述離婚效果之規定。

㈣結婚撤銷準用離婚之規定

依民法第 999 條之一第二項規定，第 1055 條有關對未成年子女親權行使、第 1055 條之一對未成年子女最佳利益之提示性規定、第 1055 條之二關於父母均不適合行使親權時，法院依未成年子女最佳利益選定監護人、第 1057 條有關贍養費及第 1058 條剩餘財產分配請求權等離婚之規定得準用之。有關此準用離婚之規定，請參照後面所述離婚效果之規定。

第四節　結婚之普通效力

一、概　說

傳統社會在妻以夫為天的思想下，妻之人格為夫所吸收，夫妻地位甚為不平等。民法親屬編之內容多有繼受歐陸法制之處，夫妻一旦結婚後，因雙方人格獨立，地位亦平等，而法律規定雙方應享受的權利與應盡的義務，並無差別。此權利義務乃基於法律的規定，除另有明文外，不能由夫妻任意協議而加以變更。

婚姻為姻親關係發生的泉源，也是人類社會基本的結合，因此在各種不同層次的社會組織，產生廣泛的效果。例如在刑法上，有配偶時，禁止與他人性交（刑 239 條）、訴訟法上法官迴避的規定（民訴 32 條、33 條）或國籍法上歸化國籍或喪失國籍之規定（國籍法 4 條、11 條）等。依民法規定，婚姻的效力極大，可分為直接效力與間接效力。後者，如子女準正而視為婚生子女（民 1064 條）、子女的受婚生之推定（民 1063 條一項）或配偶相互間有財產繼承權（民 1338 條）等。

婚姻的直接效力則更為重要，此可分為婚姻的普通效力與夫妻財產制

之適用。在本節中，先檢討婚姻的普通效力，至於夫妻財產制之規定，另以專篇說明。

二、夫妻之稱姓

㈠男女結婚後，如何稱姓，乃為婚姻的直接效果。民國 87 年以前的舊民法，在第 1000 條規定：「妻應以本姓冠以夫姓。贅夫以其本姓冠以妻姓。但當事人另有訂定者，不在此限」。

㈡此舊法的規定，以嫁娶婚妻應冠夫姓，而招贅婚夫應冠妻姓，以示男女平等。此現今社會極少婚姻以招贅婚方法結合，絕大多數婚姻仍然為嫁娶婚，因此舊法夫妻婚後之冠姓，實際上與男女平等原則有違背。又第 1000 條但書規定當事人另有約定時，從其約定，此但書是否能約定第三姓，在法條的解釋上，發生爭議。為此於民國 87 年的親屬編部分修正後，民法第 1000 條規定分為二項：「夫妻各保有本姓。但得書面約定以其本姓冠以配偶之姓，並向戶政機關登記（第一項）。冠姓之一方得隨時回復其本姓。但於同一婚姻關係存續中以一次為限（第二項）」。

㈢新修正法與舊法之規定相當不同。首先，夫妻於婚後，以不冠姓為原則，冠姓為例外。其次，新修正法應以書面約定，並向戶政機關為冠姓的登記，此表現冠姓的公示性，對交易安全維護有正面貢獻。再者，新法於冠姓後，明定於同一婚姻，可隨時恢復本姓，但以一次為限，而較具彈性。最後，亦最受肯定的是新法在夫妻的冠姓上，已不再區分其婚姻為嫁娶婚或招贅婚，結婚乃一男一女為二人的婚姻美滿而結合。

三、夫妻之同居義務

㈠依民法第 1001 條之規定，夫妻互負同居義務，但有不能同居之正當理由者，不在此限。男女未結婚以前，有各自之住所或居所，於結婚後，夫妻本應以共同生活為目的，故此同居義務為結婚的本質目的。

如夫妻之一方不履行同居義務時，他方自可訴請法院履行同居。惟同居義務涉及身體自由，因而不能強制履行。但一方訴請他方履行同居義務

而勝訴時，他方仍拒絕履行同居義務者，依最高法院 49 年臺上字第 990 號判例，應構成民法第 1052 條第五款惡意遺棄之裁判離婚事由：「同居之訴判決確定後，仍不履行同居義務，在此狀態繼續存在中，又無不能同居之正當理由者，得認為惡意遺棄」。

㈡夫妻應在何處履行同居義務？夫妻結婚後，民法第 1002 條規定婚姻住所，夫妻原則上應在婚姻住所履行同居義務。但司法院於民國 87 年 4 月 10 日以釋字第 452 號解釋，宣告婚姻住所非唯一履行同居義務之處所，有時應依個案具體決定之：「……夫妻住所之設定與夫妻應履行同居之義務尚有不同，住所乃決定各項法律效力之中心地，非民法所定履行同居義務之唯一處所。夫妻縱未設定住所，仍應以永久共同生活為目的，而互負履行同居之義務，要屬當然」。

㈢夫妻雖互負同居義務，但有不能同居的正當理由時，仍可免除同居義務。何謂「正當理由」，法條無明文，因同居義務為結婚本質上的目的，極為重要，故易引起解釋上的爭議。依實務上的見解，夫妻之一方受他方不堪同居之虐待、夫之納妾為正當之理由。又依司法院解釋例之意旨，凡夫妻一方有民法第 1052 條裁判離婚之事由，而他方不為離婚的請求，僅請求分居時，自為民法第 1001 條但書所稱之正當理由。

㈣不履行同居義務之正當理由，在實務上有積極的請求權或消極抗辯權的爭議：

1.積極請求權說：最高法院 20 年上字第 1645 號判例說：「妻對夫有同居之義務，苟非有不堪同居之事由，即不得訴請別居」。此見解乃承認不履行同居義務之正當理由，得直接以訴訟請求之。

2.消極抗辯權說：最高法院 70 年度臺上字第 1904 號判決說：「原則上夫妻應互負履行同居之義務，但夫妻之一方如有不能與他方同居之正當理由，僅為得拒絕與他方同居之抗辯權而已，並非謂該有不能同居之正當理由之一方，有請求與他方別居之權利，此觀民事訴訟法第 568 條第一項及第 572 條第一項，僅有夫妻同居之訴，而無所謂夫妻別居之訴之規定自明」。此見解僅能為在訴訟上提出抗辯權而已。

3.依本人見解：針對此二種不同之見解，本人認為，分居之效果較離婚之效果輕微，後者既能積極請求裁判離婚，而分居當然也以能積極請求分居為是。此為舉重明輕之論理解釋。

四、夫妻之婚姻住所

㈠有關夫妻結婚後之婚姻住所，自民國 19 年制定親屬編後，已修正三次，且釋字第 452 號解釋對此有所宣告。民國 19 年的親屬編第 1002 條，將婚姻住所分為嫁娶婚與招贅婚而不同。依前者，妻以夫之住所為住所；反之，依後者，贅夫以妻之住所為住所，二者均無例外。該條規定招贅婚上妻之住所與嫁娶婚上夫之住所為婚姻住所，以示男女平等原則。但嫁娶婚為多數男女結婚的方式，而招贅婚為受社會歧視的婚姻，極少數的男女採用此方式結婚，故該規定不無歧視女性之嫌，而甚受各方之批評。

㈡民國 74 年修法時，民法第 1002 條之規定係以違背男女平等為由而受到修正：「妻以夫之住所為住所，贅夫以妻之住所為住所。但約定夫以妻之住所為住所或妻以贅夫之住所為住所者，從其約定」。此修正在嫁娶婚上，妻有機會與夫約定以妻之住所為婚姻住所，此規定較原有規定有彈性並保障妻的意願，在夫妻平等上略有改進。惟夫堅持不與妻約定時，仍以夫之住所為法定婚姻住所，尚未完全落實男女平等的原則。

㈢民國 74 年就修訂婚姻住所的規定，仍有違反男女平等之處，故有人民就民法第 1002 條之規定有違男女平等為由，而向司法院大法官提出釋憲案。民國 87 年 4 月 10 日大法官以釋字第 452 號解釋略謂：「民法第 1002 條規定，妻以夫之住所為住所，贅夫以妻之住所為住所。但約定夫以妻之住所為住所，或妻以贅夫之住所為住所者，從其約定。本條但書規定，雖賦予夫妻雙方約定住所之機會，惟如夫或贅夫之妻拒絕為約定或雙方協議不成時，即須以其一方設定之住所為住所。上開法律未能兼顧他方選擇住所及具體個案之特殊情況，與憲法上平等及比例原則尚有未符，應自本解釋公布之日起，至遲於屆滿一年時失其效力」。根據釋字第 452 號之違憲解釋，立法院於民國 87 年 6 月 17 日再次修正民法第 1002 條規定：「夫妻之

住所，由雙方共同協議之；未為協議或協議不成時，得聲請法院定之（第一項）。法院為前項裁定前，以夫妻共同戶籍地推定為其住所（第二項）」。

此修正表現四種特色： 1.男女平等的婚姻住所，結婚不再區分為嫁娶婚或招贅婚，以示婚姻為男女當事人的共同生活而結合。 2.法院依具體個案決定婚姻住所，以示婚姻住所攸關夫妻同居的中心處所，與公益有關，應由有公權力之法院在必要時介入監督。 3.婚姻住所不能一成不變，對各種不同的婚姻生活型態，應有例外情形，視具體個案特殊狀況，由法院決定之。 4.於夫妻結婚時，未能協議或協議不成時，不能不有暫時性的婚姻住所，以利婚姻住所之認定，而以中性之夫妻共同戶籍地為法定婚姻住所，並落實男女平等之憲法意旨。

五、互負貞操義務

夫妻是否互負貞操義務，我民法無明文。惟一夫一妻為我國現行民法的婚姻政策，不允許夫再有納妾的行為。夫妻互負同居義務不但為婚姻生活之核心效力，而且由此衍生履行忠誠的義務。在民法夫妻平等之原則下，雖不能以貞操帶或其他方法，直接拘束身體，以避免他方違反忠誠義務，但由夫妻之一方與配偶以外之第三人性交或重婚為裁判離婚之事由觀之（民1052條一款、二款），不難推測夫妻雙方互負有貞操之義務。有學者認為民法明定夫妻有同居義務，此包含貞操義務在內，因為同居義務在解釋應有忠誠履行性生活之意含，此見解不無道理。

我國舊律例之貞操義務乃片面的，即夫可納妾，且夫與有夫之婦通姦，始犯通姦罪；反之，妻與夫以外之任何第三人通姦，均為法律上之通姦罪。此夫妻不平等的差別待遇，因違反我國現行法制之基本精神，故已無其立足之地，自然亦不為立法者所採。

六、互負扶養義務

夫妻是否互負扶養之義務，於民國74年未修法以前，在親屬編第二章婚姻普通效力或第五章扶養上，均因無明文規定，引起解釋上之爭議。通

說認為，夫妻同居之義務，自包括扶養在內。但民法第 1115 條規定有關扶養義務人之順序、民法第 1116 條規定有關扶養權利人的順序，夫妻間之扶養義務或權利，應排在何種順序，因無明文，也發生爭議。因此民國 74 年修法時，增訂民法第 1116 條之一有關夫妻間之扶養：「夫妻互負扶養之義務，其扶養義務之順序與直系血親卑親屬同，其受扶養權利之順序與直系血親尊親屬同」。由此可知，夫妻互負扶養義務乃最優先之順序，也因此表示其關係之密切。

扶養之義務依其相互親疏關係分為生活保持義務與生活扶助義務。而夫妻間之扶養應盡生活保持義務，並非僅有生活扶助義務。所謂生活保持義務者，義務人須供應扶養需要者之身分相當之需要，不以支付其不可或缺為已足，也就是說保持對方即是保持自己的扶養。

七、日常家務之代理權與家庭生活費用之負擔

㈠日常家務之代理權

民法第 1003 條規定：「夫妻於日常家務，互為代理人。夫妻之一方濫用前項代理權時，他方得限制之。但不得對抗善意第三人」。

本條夫妻於日常家務互為代理人之規定，似乎在糾正固有社會妻無行為能力之不是，故規定夫妻互為代理人，以示夫妻之地位平等。但此規定甚為不妥，因夫妻一方所為之日常家務所發生之債務，對外應如何向債權人負責，以及夫妻內部對該債務應如何分擔，在法條上並未交代，因而在實務上發生諸多爭議。按代理權之意義，依民法第 103 條之規定：「代理人於代理權限內，以本人名義所為之意思表示，直接對本人發生效力（第一項）。前項規定，於應向本人為意思表示，而向其代理人為之者，準用之（第二項）」。依此內容，代理人所為之法律行為，代理人不必負責，而由本人直接負責。但就婚姻生活之日常家務而言，如妻以代理人之身分為法律行為所負之債務，妻對行為之相對人是否不必負責，而其效力直接及於夫，由夫自己負責？抑或因其為互為代理人之故，而解釋妻所負債務，一半由

為法律行為之妻以契約之當事人負責清償，而另一半妻以代理人之身分所為之行為，由本人之夫單獨負清償之責？至於夫妻之一方為日常家務所負之債務，是否依民國91年6月26日未全面修正夫妻財產制以前，將日常家務代理行為所生之債務視為家庭生活費用所需，從而依家庭生活費用負擔之方法，視夫妻所採用之財產制為聯合財產制❷❼、共同財產制❷❽，或分別財產制❷❾，作不同的規定內容？為釐清以上舊法規定之缺失，於民國91年6月26日修正親屬編時，夫妻因家庭生活所負之債務，不再規定於各種類型之夫妻財產制內，而將該規定全部從夫妻財產制移出，而置放於婚姻普通效力之內，且因家庭生活費用與夫妻日常家務代理權之範圍極為密切，甚至可說二者之範圍幾乎一致，故立法者將家庭生活費用規定於民法第1003條日常家務代理權之後，以民法第1003條之一第一項規定：「家庭生活費用，除法律或契約另有規定外，由夫妻各依其經濟能力、家事勞動或其他情事分擔之」。此為解決夫妻因日常家務代理權所生債務如何分擔之方法，以杜絕舊法上之爭議，修正後之此新規定，值得肯定。

　　本條所稱之代理權，不能解釋為意定代理權，而是家團的法定代理權。故除夫或妻以外，其他家屬成員，例如與父母共同生活而已成年之子女亦能成為代理人，而從事與日常家務相關的法律行為。日常家務是指一般家庭日常應處理的事務，不以購買日常飲食為限，其他衣、住、行等經常性的家屬成員之開支，例如將家屬的髒衣物送洗衣店之費用或購買內衣褲之費用，似應屬於日常家務代理之範圍。至於決定其是否為日常家務費用之標準，通說以夫或妻的實際收入為標準，但為保護第三人的權益與交易的安全，以夫或妻之表見生活程度判斷較為公平❸❿。學者羅鼎就此標準指出：

❷❼　舊民法第1026條規定：「家庭生活費用，夫無支付能力時，由妻就其財產全部負擔之」。此規定於民國91年修正夫妻財產制時刪除。

❷❽　舊民法第1037條規定：「家庭生活費用，於共同財產不足負擔時，妻個人亦應負責」。此規定於民國91年修法時被刪除。

❷❾　舊民法第1047條第二項規定：「夫妻因家庭生活所負之債務，如夫無支付能力時，由妻負擔」。此規定亦於民國91年修法時被刪除。

❸❿　戴合著，《親屬法》，127頁。

「由社會地域的習慣與各家庭之生活狀態（例如夫妻之身分、階級、職業、趣味之好尚，子女及使用人之人數，財產及收入），而定日常家務之標準」。此說不無參考之價值。又夫妻之一方濫用日常家務之代理權時，為保護他方之利益，其得加以限制代理權，但不得對抗善意之第三人。

(二)家庭生活費用之負擔

1.夫妻婚姻生活中之家庭生活費用，於民國 91 年修正夫妻財產制以前，就其費用之內部分擔，分別規定於各種夫妻財產制上，即在法定財產制之聯合財產制，於民法第 1026 條規定：「家庭生活費用，夫無支付能力時，由妻就其財產全部負擔之」。共同財產制於第 1037 條規定：「家庭生活費用，於共同財產不足負擔時，妻個人亦應負責」。分別財產制於第 1047 條第二項規定：「夫妻因家庭生活所負之債務，如夫無支付能力時，由妻負擔」。此在規定家庭生活費用就夫妻內部的分擔方法，但對外部第三人之債務應如何負擔，舊法未修正前，並無明文。因此當時在解釋上，夫妻就家庭生活費用所負之債務是否應負連帶責任，發生爭議。依本人之見解，因民法第 272 條規定：「數人負同一債務，明示對於債權人各負全部給付之責任者，為連帶債務（第一項）。無前項之明示時，連帶債務之成立，以法律有規定者為限（第二項）」。此法律有明文規定者，例如民法第 681 條明定合夥人之補充連帶責任：「合夥財產不足清償合夥債務時，各合夥人對於不足之額，連帶負其責任」。其他如民法第 28 條有關法人與執行職務之董事侵權行為之連帶責任，或民法第 187 條第一項有關法定代理人與行為時有識別能力之限制行為能力人應負之連帶責任等。舊法對因家庭生活費用或日常家務代理權所負之債務，並無明文規定，故該債務解釋由夫妻應負連帶責任，似乎有困難。但為維護債權人之權益與交易之安全，此時應由代理行為之夫妻一方，以契約當事人之身分與他方以本人之身分共同對債權人負不真正之連帶責任，方符合公平之原則。

2.民國 91 年修法時，為杜絕舊法解釋上的爭議，同時家庭生活費用與日常家務代理權所發生的債務有密切關係，甚至二者之範圍有重疊之可能。

因此新增民法第 1003 條之一規定：「家庭生活費用，除法律或契約另有約定外，由夫妻各依其經濟能力、家事勞動或其他情事分擔之（第一項）。因前項費用所生之債務，由夫妻負連帶責任（第二項）」。

　　3.夫妻在內部分擔家庭生活費之方法，舊法僅以其資金分擔為限。但修正後，原則上得各依其經濟能力、家事勞動或其他情事，以多元之方法分擔家庭生活費用。究其立法意旨乃在彰顯夫妻於婚姻生活上有相互扶持的責任。履行此責任所生的家庭生活費用，理應共同分擔。為此，夫妻應以合夥的精神，有錢出錢，有力出力，力求婚姻生活的美滿。至於為家庭生活所負之債務，依外國立法例多認為應負連帶債務之責任。例如德國民法第 1357 條第一項規定：「夫妻之一方於日常家務之範圍內，有處理其事務之權，而其效力及於他方」。此規定避免用夫妻之一方以代理權所為法律行為直接對本人發生效力，而代理人不必負責之缺失，而以一方之行為，其效力及於他方之法理，使雙方均對該所處理之行為負責。日本民法第 761 條亦規定：「夫妻之一方與第三人所為有關日常家務法律行為所生之債務，應負連帶責任」。此規定亦不以夫妻互為代理人之法理，而直接以夫妻應負連帶責任。我國於民國 91 年修正親屬編時，為保護債權人的權益及維護交易安全，增訂民法第 1003 條之一第二項，明定夫妻就家庭生活費用應負連帶責任。此修正較舊法之規定顯然為優，值得肯定。

第3章 現行民法上之婚姻解消

第一節　夫妻一方之死亡

婚姻解消係指完全合法成立的婚姻，事後因發生一定事由，而向將來消滅其效力。婚姻解消與婚姻撤銷因而有不同的概念：後者乃指婚姻於成立時已具有瑕疵，而由有撤銷權人於法定期間內，予以撤銷而消滅。但因二者均往後發生效力，並不溯及既往，其結果相同。又婚姻的解消可分為夫妻之一方先死亡與離婚兩種。而夫妻之一方死亡，又可分為自然死亡與死亡宣告兩種，離婚也分為兩願離婚與裁判離婚兩種。

一、夫妻一方之自然死亡

(一)婚姻關係因配偶一方的死亡而解消，但所稱解消，應限縮在夫妻間的權利義務之範圍內，例如生存配偶已不負貞操義務，他方可任意再婚，不犯通姦或重婚罪。又如生存配偶的扶養義務因他方的死亡而消滅，日常家務的代理權亦同。生存配偶有冠他方之姓時，仍能繼續使用，但亦能依民法第 1000 條第二項之規定，回復本姓。此外在繼承法上配偶間，依民法第 1138 條與第 1144 條之規定，其相互間之繼承地位與應繼分，因離婚而喪失。

(二)生存配偶與他方親屬間之身分關係：婚姻所發生的效力不因死亡而消滅，故血親關係不消滅，姻親關係也不消滅，即使生存配偶再婚，亦同（民 971 條）。至於禁止結婚的姻親，姻親關係消滅後，於民國 87 年未修法以前，不論直系姻親間或旁系姻親五親等內輩分不同者，仍禁止結婚。但後者之禁婚於民國 87 年修法後，因姻親關係之消滅，不再禁止結婚（民 983 條二項）。又依民法第 1114 條之規定，夫妻之一方與他方父母同居者，

其相互間負扶養之義務，故夫妻之一方死亡後，如生存配偶與他方之父母
有同居之情形者，仍互負扶養義務。

二、夫妻一方之死亡宣告

㈠死亡宣告又稱為法律上的死亡。有人因失蹤達一定期間時，依民法
第 9 條第一項之規定，推定其為死亡，而同條第二項又規定，前項死亡之
時，應為民法第 8 條各項所定期間最後日終止之時，但有反證者，不在此
限。依民法第 8 條規定，一般失蹤為失蹤滿七年；年滿八十歲以上失蹤者，
失蹤滿三年；因特別災難失蹤者，失蹤滿一年。

有配偶之人，因他方依法被法院宣告死亡時，其婚姻關係是否於他方
被推定死亡之日時（民 9 條二項），其婚姻亦同時解消？就此疑問，有人認
為其婚姻關係因他方配偶之推定死亡而當然解消。但也有人認為其婚姻不
當然解消，須等到生存配偶善意再婚，該婚姻始自再婚成立之日起解消。
本人之見解，以採後說為當。如生存配偶尚未與第三人再婚時，不必立即
解消前婚，否則失蹤人明知生存配偶尚生存，而先與他人再婚時，不但有
違誠信原則，而且後婚有構成重婚無效之嫌（民 988 條三款）。

㈡生存配偶再婚而死亡宣告被撤銷時，前婚與後婚之關係如何，法條
無明文規定，必發生解釋上之爭議，實應有增訂之必要，以杜絕爭議。本
人將從比較法之觀點說明此問題。德國立法例就此法律問題有明文規定，
可資參考。德國立法者將因死亡宣告而發生重婚之情形與一般重婚作不同
的評價。因配偶死亡而發生重婚之情形，分為德國民法第 1319 條前婚姻之
廢止 (Aufhebung) 與德國民法第 1320 條後婚姻之廢止。依德國民法第 1319
條之規定，配偶一方因失蹤達一定期間，而由法院宣告死亡後，該失蹤配
偶被推定為死亡。生存配偶之前婚姻，因生存配偶之再婚而解消。但後婚
姻之生存配偶信賴法院之死亡宣告而再婚後，失蹤配偶始歸來時，即造成
事實上之重婚。此重婚依德國民法第 1319 條之規定，配偶之一方於他方配

偶受死亡宣告後再婚者，僅在再婚之雙方當事人於再婚時，皆明知受死亡宣告之前婚配偶在受死亡宣告之日尚生存者，始能以違反德國民法第 1306 條重婚之規定為由，而依德國民法第 1314 條請求法院裁判廢止 (Aufhebung der Ehe)。由此可知，生存配偶再婚時，如僅再婚之一方惡意者，即能使前婚姻解消。另外，依德國民法第 1320 條之規定，失蹤而被宣告死亡之配偶未死亡時，生存配偶在不違反德國民法第 1319 條之規定下，得請求廢止後婚姻，但生存配偶於再婚時，明知失蹤配偶於宣告死亡之日尚生存者，不在此限。此生存配偶廢止後婚姻之請求權，有一年的法定期間，其自知悉失蹤配偶尚生存時起算。後婚姻被廢止後，如生存配偶與失蹤配偶欲回復夫妻身分時，前婚姻因生存配偶之再婚而消滅，故應重新為結婚之登記始可。

我國因死亡宣告而造成之重婚，民法雖無明文規定，但通說依民事訴訟法第 640 條之規定，解釋為後婚姻當事人雙方均善意者，前婚姻因生存配偶之再婚而同時消滅。但後婚姻當事人之任何一方係惡意者，即使另一方為善意，前婚姻即時復活，後婚姻因重婚而無效。在此情形，就前婚姻而言，生存配偶可以重婚為理由而請求離婚（民 1052 條一項一款）。此種死亡宣告所造成之重婚解釋與其後所出現之司法院釋字第 552 號解釋之意旨與因此修正的民法第 988 條之一所規定內容相吻合，即釋字第 552 號解釋指出重婚之雙方當事人因善意且無過失信賴一方前婚姻消滅之兩願離婚登記或離婚確定判決而結婚者，前婚姻與後婚姻雖同時並存，但為維持一夫一妻之婚姻政策，應由立法機構立法決定維持前婚姻或後婚姻。為此立法機構於民國 96 年 5 月 23 日修正親屬編時，以民法第 988 條之一明定維持後婚姻，且前婚姻自後婚姻成立之時起視為消滅。此規定與死亡宣告所造成之重婚解釋並無不同，因而民法第 988 條之一之規定，亦可作為因死亡宣告所造成重婚如何解決之解釋依據。

❤ 第二節　離　婚

一、兩願離婚

㈠兩願離婚之實質要件

離婚與配偶一方之死亡相同，亦為婚姻關係消滅之一種。我國民法的離婚可分為兩願離婚與裁判離婚而有不同的要件。兩願離婚乃因雙方於婚姻完全成立後，因婚姻生活不如意，同意消滅其夫妻的身分關係。當夫妻感情不睦，無法繼續維持共同婚姻生活時，以兩願離婚分手，可避免家醜外揚，維護雙方名譽，否則對簿公堂，費時又破財，實在是雙重傷害。為此，我國傳統社會即有承認兩願離婚，現行民法亦不例外。兩願離婚涉及身分關係的消滅，對利害關係人的權益影響甚大，故分為實質要件與形式要件加以規範。實質要件有以下各點：

1. 須當事人有離婚之合意

兩願離婚乃夫妻因故依協議方法消滅其婚姻之關係。此為獨立的身分行為，應注意高度的意思自治原則，必須當事人自行為離婚之合意，不得由他人代理（民 1049 條）。第三人不問其是否為本人的法定代理人，均不得代理本人為之。由他人代行的離婚為無效。

2. 未成年人的離婚須得法定代理人之同意

未成年人已結婚者，依民法第 13 條第三項之規定，財產法上雖具有行為能力，但在兩願離婚時，尚須得法定代理人之同意，此為民法第 1049 條但書所明定。其立法意旨乃離婚行為係身分行為，為保護未成年人的思慮不周，特與財產法上為不同的規定，仍應得法定代理人的同意。此處所稱法定代理人，應指未成年人之父母而言，但未成年人無父母或均不能行使親權時，依民法第 1091 條但書規定，未成年人已結婚時，不必設置監護人。惟依本人見解，民法第 1091 條但書所稱不必設置監護人，乃指財產上之法

律行為，蓋未成年人已結婚時，依民法第 13 條第三項規定，其已有行為能力之故。但其為離婚時，在身分行為並未取得完全行為能力，故未成年人為兩願離婚時，仍應依民法第 1094 條規定產生監護人，為未成年人之離婚行使同意權為是。未成年人之父母均健在時，該同意權由父母共同行使，如父母之意見不一致時，在民國 85 年 9 月 25 日修正親屬編以前，依民法第 1089 條之規定，以父之意見為意見。但自民國 85 年修法後，民法第 1089 條第二項已經修正為：「父母對於未成年子女重大事項權利之行使意思不一致時，得請求法院依子女之最佳利益酌定之」。離婚同意權之行使乃重大事項，故由法院為未成年子女之利益，決定父或母之意見為是。

　　未成年人違反離婚應得法定代理人同意之規定時，其離婚效力如何，法律無明文。解釋例與判例均認為無效❶，但本人以為，宜準用民法第 990 條結婚得撤銷之規定，解釋得為撤銷較妥。

㈡兩願離婚之形式要件

　　為使兩願離婚表現當事人之真意與公示作用，民國 74 年 6 月 3 日修法時，民法第 1050 條規定：「兩願離婚，應以書面為之，有二人以上證人之簽名並向戶政機關為離婚之登記」。可見新法修正後，明定兩願離婚必須同時具備三要件，離婚始能發生效力： 1.書面之離婚同意書； 2.二人以上證人之簽名； 3.在戶政機關為離婚之登記。

　　舊民法第 1050 條之兩願離婚僅規定書面同意與二人以上之證人之簽名，即發生離婚效力。至於離婚之戶籍登記僅為行政手續，且僅具證明之效力。最高法院 50 年臺上字第 60 號判例說：「戶政法固屬公法性質，但婚姻當事人因有合法之離婚事實，請求對造協辦離婚登記，則屬私法上之請求，得為民事訴訟之標的」。由此可知未修法以前，離婚之戶籍登記，與離婚之效力無關，且可為訴請法院為離婚之登記。此顯示舊法之兩願離婚程序，實在極為草率與簡單，即能生效。如此之離婚生效，毫無公示性，第三人尤其利害關係人無從知悉身分關係的變動，其有被詐害之虞與危害交

---

❶　司法院 25 年院字第 1543 號解釋；最高法院 27 年上字第 1064 號判例。

易之安全。

　　民國74年全面修正親屬法時,兩願離婚改為除當事人簽名之離婚同意書與二人以上證人之簽名以外,尚須具備離婚之戶籍登記,始能生離婚之效力,以確保身分變動的公示性、利害關係人的權益及維護交易的安全,值得肯定。

　　但是兩願離婚改採戶籍登記為生效要件後,仍留下諸多法律適用上之疑難:

　　⑴兩願離婚之登記是否需要夫妻雙方親至戶政機構為協同申請?

　　依戶籍法第9條、第34條之規定,離婚應為離婚之登記。而離婚之登記,以當事人為申請人。現行法將兩願離婚改為生效要件後,重視當事人離婚的真意。因此戶籍法第34條規定:「離婚登記,以雙方當事人為申請人。但經判決離婚確定或其離婚已生效者,得以當事人之一方為申請人」。此規定已明白表示:兩願離婚之當事人須雙雙前往戶政機關為離婚之戶籍登記。

　　⑵夫妻雙方已有簽名之離婚同意書,且有二人證人之簽名,但其中之一方不願意前往戶政機關為離婚之登記時,他方可否訴請法院為強制離婚之登記?

　　此法律上之疑問,在實務上與學說上出現不同的見解。一為生效要件說,另一為成立要件說。

　　①生效要件說:最高法院75年度上字第382號判決採肯定說:「……查兩願離婚,應以書面,有二人以上證人之簽名,並應向戶政機關為離婚之登記,為民法第1050條所明定,從而兩願離婚時雙方當事人應向法院提起給付之訴,求命其履行。原審背於見解謂上訴人無請求權,顯有未合」。此實務見解,從結論「提起給付之訴」觀察,採生效要件說,而非成立要件說,而肯定兩願離婚之強制登記。學者楊與齡與吳明軒支持此見解。依此說,離婚當事人已具備離婚真意之同意書,且有二人以上證人之簽名,縱然尚未為離婚之登記,只發生其生效與否之問題,並無礙於兩願離婚之成立。是以離婚之契約即已成立,當事人之一方如不前往戶政機關為離婚

之登記者，他方自能訴請為強制履行登記。

②成立要件說：民國 75 年 5 月 20 日最高法院民事庭推會議之決議採成立要件說：「當事人兩願離婚，只訂立離婚書面及有二人以上證人之簽名，而因一方拒不向戶政機關為離婚之登記，其離婚契約尚未有效成立，他方自無提離婚戶籍登記之訴之法律依據」。學者黃宗樂、法官呂潮澤支持此說。

③依本人見解：身分行為的意思自由應絕對受保護，離婚登記將改變身分關係，而具有消滅身分的效果，尤其民國 74 年新修正第 1052 條兩願離婚之形式要件時，其增訂「離婚之戶籍登記」係以「並」字與當事人之離婚同意書及二人以上證人之簽名三者同列，以示占有同等重要地位，缺一不可。是以離婚之戶籍登記為兩願離婚之成立要件，而非單純之生效要件。當事人尚未為離婚之戶籍登記以前，離婚尚未成立，而不得訴請法院強制履行，以示絕對尊重當事人離婚意思之自由。此與民法第 975 條有關婚約不得強迫履行，以示尊重當事人對結婚意思之絕對自由，具有同樣的性質。

(3)未辦理結婚戶籍登記之夫妻辦理兩願離婚之戶籍登記時，戶政機關應如何應對？

結婚在未改成以戶籍登記為成立要件時，以舊民法第 982 條所規定之公開儀式及二人以上證人為成立要件，至於有無為結婚之戶籍登記與結婚之效力無關。如在此情形，若是結婚之當事人於結婚當時，依舊法未為結婚戶籍登記，而後以兩願離婚之方法辦理離婚戶籍登記時，戶政人員應如何應對？

就此法律問題，因民國 96 年 5 月 23 日修正親屬編時，將民法第 982 條之規定從舊法之禮俗婚改為登記婚，即從「結婚應有公開儀式及二人以上之證人」（舊民 982 條一項），改為：「結婚應以書面為之，有二人以上證人之簽名，並應由雙方當事人向戶政機關為結婚之登記」（民 982 條）。如此修正自不會發生未辦理結婚戶籍登記之夫妻，於兩願離婚時，應如何登記之問題。惟民國 96 年結婚形式要件的新修正，並未公布後立即實施，而以親屬編施行法第 4 條之一規定過渡條款：「中華民國 96 年 5 月 4 日修正之

民法第 982 條之規定，自公布後一年施行」。

是以未辦理結婚登記之夫妻，在該一年期限未屆滿以前，尚有以兩願離婚辦理離婚時，因非經離婚之戶籍登記，不能生離婚之效力，二人前往戶政機關為離婚之登記時，戶政人員是否應讓其辦理離婚之登記？就此法律疑問，有正反不同之意見：

①肯定說❷：由於民法第 1050 條明文規定離婚登記之要件，故即使結婚未辦理結婚之登記，於兩願離婚時，仍需辦理離婚之登記，始能消滅夫妻關係。

②否定說❸：夫妻於離婚時，未依戶籍法為結婚之登記者，尚有離婚之書面同意，並有二人以上證人之簽名，則不問有無辦理離婚之登記，均應承認離婚之效力。黃宗樂教授支持此見解。

③依本人見解：雖認為採肯定說較為妥當，但否定說亦有其可取之處。因為此要歸責於立法者為何制定如此矛盾的規定，在結婚之形式要件上，採取公權力未介入的禮俗婚，不以戶籍登記為結婚之成立要件，反之，在兩願離婚之形式要件上，則以戶籍登記為成立要件，二者步調不一，使利害關係人無所適從。惟採肯定說之優點有以下二點：a. 我國舊民法就結婚之形式要件未採登記為成立要件，而在兩願離婚之要件上，採取離婚之戶籍登記為成立要件，實為立法上之一大疏漏，民國 96 年之修法已將此缺失加以補正，值得肯定。惟因舊法之規定有如此疏漏，而肯定未為結婚登記之夫妻，於兩願離婚時，亦不必登記，則似與民法修正後離婚應戶籍登記之立法意旨相違背，且因離婚之效力影響甚大，不僅夫妻之身分關係所生之權利義務消滅，而且產生對共同子女行使親權、剩餘財產分配請求權、財產上與非財產上之損害賠償以及贍養費之請求等問題。故如不採戶籍登記之公示主義，利害關係人有被詐害之可能，故不應重蹈結婚不登記之覆轍，而應要求履行離婚之登記，始發生離婚之效力。b. 問題之重點在於未

❷ 民國 75 年 7 月 10 日 75 廳民字第 1045 號函復臺高院之內容，見陳、黃、郭合著，《民法親屬新論》，206 頁。

❸ 陳、黃、郭合著，《民法親屬新論》，206 頁。

為結婚登記之夫妻前來戶政機關為離婚之登記時，戶政人員應如何處理？
從戶政人員而言，其受理兩願離婚之登記，必以兩人之有效婚姻存在為前
提。但該夫妻結婚時，未辦理結婚之戶籍登記時，戶政人員無從知悉該夫
妻是否有合於法律規定結為夫妻？何時結為夫妻？因此在離婚之當事人未
提出確已結婚及何時結婚之有力證明以前，不敢貿然為離婚之登記，否則
將負起違法登記之刑事或民事責任。尤其戶政人員對離婚之當事人並無如
法官有結婚事實之實質調查權，而僅有形式調查權而已。是以戶政人員必
等待離婚當事人提出法院確認其婚姻存在之判決書，或在法院辦理公證結
婚之證書，或參加公家機構所辦理集團結婚之證明文件，始能為離婚之當
事人辦理離婚之登記。

二、裁判離婚之意義與裁判離婚之事由

㈠結婚乃人為之男女依法結合為夫妻身分之關係。如該婚姻共同生活
事後發生裂痕，而無法繼續維持共同生活者，如不許其一方請求離婚時，
則雙方不免抱恨終生。一旦結婚失敗，竟然不能再與他人結婚，從結婚是
根據人為之意思而結合的觀點來觀察，實極為不盡人情之事。我國傳統社
會有關裁判離婚稱為義絕，該事由大體從家族之團體主義及重男輕女之原
則為出發點，而作為審判衙門離婚判決之依據。至於現代各國民法均承認
裁判離婚。現行各國裁判離婚乃本於個人主義之意思自由與男女平等原則
規範裁判離婚之事由。所謂之裁判離婚乃夫或妻本於一定事由，請求法院
判決離婚。經法院審理後，若請求離婚之事由合於法律之規定時，法院以
原告之請求為有理由，而判定原告勝訴者，將從此往後解消夫妻的身分關
係。至於裁判離婚之事由，各國所規定的內容不盡相同，有的立法例採破
裂主義，如德國或瑞士民法。有的立法例仍以過失主義為主，但兼採無責
主義，如我國民法。

㈡我國裁判離婚之事由規定於民法第 1052 條。民國 74 年 6 月 3 日以
前，以第 1052 條單一不分項之條文列舉十款裁判離婚之事由。如不合該十
款之事由者，一概不准許裁判離婚。但於民國 74 年 6 月 3 日修正親屬編後，

民法第 1052 條分兩項規定裁判離婚之事由，其第一項為例示之事由，原規定之十款事由全部保留，未有任何變動。其第二項為增訂的概括規定，即因其他重大事由難以維持婚姻生活時，亦能向法院提出裁判離婚之請求。增訂第二項後，裁判離婚的可能性將被適當放寬。

1.民法第 1052 條第一項之例示事由

第一項例示事由之十款，稱為絕對離婚事由，即請求離婚之一方，如能證明第一項任何一款事由時，法院別無選擇之餘地，非判決離婚不可。因在本款或本項無緩和條款之另外規定，法院無裁量之可能。如法院有裁量之餘地時，則稱為相對離婚之事由。第一項之例示事由係以有責之過失主義為主，但兼採無責之目的主義。此規定與傳統社會之離婚法比較，已表現相當進步的立法，但與先進國家之立法比較，仍嫌落後。

⑴重　婚（第一項第一款）

夫妻之一方重婚者，他方得請求離婚，此為民法第 1052 條第一項第一款所明定。重婚為裁判離婚的事由，因其係違背夫妻間共同生活之相互信賴基礎，且破壞一夫一妻制度的有責主義之事由。重婚乃有配偶之人，再次為公開婚禮之舉行或結婚之戶籍登記。有人同時與二人以上結婚者，不為本款離婚之事由，因為同時與二人以上結婚者，該婚姻均為無效婚姻，故無婚姻可以離婚。以重婚事由而請求離婚時，限於前婚之他方配偶，重婚之本人無請求離婚之權。

又重婚不以通姦為要件，故以重婚為獨立離婚之事由，仍有其價值。尤其通姦之舉證極為困難，以此為離婚請求相當不易成功。反之，有無重婚，以公開婚禮或戶籍登記為準，容易判斷。重婚同時該當犯罪行為（刑 237 條），但重婚罪是否已宣判，與構成裁判離婚事由無關。

夫妻之一方有重婚之事由者，有權請求離婚之他方，於事前同意或事後宥恕，或知悉後已逾六個月，或自知悉其情事發生後已逾二年者，不得請求離婚，此為民法第 1053 條所明定。此立法意旨在求婚姻之安定，而規定離婚之法定期間或其他離婚請求權消滅之原因，以示公平。

⑵與配偶以外之人合意性交（第一項第二款）

　　本條第一項第二款舊法規定為通姦，但於民國96年5月23日之修法上，為配合刑法上將通姦文字改為性交，而修正為與配偶以外之人合意性交。此款為離婚之事由，乃又違背貞操義務，且亦屬於有責之過失事由。與配偶以外之人性交乃出於自由意思為之，如妻被他人強制性交，不屬於本款之事由。夫強制性交第三女性時，其惡性甚於合意性交，故依論理解釋，夫當然構成離婚之事由。合意性交須結婚後所為始可，如其合意性交係在結婚前所為之行為，不能構成離婚之事由。夫妻各有與他人合意性交時，則各別取得離婚之請求權，我國民法無同罪抵銷之規定。有離婚請求權人就其配偶與他人性交，有事前同意或事後予以宥恕時，其離婚請求權消滅；自知悉合意性交（最後一次性交之日）後已逾六個月，或自合意性交後已逾二年者，亦不得請求離婚。此又為民法第1053條所明定。

　　⑶配偶之虐待與受虐待（第一項第三款）

　　夫妻之一方受他方不堪同居之虐待時，得請求離婚，此為民法第1052條第一項第三款所明定。何謂「不堪同居之虐待」？此不確定之概念，「不堪同居」如何解釋，又「虐待」應如何解釋，實務上極為困難。依判例，予以身體上或精神上不可忍受之痛苦，致不堪繼續共同生活者，為不堪同居之虐待。身體上之虐待乃指傷害、毆打等是。精神上之虐待係指重大語言上的侮辱等是。虐待至何種程度始構成不堪同居？最高法院之見解以為，其須依客觀標準，而不得依主觀見解為解釋，故應斟酌當事人之地位、教育程度及其他情事定之❹。夫妻間之肢體暴行，尤其夫對妻之暴力甚為常見，故判例對虐待所造成的裁判離婚之請求也甚多。例如慣行毆打，則不重視其受傷之程度。反之，偶然毆打，則重視其受傷程度，如為重傷，即成離婚事由，但輕傷則否。但此種標準甚難為法官取捨的依據。司法院釋字第372號解釋對最高法院23年上字第4554號判例曾就「不堪同居之虐待」加以詮釋：「……該最高法院判例謂：『夫妻之一方受他方不堪同居之虐待，固得請求離婚，惟因一方之行為不檢而他方一時忿激，致有過當之行為，不得即謂不堪同居之虐待』，對於過當之行為逾越維繫婚姻關係之存

---

❹　最高法院32年上字第1906號判例。

續所能忍受之範圍部分，並未排除上述原則之適用，與憲法尚無牴觸」。此解釋例是否有袒護夫對妻之暴行，而曲解比例原則之適用，實在不無疑問。

　　民法對於虐待之離婚請求權，並無規定宥恕與請求離婚之期間，頗不尋常。此是否為立法上之疏漏，令人懷疑。惟依本人之見解，立法者乃是對虐待特別重視，蓋其攸關生命之安全，可一不可再，或許立法者意在藉此警告天下之夫妻，如一方對他方為不堪同居之虐待，他方將永久取得離婚之請求權。

　　(4)直系親屬之虐待與受虐待（第一項第四款）

　　民法第 1052 條第一項第四款明定夫妻之一方對於他方之直系親屬為虐待，或受他方直系親屬之虐待，致不堪為共同生活者，得請求離婚。此為立法院於民國96年歲末所新修之規定。舊法僅以直系尊親屬間之虐待為裁判離婚事由，顯現該規定為我國傳統社會大家庭制度下之產物。此於今日社會，一來夫妻與直系尊親屬共住之情形大幅減少，二來在現行民法中以獨立人格為立法之基礎下，婚姻法上兩性的結合即是夫妻個人之結合關係，因此對離婚之請求亦應貫徹此意旨，也以夫妻相互間之事由為限，不應擴及於夫妻以外之家屬事由，是故本款應可將之刪除。惟新法將直系尊親屬修改為直系親屬後，使本款涵蓋了直系血親卑親屬間之虐待，而讓婚姻中對子女之家庭暴力，特別在繼父母子女關係中所生之情形，亦能成為裁判離婚之事由。有鑑於未成年子女仍與父母有同居之義務，基於子女利益的考量，本款之修正實值肯定。又如本款一如前款有關夫妻間之虐待與受虐待，亦無規定離婚請求權消滅之法定期間，此或與立法者對於虐待特別重視之故，但所犧牲的為婚姻之安定性，此處並非對婚姻當事人之虐待與受虐待，是否應有如第三款之規定，仍有商榷之餘地。

　　(5)惡意之遺棄（第一項第五款）

　　①同居義務之違反：夫妻之一方以惡意遺棄他方，其狀態在繼續中者，為離婚之事由，此為民法第1052條第一項第五款所明定。此款又為有責之離婚過失事由。民法第1001條規定「夫妻互負同居義務」，又民法第1116條之一規定：「夫妻互負扶養義務」。因此夫妻結婚後，在共同生活中互負

有協力扶助之義務。本款所稱之「同居」，乃性生活與扶養生活之義務有一不履行之謂。此處所稱之「惡意」，非一般知悉與否之善意或惡意而言，而是指故意讓遺棄之事實積極發生或消極不阻止。但此惡意必須在繼續狀態中始可。如提出離婚時，已無遺棄情事者，離婚請求權消滅。

夫妻於何處所履行「同居」義務？一般情形來說，夫妻應在婚姻住所履行同居義務。依民法第 1002 條之規定，夫妻住所不問其為嫁娶婚或招贅婚，由夫妻雙方協議決定之，未協議或協議不成時，得聲請法院定之（第一項）。法院未受聲請而裁定前，以夫妻共同戶籍地推定為其婚姻住所（第二項）。但此履行同居義務之婚姻住所，司法院大法官有不同意見，其以釋字第 452 號解釋，加以補充：「……夫妻住所之設定與夫妻履行同居義務尚有不同。住所乃決定各項法律效力之中心地，非民法所定履行同居義務唯一處所。夫妻縱未設定住所，仍應以永久共同生活為目的，而互負同居之義務。夫妻婚姻處所固為其履行同居義務重要處所，但非唯一處所，仍應視具體個案決定之」。依此解釋意旨，夫妻履行同居義務之處所，有婚姻住所者，不待舉證，當然以婚姻住所為履行同居之處所。如無婚姻住所或夫妻之一方舉證提出婚姻住所不適合其履行同居義務時，得訴請法院依具體個案決定履行同居義務之處所，以示公平。

②扶養義務之違反：夫妻間之扶養義務在民國 74 年 6 月 3 日未修法以前，並無明文。於民國 74 年修法後，始在民法第 1116 條之一增訂夫妻間之扶養義務：「夫妻互負扶養之義務，其負扶養義務之順序與直系血親卑親屬同，其受扶養權利之順序與直系血親尊親屬同」。夫妻間之扶養程度應與一般親屬間之扶養程度不同，應達到生活保持義務之標準。所稱生活保持義務者，乃扶養義務人必須供應扶養權人身分相當之需要，而不以支付其不可缺的需要為已足。但扶養義務人之經濟能力不足，本身因窮困而衣食難濟時，其扶養程度得酌予減輕（民 1118 條）。

⑥殺害之意圖（第一項第六款）

依民法第 1052 條第一項第六款之規定，夫妻之一方意圖殺害他方者，他方得請求離婚。此款為離婚有責之過失事由。此處所稱「殺害之意圖」，

只須有殺害之意思及可認識之行為已足。其行為不以應受刑之處罰為必要，也無須起訴或宣判。此殺害之意圖，自包括殺人既遂、殺人未遂與預備犯均在內（刑 271 條）。如因此故意犯罪而被處有期徒刑逾六個月確定時，又構成本條第一項第十款之離婚事由。非意圖殺害他方，而是意圖殺害他方之親屬時，不構成本款之事由，但可能成為本項第十款或是本條第二項之事由。配偶之一方知悉他人欲殺害他方，而不告知時，宜可認為有消極殺害之意圖。殺害意圖之離婚請求權，自離婚請求權人知悉此事情後已逾一年，或自其情事發生後已逾五年，不得請求離婚（民 1054 條）。

(7)不治之惡疾（第一項第七款）

依民法第 1052 條第一項第七款之規定，夫妻之一方有不治之惡疾者，他方得請求離婚，本款為目的主義無責之離婚事由。此款為離婚之事由乃因不治之惡疾，有妨害婚姻目的，同時對配偶及子女之健康有危害之虞。民法上之「惡疾」，應如何解釋，頗費周章，因為惡疾並非現代醫學病名，而其屬於法制史上所使用之病名。古制七出三不去之棄妻中，惡疾為其中之一。在唐令上，其指癩瘋病而言。依現行法院判例，癩瘋病與花柳病為民法上之惡疾。惡疾須達不能治時，始構成本款事由。依本人之見，癌症或愛滋病宜列為惡疾，然後視其是否能治，以決定是否為離婚之事由。至於不能人道是否為惡疾，學者間有爭議。此宜採肯定說為當，因為不能人道屬於影響夫妻共同生活甚大的疾病，如其達於不能治時，情況嚴重，以惡疾為由，得訴請離婚較妥。又婦人白帶、身體殘廢、女性之不孕症，依實務上之見解，不能認為惡疾。

(8)重大不治之精神病（第一項第八款）

依民法第 1052 條第一項第八款之規定，夫妻之一方有重大不治之精神病者，他方得請求離婚。本款亦屬於目的主義之離婚事由。依本人之見，夫妻之一方因有重大不治之精神病，他方即能訴請法院離婚，從道義觀點來說，實有檢討之必要。配偶一方罹患重大不治之精神病，正需要他方為其送醫療治，但反而得訴請離婚而棄之不顧，甚難令人接受。此乃貫徹目的主義必要之犧牲，情非得已。因為夫妻之一方有重大之精神病時，足以

妨害夫妻之共同生活。此處所稱精神病，乃指精神分裂症、躁鬱症或因酒精、麻醉藥等所引起之中毒現象，而喪失正常精神之一切病症而言。惟精神病症必須達到重大不治之程度，始構成本款事由，但不問其病症是否先天或後天所患，也不問是否因精神病症而受監護之宣告。配偶一方因患重大不治之精神病而被他方訴請離婚時，法院應從寬以民法第 1057 條有關離婚贍養費之請求權，給予被離婚而生活不能自己照顧之一方配偶，以保障離婚後之生活費為是。

⑼生死不明已達三年（第一項第九款）

民法第 1052 條第一項第九款規定，夫妻之一方有生死不明已達三年者，他方得請求離婚。此款亦為目的主義之事由。夫妻之一方因失蹤，音信不明已達三年以上時，令他方長期空等，有違結婚共同生活之本質目的。因此一方有此情形時，他方得請求離婚。此處所稱三年期間，乃指自離別時或發出最後音信時最後之日期起算。

⑽犯罪處刑（第一項第十款）

依民法第 1052 條第一項第十款之規定，因故意犯罪，經判處有期徒刑逾六個月確定者，他方得向法院請求離婚。本款亦為有責之過失事由，並於民國 96 年 5 月 23 日修訂親屬法時所修正。未修正之舊法，原規定為被處三年以上徒刑或犯不名譽罪之離婚事由。但民國 96 年的修法，鑑於三年以上徒刑過長，且被處三年以上之徒刑，究為判決宣告刑或判決確定刑，仍有爭議。至於所謂「犯不名譽之罪」，究為何種罪刑，無一定之標準。依實務上之見解，竊盜、侵占、偽造文書、營利和誘惑吸食鴉片等為不名譽。但從此犯罪類型觀之，實難判斷本款所稱之不名譽罪之範圍。有鑑於此，民國 96 年修法時，民法第 1052 條第一項第十款之離婚事由將不名譽罪刪除，而以故意犯罪，經判處有期徒刑六個月確定為裁判離婚之事由。準此以解，過失犯罪雖被處三年以上之徒刑確定，仍不能構成裁判離婚之事由。至於離婚請求權人須自知悉處刑之事實時起一年內，或自處刑事實發生後五年內行使之（民 1054 條），否則喪失離婚之請求權。

2. 民法第 1052 條第二項概括之規定

　　本條第二項規定裁判離婚之概括規定：「有前項以外之重大事由，難以維持婚姻者，夫妻之一方得請求離婚。但其事由應由夫妻之一方負責者，僅他方得請求離婚」。本項為民國 74 年 6 月 3 日修正親屬編時，始增訂之條文。其立法意旨乃原規定採嚴格列舉主義，過於苛刻，而以本概括之規定對離婚之請求權酌予放寬。

　　本項概括規定，宜注意之處有四點：⑴何謂重大事由，應由法院依客觀之情形決定之。⑵該重大事由是否已達難以維持婚姻生活，亦由法院依具體個案判定之。⑶該重大事由之發生，須雙方均無須負責，始能由任何一方得出離婚之請求。如有一方須對該事由負責時，僅他方能請求離婚；須負責之一方則否。⑷由於法院對是否構成重大事由，其事由是否達於難以維持婚姻生活，有裁量之餘地，故為本項之概括事由為相對離婚之事由，與第一項之絕對離婚之事由不同。

❤ 第三節　離婚之效力

一、概　說

　　因離婚而使夫妻間所發生之身分法上與財產法上之一切法律關係向將來消滅，故離婚之成立時期非常重要。兩願離婚之成立為完成其離婚之形式要件，即以離婚書面之作成、二人以上證人之簽名，並依戶籍法為離婚之戶籍登記。而該戶籍登記時期為離婚成立之時期（戶籍法 9 條二項、34 條）。裁判離婚係以法院判決確定時期為離婚成立時期。

　　離婚的效力，不問其為兩願離婚或裁判離婚，均發生身分法上與財產法上之效力。前者包括再婚之自由、稱姓的改變及共同子女親權之行使。後者有子女之扶養、繼承、夫妻財產制終了後財產之清算、裁判離婚時財產之損害賠償及贍養費之支付等。

二、身分上之效力

(一)夫妻身分關係之消滅

因離婚而夫妻身分關係消滅。夫妻之一方有冠他方之姓者，得去他方之姓，而回復本姓。如夫妻之一方以他方住所為婚姻住所時，得去他方之家籍（民1000條、1002條）。夫妻同居之義務也消滅（民1001條），日常家務互為代理人之權也消滅（民1003條），家庭生活費用之分擔及對外負連帶責任也消失（民1003條之一），甚至互為遺產繼承人之地位也消滅（民1138條）。離婚後，男婚女嫁各聽其自由。又由婚姻所發生之姻親關係，亦因離婚而消滅（民971條）。但姻親之禁止結婚，對直系姻親仍保留其適用，而旁系姻親五親等輩分不同者，不再禁止結婚（民983條二項）。

(二)對共同子女親權之行使

父母離婚後對於共同子女行使親權，於民國85年修法以後，將舊法之第1051條兩願離婚之規定刪除，而不問兩願離婚或裁判離婚均適用民法第1055條之規定。

1.**第一項前段規定**：夫妻離婚者，對於未成年子女權利義務之行使或負擔（親權），依協議由一方或雙方共同任之。此規定與舊法比較，有三點特色：(1)父母離婚後，對未成年子女之關係，不再使用「監護」，而用「權利義務之行使或負擔」（親權），期能與民法第1089條第一項親權之規定相配合，同時與民法第1091條以下「監護」之規定有所區隔。(2)離婚後父母對未成年子女親權之行使，不再區分為兩願離婚或裁判離婚，皆適用民法第1055條之規定。(3)舊法於離婚後，不規定父母尚能共同對子女行使監護權。但修正後，為未成年子女之利益，父母仍能輪流行使親權。

2.**第一項後段規定**：離婚後父母未為協議或協議不成時，法院得依夫妻一方、主管機關、社會福利機構或其他利害關係人之請求或依職權酌定之。此規定與舊法比較，有二點特色：(1)舊法對監護權之行使，以父權優先為原則，無論兩願離婚或裁判離婚均有利於父，而不利於母。即父母對子女之監護未約定或約定不成時，由父任之。新法修正後，落實男女平等

之原則，如父母約定不成或未約定時，不當然由父行使親權，而由法院依聲請或依職權決定之。(2)新法修正後，行政機關或其他利害關係人均能為未成年子女之利益請求法院酌定行使親權之人。

3.**第二項規定**：前項協議不利於子女者，法院得依主管機關、社會福利機構或其他利害關係人之請求或依職權為子女之利益改定之。本項為舊法所未規定。此規定之目的在於，若父母雙方之協議內容違反未成年子女之利益時，法院能即時介入監督，行政主管機關或其他利害關係人均能提出改定親權人之請求。

4.**第三項規定**：行使、負擔權利義務之一方未盡保護教養之義務，或對未成年子女有不利之情事者，他方、未成年子女、主管機關、社會福利機構或其他利害關係人，得為子女之利益請求法院改定之。本項亦為舊法所未規定。依此規定，將可由多方面監督行使親權之父母一方有無盡到對未成年子女保護教養，否則能為此改定親權人，以期能最優先保護子女之利益。

5.**第四項規定**：前三項情形，法院得依請求或依職權，為子女之利益酌定權利義務之行使或負擔之內容與方法。此亦為舊法所未規定。依此規定，新法之法院乃全面介入監督父或母行使親權之實質內涵，有無對未成年子女不利之情事，而法院就此之權限甚大，其可酌定親權行使之內容與方法。

㈢對共同子女之會面交往權

民法第 1055 條第五項規定：法院得依請求或依職權，為未行使或負擔權利義務之一方，酌定其與未成年子女會面交往之方式及期間。但其會面交往有妨害子女之利益者，法院得依請求或依職權變更之。

此規定在學理上稱為「會面交往之權」。所謂會面交往權，乃離婚後未行使親權之父母一方，對其共同之未成年子女行使連繫、接觸或通信等權利，俗稱探視權。我國舊法就此無規定，在法院的實務上是否能會面交往，見解也未一致。

1.會面交往權之性質

依德國民法之註釋，其認為基於血統關係而生之權利或親子關係自然而生，是屬於個人之基本權利。因此會面交往權有高度專屬性而不得讓與或拋棄。

2.會面權之主體

(1)依民法第 1055 條第五項之規定，未行使親權之父或母一方得請求法院對未成年子女行使會面權。但依論理解釋，行使會面權之父或母，不應僅限於離婚之情形。尚應擴大至父母長期分居（民 1001 條但書）、非婚生子女經生父認領（民 1069 條之一）或父母被停止親權之行使而由監護人監護未成年子女之情形（民 1091 條）。

(2)子女可否為會面權之主體？從父母子女關係來說，身分法之指導原理已從父母之權益轉為子女之權益。幼年子女思念父母之心，更甚於父母關懷幼年子女之情，如不允許子女為會面權之主體，實難自圓其說。我國民法第 1055 條第五項雖未規定未成年子女為會面權之主體，但在該項之立法意旨指出：會面交往不僅為父母之權利，更為未成年子女之權利，而外國立法例大體承認未成年子女之會面交往權，故我國民法上對此之解釋，應承認子女之會面交往權為是。

三、財產上之效力

(一)夫妻財產制關係之終止

夫妻財產制本為夫妻共同生活期間所適用之財產關係。因此夫妻一旦離婚，因夫妻之共同生活消滅，其原適用之夫妻財產制亦告終了。此時，除採用分別財產制外，夫妻各自取回其結婚或變更夫妻財產制時之財產。如有剩餘，各依其夫妻財產制之規定分配之（民 1058 條）。有鑑於此：

1.夫妻如採法定財產制時，應適用民法第 1030 條之一有關剩餘財產之分配：「法定財產制關係消滅時，夫或妻現存之婚後財產，扣除婚姻關係存續中所負債務後，如有剩餘，其雙方剩餘財產之差額，應平均分配。但下

列財產不在此限：(1)因繼承或其他無償取得之財產。(2)慰撫金（第一項）。依前項規定，平均分配顯失公平者，法院得調整或免除其分配額（第二項）。第一項剩餘財產差額之分配請求權，自請求權人知有剩餘財產差額時起，二年間不行使而消滅。自法定財產關係消滅時起，逾五年者，亦同（第三項）」。

　　2.夫妻如採共同財產制時，應適用民法第 1040 條之規定有關剩餘財產之分配：「共同財產制關係消滅時，除法律另有規定外，夫妻各取回其訂立共同財產制契約時之財產（第一項）。共同財產制關係存續中取得之共同財產，由夫妻各得其半數。但另有約定者，從其約定（第二項）」。有關離婚後夫妻財產制剩餘財產之分配，將另以夫妻財產制專篇詳為檢討，此處從略，以免重複。

(二)財產上與非財產上之損害賠償

　　1.離婚後，夫妻間得請求財產上與非財產上之損害賠償，但僅限於裁判離婚之情形，而不包括兩願離婚在內。兩願離婚之損害賠償，應在離婚之書面合意上明白約定，始能請求之。

　　2.民法上的請求離婚損害賠償，以有過失為前提。民法第 1056 條規定：「夫妻之一方，因判決離婚而受有損害者，得向有過失之他方，請求賠償（第一項）。前項情形，雖非財產上之損害，受害人亦得請求賠償相當之金額，但以受害人無過失者為限（第二項）」。

　　3.依此規定，裁判離婚之損害賠償可分為財產上與非財產上的損害賠償，而異其請求的要件：

(1)財產上之損害賠償

　　財產上的損害賠償以被請求權人有過失，而請求權人受有損害為已足，至於請求權人有無過失，並非所問。此與婚約解除時之財產上之損害賠償不同，因為後者之請求損害賠償，除被請求權人有過失與請求權人受有損害以外，尚須請求權人無過失為前提（民 977 條）。因此在離婚時的財產上請求損害賠償，如雙方均有過失，且均有損害時，相互得請求各自的損害

賠償，從而發生損害相抵之問題。

其次，損害賠償的範圍，僅以所受的損害為限，但不包括期待利益在內。此處所稱「所受損害」乃指因離婚而實際遭受的積極損害而言。又關於過失之認定，應視離婚之事由來決定。夫妻之一方若是因基於過失主義之通姦、重婚、虐待、意圖殺害、犯罪處刑等事由而離婚時，應為有過失。反之，離婚乃是基於目的主義之不治惡疾、重大不治之精神病、生死不明滿三年而請求獲准時，原則上不能認定有過失❺。

離婚之財產上之損害賠償，有時與財產法上之侵權行為之損害賠償有交錯之可能，惟此二者之過失認定不盡相同，且離婚時之損害賠償限於積極之損害，而不包括期待利益，而侵權行為之損害賠償可包括積極的損害與期待之利益。因此，權利人此時可依請求權之競合，選擇對其較有利者請求之。

(2)非財產上之損害賠償

裁判離婚後非財產上的損害賠償，不但被請求權人有過失，而且請求權人無過失始可。此種損害賠償，請求權人之精神上受到明顯的痛苦始能請求。例如因他方之通姦而裁判離婚，而請求權人因而罹患嚴重的憂鬱症。此賠償請求權具有一身專屬權之性質，故不得讓與或繼承，但已依契約承諾或已起訴者，不在此限（民 1056 條三項）。

(三)贍養費之請求

1.夫妻之一方離婚得請求贍養費，亦僅限於裁判離婚之情形。在兩願離婚時，除請求權人在離婚書上特別請求，否則視為放棄此權利。依民法第 1057 條之規定，夫妻之一方無過失，因判決離婚而陷於生活困難者，他方縱無過失，亦應給與相當之贍養費。

2.贍養費之請求在於補充財產上之損害賠償採過失主義之不足。因裁判離婚之事由已從過去之純粹過失主義改為兼採目的主義，因此有時夫妻

❺　若是該事由的發生是可歸責於夫妻之一方的情況時，則仍有請求損害賠償之可能，例如其中一方係因自己之故意或是過失而感染不治之惡疾的情形。

之一方之離婚請求可能他方無過失，但離婚後，被請求權人雖無過失，但是請求權人如無過失時，只要請求權人生活陷入困難時，亦得請求相當之金額。

　　3.在通常情形，贍養費以定期給付較妥，但有時得以金錢或其他代替物一次支付亦無不可。至於給付之標準，依法院的經驗，應斟酌雙方之身分、年齡、生活能力、生活程度等決定之。

第 **4** 章

實例解說

第一節　婚　約

例題一　婚約之要件與其無效或撤銷

事實關係

甲男與乙女為夫妻，育有一子 A，年僅 6 歲。丙男與丁女亦為夫妻，生下 B 女，與 A 男同歲。A、B 在同一雙語幼稚園上學。有一日幼稚園召開懇親會，雙方家長甲男、乙女及丙男、丁女均出席，而彼此認識。二週後，雙方家長談得非常投緣，因此決定一週內為不滿 7 歲之 A、B 二人舉行訂婚儀式。舉行該儀式時，男方在飯店中宴請雙方親友，並相互為其子女交換訂婚戒指。

㈠法律問題

▶ 問一：A 男與 B 女之訂婚是否成立？

▶ 問二：如前一事實，改為乙女與丙男為姑表兄妹，且 A 男已滿 21 歲，B 女已滿 20 歲，因其有親屬關係，唯恐雙方父母親知悉，不敢聲張未舉行公開的訂婚儀式，而私下同意訂婚時，其婚約是否成立？

▶ 問三：事實上，如 A 男與 B 女已知二人有旁系血親六親等之關係，故二人訂婚時，A 男唯恐其將來結婚後所生之子女有礙健康，故與 B 女約定將來結婚後不準備生子女，B 女欣然同意。B 女亦擔心 A 男無專長，將來婚姻生活無以為濟，而 A 男為國立大學會計系畢業，故向 A 男提出以會計師國家考試及格後，始能結婚之要求，而得 A 男之應允。A 男與 B 女之婚約是否成立？

㈡問題解說

▶ 問一：

本問題之討論重點乃在於父母代子女所訂立之婚約能否成立？我國舊社會之訂婚稱為定婚。依六禮之結婚儀式，即納采、問名、納吉、納徵（聘金）、請期及親迎。其中前四禮為定婚階段，後二禮為成婚階段。此六禮乃一氣呵成之結婚儀式，成婚非履踐定婚不可，定婚與結婚同，皆採要式行為，即唐律規定：「許嫁女已報婚書，及有私約，而輒悔者，杖六十。雖無許婚之書，但受聘財亦是」。由此可知定婚之形式要件為立婚書或聘金之授受。舊社會之男女當事人必須先有定婚，然後方能成婚，且定婚發生一定身分上之效力❶。尤其結婚為家、為宗之大事，故不由結婚當事人決定其配偶，而由家長或父、祖決定之。因此定婚男女無年齡之限制，甚至有指腹為婚之定婚，致流弊叢生❷。

現行民法上之婚約，視為身分法上之契約，而以獨立人格及意思自主為基礎。且婚約已非結婚必須履踐之行為，無訂婚之結婚不為婚姻無效之原因，婚約也不發生任何身分上之效力，僅發生違背婚約時財產上之損害賠償。民法第 973 條規定：「男未滿十七歲，女未滿十五歲者，不得訂定婚約」。此為婚約之法定年齡，以便改善傳統社會定婚無年齡限制之流弊，同時強調婚約之獨立性與自主性之重要。

本問一之事實關係上，婚約當事人 A 男與 B 女均未滿 7 歲之人。依民法第 13 條第一項規定，未滿 7 歲之人為無行為能力人。又依民法第 75 條規定無行為能力人之意思表示無效。A 男與 B 女之法律行為，如為財

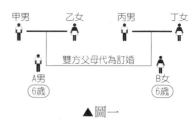

▲圖一

產法上之事項時，應由其法定代理人代為意思表示或代受意思表示，此為民法第 76 條所明定。但訂婚行為屬於身分法上之事項，民法第 76 條之規定在此無適用之餘地。依民法第 972 條特別規定：婚約，應由男女當事人

---

❶ 戴炎輝，《中國法制史》，222 頁、232 頁。

❷ 戴炎輝，《中國法制史》，223 頁。

自行訂定。此表示婚約應尊重當事人之意思，父母代為訂定之婚約乃違反此規定，而不得不認為無效。本事實關係之問一，A 男之父母甲男、乙女與 B 女之父母丙男、丁女代 A 男與 B 女所訂婚約，因 A 男與 B 女均無意思能力，而為無效（參考圖一）。

▶ 問二：

　　本問二之討論重點是在於民法之婚約是否為要式行為及 A 男與 B 女之訂婚，其親等有無違反民法第 983 條第一項第二款禁止結婚之親屬。

　　傳統社會之定婚為要式行為，以授受聘金或立婚書為定婚成立之形式要件。但現行民法上之婚約為非要式行為，僅以雙方合意為已足。在本問二上，A 男與 B 女已成年，且自行表示訂婚之合意，故合於民法第 972 條之規定。其次，婚約係以結婚為目的，如二人訂婚後，日後不能結婚時，婚約之目的無法達成時，該婚約不得不為無效。在本問二之事實關係上，乙女與丙男為姑表兄妹關係，此表示乙女之外祖父與丙男之祖父為同一人，二人為四親等之旁系血親關係，故乙女之子 A 與丙男之女 B 有旁系血親六親等之關係。依民法第 983 條第一項第二款規定，二人不得結婚。如結婚，因違反民法第 983 條之規定，而依民法第 988 條第三款，無效。因此 A 男與 B 女之訂婚應類推民法第 983 條第一項第二款及第 988 條第三款規定，解釋為無效（參考圖二）。

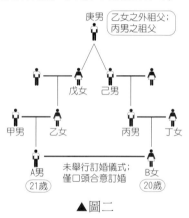

▲圖二

▶ 問三：

　　本問三討論之重點在於訂婚能否附條件或期限之問題，及其所附之條件是否違背法律之強制禁止規定或違背公共秩序善良風俗之問題。婚約能否附期限？依婚約乃以將來結婚為目的，婚約附期限本為婚約之本質，故婚約自得附期限。至於婚約能否附條件，原則上應為允許。例如附結婚地點、證婚人之身分等條件。惟該條件為法律強制禁止規定或違反公序良俗

時，則不得不解釋為無效。

　　本問三之事實關係上，訂婚之兩位當事人對訂婚各提出一條件。A 男所提出之條件為二人結婚後，不生子女。結婚而不生子女，違背結婚之本質目的，顯然違反公序良俗，此條件應為使其訂婚無效之原因。B 女所提出之條件為 A 男考上會計師之國家考試，此為附停止條件的訂婚行為。該條件是否成就，繫於將來不確定之國家專業考試是否通過，此又違反公序良俗，也是訂婚無效的原因。因此 A 男與 B 女所訂立之婚約為無效（參考圖三）。

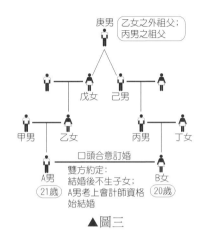

▲圖三

例題二　婚約解除與其損害賠償

事實關係

　　甲男年滿 28 歲，乙女年滿 25 歲，依法舉行訂婚儀式。甲男在臺北一國立大學任職助理教授。乙女在一外商公司上班，月薪新臺幣（下同）4 萬元。乙女工作認真，受到上級賞識，在訂婚前二日，該公司擬調乙女前往高雄分公司高升，月薪每月多出 5 千元。但乙女為與甲男在臺北約會，未接受其調職。乙女又為準備其婚禮，向一家具公司預定一套沙發與一張高級床，已付定金 6 萬元。訂婚時，乙女向甲男要求禮餅 100 盒，價值 2 萬元，分送給乙女之親友品嚐。同時互贈訂婚戒指，以示誠意。甲男給乙女一枚鑽戒，值 5 萬元；乙女亦贈甲男一枚白金戒指，值 1 萬元。

（一）**法律問題**

▶ 問一：因乙女長得落落大方，甲男唯恐乙女變心，故與乙女約定：如有一方不履行結婚時，應支付他方 200 萬元之違約金。該約定之效力如何？

▶ 問二：婚約後乙女發現甲男有好色個性，不願託付終身給甲男，故私自

與丙男海誓山盟，一年後許嫁給丙男。在此期間，甲男不但強制
性交其學生丁女，而且誣告其同事，被法院以妨害名譽罪，判決
有期徒刑六個月確定。此時乙女為與丙男結婚，能否解除與甲男
之婚約，並請求其損害賠償？

▶ 問三： 本事實關係如改為甲男強制性交其學生丁女，但乙女對大學教授
極為崇拜，願原諒甲男之行為，仍期待與甲男結婚。無奈甲男對
乙女之要求完婚，置之不理，且與乙女訂婚後一年，又與戊女重
訂婚約，而其他事實關係不變時，乙女有何權利可以主張？

㈡**問題解說**

▶ 問一：

婚約僅預約將來結婚而已，而結婚將發生極複雜的身分關係，應具備
高度的意思自治原則，故各國多數立法例明文規定婚約之無訴訟性，即使
有違背婚約時所約定之違約金，該約定無效。

德國民法第 1297 條第一項明定：「婚
約當事人不得依據婚約訴請結婚」。同條
第二項：「當事人約定不履行婚約時應支
付違約金者，其約定無效」。瑞士民法第
90 條第三項規定婚約不發生訴權」。我國
民法為保障身分行為高度意思自治，並強

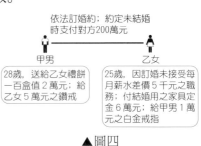

依法訂婚約；約定未結婚
時支付對方 200 萬元

甲男　　　　　　乙女

28歲，送給乙女禮餅
一百盒值 2 萬元；給
乙女 5 萬元之鑽戒

25歲，因訂婚未接受每
月薪水差價 5 千元之職
務；付結婚用之家具金
金 6 萬元；給甲男 1 萬
元之白金戒指

▲圖四

調獨立人格之立法基礎，民法第 975 條明定婚約不得強迫履行。當事人如
約定不履行婚約時有違約金之約定者，無異於迫使他方因無力支付該違約
金而結婚，故實務上認為該違約金之約定無效❸。於本問一之情形，甲男
與乙女所訂立之婚約有效，但其所約定之違約金無效（參考圖四）。

▶ 問二：

本問二重點乃民法第 977 條第一項所稱「過失」之認定與因該過失所
發生之多寡，能否過失相抵？民法第 977 條第一項規定：「依民法第 976 條
規定，解除婚約時，無過失之一方得向有過失之他方，請求賠償因此所受

❸　司法院 23 年院字第 1135 號解釋例。

之損害。」同條第二項：「前項情形，雖非財產上之損害，受害人亦得請求賠償相當之金額」。本條規定係以過失責任為基礎，也就是說婚約當事人之一方有過失者，他方不但得請求財產上之損害賠償，而且亦能以精神上之痛苦為由，請求非財產上之損害賠償。但受害人必須無過失為要件。

關於過失認定方法在學說上有少數說與多數說之不同意見：

1.**少數說**：此說以學者胡長清為代表❹。依胡氏見解，民法第977條第一項所謂有無過失，就立法精神以為解釋，與通常所謂有無過失不相同。在通常所謂有無過失，係指是否欠缺注意而言，即欠缺注意義務者，謂之有過失；未欠缺注意義務者，謂之無過失。此之所謂無過失，則指有無民法第976條第一項所定之法定事由言之，即有此法定事由者，謂之有過失，無此法定事由者，謂之無過失。

2.**多數說**：此說以學者吳歧為代表❺。依此多數說見解，婚約當事人之一方就民法第976條第一項所揭示事由之具體發生須負責者，始為有過失。學者吳歧指出：「在有因解除場合，係當事人之一方，向有第976條所列情由之他方而為解除者。表面上觀之，負賠償責任者，似應為有解除情由之他方。然法律不盡以事實上解除情由之所在方為標準，而以對於情由之生成有過失者，為賠償損害之責任者（民977條）。蓋解除情由之生成，有基於情由所在方之過失者，有基於自然現象之結果，為人力所無可如何者，亦有基於無情由方之過失者。諸如此類，在具體事件上，以在解除婚約時，對於解除情由之生成有過失者負賠償之責」❻。主張此說之學者尚有戴炎輝、史尚寬、陳棋炎等❼。

3.**依本人見解**：少數說與多數說均有法理之依據，本人較支持多數說。其理由有三點：

---

❹ 胡長清，《中國民法親屬論》，71頁。

❺ 吳歧，《中國親屬法原理》，50頁。

❻ 吳歧，《中國親屬法原理》，50頁。

❼ 戴合著，《親屬法》，77頁以下；史尚寬，《親屬法論》，民國53年，130頁；陳棋炎，《民法親屬》，73頁。

(1)從債法損害賠償之責任來說，除非基於政策上之特別考量或為保護被害人之舉證困難而採無過失主義外❽，均以有過失始負賠償責任。在婚約解除之損害賠償，並無特別政策上之考量或特別保護受害人之理由存在。

(2)婚約解除事由之重點在於將來之婚姻生活是否美滿為目的。如當事人之結婚無法達到該目的時，不論其所發生之事由是否有人負責，均得解除婚約。也就是說親屬法上之婚約解除之事由乃兼採過失主義與無過失主義或有責主義與目的主義。在民法第 976 條第一項所例示之 8 款事由中，有基於過失主義者，例如訂婚後，再與他人訂婚或結婚，又如婚約訂定後與人通姦。但也有基於無過失主義者，例如訂婚後生死不明滿一年。又如訂定婚約後成為殘廢。有鑑於此，婚約之一方有此無過失之婚約解除事由時，他方固可解除婚約，但如再允許請求損害賠償，使其負無過失主義之責任，未免過於苛刻，有違公平正義之原則。

(3)依德、瑞立法例之規定，均採過失主義。婚約解除時所發生之損害賠償，以有過失為前提。德國民法第 1299 條規定，婚約當事人須對婚約解除之事由有過錯，始負損害賠償責任。瑞士民法第 92 條規定亦同。

由以上之說明，民法第 977 條之損害賠償所認定之過失責任係以民法第 976 條第一項所揭示事由之具體發生時，有無過失為斷，而不以有無揭示之事由為依據。

依上述過失認定之標準，乙女與丁男私自再訂婚，訂婚不必有要式行為，僅以意思表示一致為已足，故乙女觸犯民法第 976 條第一項第一款婚約訂定後再與他人訂婚之有責事由，故其有過失。甲男在此期間也發生同條項第七款婚約訂定後強制性交他人❾及第八款訂婚後受徒刑宣告之有責事由。故甲男亦有過失，且甲男之過失較乙女多一事由。

---

❽　例如民法第 606 條旅店主人所負之通常事變責任，即對第三人之行為所造成履行障礙的事實，旅店主人亦應負責。此為保護交易安全，極少數例外情形。

❾　民法第 976 條第一項規定訂婚後與人通姦為婚約解除之有責事由。強制性交他人事由較與人通姦事由嚴重，依論理解釋，強制性交當然也構成第 976 條第一項第七款之事由。

依民法第 977 條之立法精神，無過失之一方得向有過失之他方請求賠償其因此所受之損害，不難得知婚約解除之損害賠償不斤斤計較過失之輕重或過失之多少，過失相抵在此不能適用 ❿。也就是說當事人之一方一有過失時，他方即能解除婚約，如雙方均有過失時，雙方均能對其婚約解除，但因均有過失，因此其損害賠償不能請求。如一方欲解除婚約，而他方故意避不見面時，民法第 976 條第二項明定事實上不能向他方為婚約解除之意思表示者，無須為意思表示，自得為解除時起，不受婚約之拘束。

本問二之情形，甲男於婚約後，有民法第 976 條第一項強制性交丁女，而被法院宣告有期徒刑六個月之有責事由，但乙女亦有婚約後與丙男重訂婚約之有責事由。因此乙女得對甲男解除婚約，但因自

▲圖五

己也有過失，其過失雖小於甲男，不能為過失相抵，不得向甲男請求損害賠償（參考圖五）。

▶ 問三：

本問三討論之重點乃無理由解除婚約之問題。民法第 978 條規定，婚約當事人之一方，無第 976 條之理由而違反婚約者，對於他方因此所受之損害，負賠償之責。

本問三之事實關係上，甲男雖有強制性交丁女之婚約解除之有責事由，但乙女寬宏大量，不予以計較，仍期待與甲男結婚。但甲男對乙女結婚之要求，置之不理，而與戊女重為訂婚。乙女在此情況下，解除其婚約毫無意

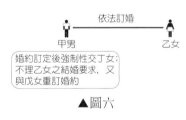

▲圖六

義，且乙女無民法第 976 條第一項任何一款之事由。因此乙女得以甲男違反婚約為由，請求民法第 978 條所規定之財產上之損害賠償。

乙女之損害請求之範圍僅限於因訂定婚約因此所受之損害，即積極之損害，但不包括消極損害之期待利益。乙女之積極損害為準備結婚所購買

❿ 曹傑，《中國民法親屬論》，117 頁。

家具之訂金 6 萬元。至於乙女未接受調職高升，每月可多出 5 千元，共一年期間應得未得 6 萬元之期待利益，不能請求。

　　至於因婚約而甲男與乙女互贈之禮物，依民法第 979 條之一規定，因解除婚約時，當事人之一方，得請求他方返還贈與物。此表示禮物應獨立於過失原則，請求返還。甲男給乙女禮餅 100 盒值 2 萬元，及鑽戒一枚值 5 萬元。乙女應返還給甲男。但禮餅為消費品，故應折價返還 2 萬元。同理，乙女給甲男白金戒指一枚，值 1 萬元，亦應返還之（參考圖六）。

第二節　結婚要件

例題三　結婚法定年齡之實質要件

事實關係

　　甲男與乙女均年滿 17 歲，在同一高中念書，二人感情不錯。因其未成年，不願雙方家長丙男、丁女與戊男、己女知悉其將結為夫妻，也知道民國 96 年 5 月 23 日結婚的形式要件已修正為登記婚，故依新修正後之民法第 982 條規定，前往戶政事務所為結婚之登記。

㈠**法律問題**

▶ 問一：甲男與乙女之婚姻效力如何？

▶ 問二：前事實關係，如乙女與甲男先有性行為後，因乙女懷胎而瞞著雙方家長，以有二人成年證人與公開婚禮結婚，但其他事實不變時，其婚姻之效力有何不同？

㈡**問題解說**

▶ 問一：

　　本問一之關鍵在於未達結婚之法定年齡、未成年人結婚與結婚形式要件之過渡條款之特別規定。現行民法第 980 條規定：男未滿 18 歲，女未滿 16 歲者，不得結婚。當事人違反此要件時，依民法第 989 條規定，當事人

或法定代理人得向法院請求撤銷之。其次，民法第 981 條規定：未成年人結婚，應得法定代理人之同意。當事人違反此要件時，依民法第 990 條規定，法定代理人得向法院撤銷之。又結婚形式要件之第 982 條，於民國 96 年 5 月 23 日已改變為登記婚：結婚應以書面為之，有二人以上證人之簽名，並應由雙方當事人向戶政機關為結婚之登記。但此形式要件之變動，立法者未立即施行，而以親屬編施行法第 4 條之一第一項規定：於本次修法公布後一年，始正式實行。因此在該施行法第 4 條之一所規定期限來臨之前，仍應適用舊法第 982 條第二項規定：經依戶籍法為結婚之登記者，推定其已結婚。此處所稱「推定其已結婚者」，乃在無反證以前，推定其已具備舊民法第 982 條第一項所規定公開儀式與二人以上之結婚證人。但如有人事後舉證推翻該推定時，將溯及至結婚之戶籍登記時，結婚自始無效。

　　在本問一情形，甲男與乙女依民國 96 年修正後之民法第 982 條之規定，在戶政機關為結婚之戶籍登記。甲男年僅 17 歲，未達民法第 980 條之 18 歲之法定結婚年齡，

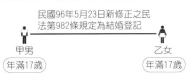

▲圖七

故依民法第 989 條規定，甲男本人與甲男之父母丙男或丁女均得撤銷甲男與乙女之婚姻。惟甲男如滿 18 歲時，其撤銷權將消滅。乙女年僅 17 歲，其雖已達民法第 989 條之 16 歲法定結婚年齡，但因尚未成年，依民法第 990 條規定，其父母戊男與己女亦得撤銷二人之結婚。

　　至於甲男與乙女雖以民法 96 年修正後之第 982 條的規定為結婚之戶籍登記，但因該條修正尚有一年始正式實行之親屬編施行法第 4 條之一第一項之過渡條款之限制，尚不能適用。但其登記得依舊法第 982 條第二項規定，結婚之戶籍登記有推定其已結婚之效力，因此在無人舉證推翻以前，仍能創設夫妻之身分關係。如有反證時，則溯及至結婚之登記，自始無效（參考圖七）。

▶ 問二：

在本問二情形，其關鍵在於未達結婚法
定年齡或未成年人結婚時，撤銷權人撤銷權
消滅之事由。甲男與乙女在未結婚前，二人
性交而使乙女懷胎時，依民法第 989 條但書
規定，當事人已達法定結婚年齡或已懷胎者，
本人或法定代理人均不得請求法院撤銷。又依民法第 990 條但書規定，自
法定代理人知悉其結婚之事實之日起，已逾六個月，或已懷胎者，不得請
求撤銷。此兩條但書之懷胎，依法理與立法意旨，應解釋為結婚後之懷胎，
為事實上結婚前或結婚後之懷胎甚難區分，故不得不解釋為不論結婚前或
結婚後之懷胎，本人或法定代理人均不得行使撤銷權（參考圖八）。

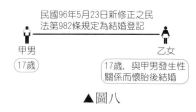

▲圖八

例題四　結婚之形式要件

事實關係

　甲男與乙女於民國 96 年 3 月 10 日訂婚後，依約定同年聖誕節未舉行
公開儀式及二人以上證人作證之婚禮，而二人僅前往戶政事務所為結婚之
登記。

(一)法律問題

▶ 問一：　甲男與乙女所為之結婚行為是否成立夫妻身分關係？

▶ 問二：　前一事實關係，如甲男與乙女改於民國 97 年 6 月 5 日始前往戶政
事務所為結婚之登記，而其他事實均未變動時，甲男與乙女是否
為夫妻？

(二)問題解說

▶ 問一：

　本問一之重點在於結婚形式要件從舊法之禮俗婚過渡到新法登記婚適
用法條之問題。民法第 982 條第一項原規定：「結婚，應有公開儀式與二人
以上之證人」。但於民國 74 年 6 月 5 日增訂第二項：「經依戶籍法為結婚之
登記者，推定其已結婚」。但於民國 96 年修法時，民法第 982 條改為：「結

婚應以書面為之，有二人以上證人之簽名，並應由雙方當事人向戶政機關為結婚之登記」。但此規定依親屬編施行法第 4 條之一第一項規定，於公布後一年始能生效力。

本問一之事實關係上，甲男與乙女於民國 96 年 12 月 25 日前往戶政事務所為結婚之登記。因民法第 982 條修正後，尚未正式實行，依未修正前之規定仍為禮俗婚之結婚。二人雖未舉行公開婚禮，但依舊法第 982 條第二項規定，為結婚之戶籍登記。該登記有結婚推定之效力，故在無人為反證推翻以前，二人能創設夫妻之身分。惟有人舉反證時，二人之婚姻溯及至結婚戶籍登記時，自始無效（參考圖九）。

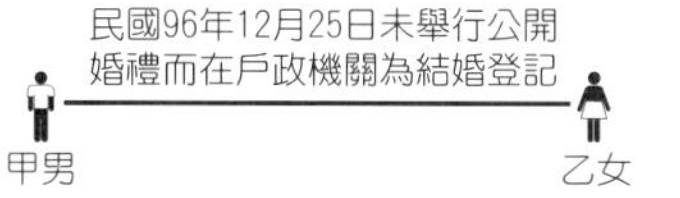

民國96年12月25日未舉行公開婚禮而在戶政機關為結婚登記

甲男　　　　　　　乙女

▲圖九

▶ 問二：

在問二情形，甲男與乙女之結婚日期在民國 97 年 6 月 5 日，此時民國 96 年所修正之民法第 982 條之登記婚，已公布後滿一年而正式實行，此時結婚應以書面為之，有二人以上證人簽名，並應由雙方當事人向戶政事務所為結婚之登記。甲男與乙女結婚時未有二人以上證人之簽名，其要件欠缺，故將為戶政事務人員為形式審查而拒絕為結婚之登記。但二人重新具備該要件時，即能辦理結婚之登記（參考圖十）。

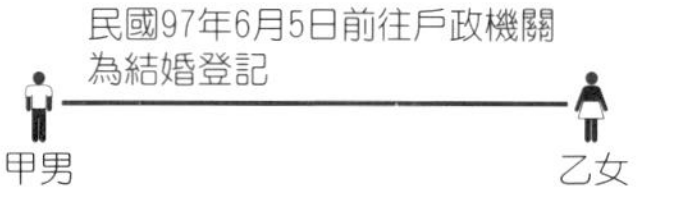

民國97年6月5日前往戶政機關為結婚登記

甲男　　　　　　　乙女

▲圖十

♥ 第三節　結婚之無效與撤銷

例題五　違反禁婚親屬要件之結婚無效

事實關係

甲男與乙女為夫妻關係，生有 A 男與 B 女二人。丙男與丁女亦為夫妻身分，育有 C 男及收養 D 女。乙女之外祖父與丙男之祖父戊為同一人。A、B、C、D 四子女均已成年，而論及婚嫁。

㈠**法律問題**

▶ 問一： B 女與 C 男依民法第 982 條之規定結婚時，是否成立夫妻關係？

▶ 問二： A 男與 D 女依民法第 982 條之規定結婚時，是否成立夫妻關係？

▶ 問三： 於前事實關係，如丙男有一弟己男，而己男之妻為庚女，年僅 22 歲。己男與庚女因故離婚時，A 男為 21 歲與庚女依民法第 982 條規定結婚時，二人能否成立夫妻關係？

㈡**問題解說**

▶ 問一：

本問一之討論重點在於當事人 B 女與 C 男之結婚，就形式要件來說，並無問題，但實質要件有無違反民法第 983 條所規定之禁婚親屬？首先 B 女與 C 男之結婚有無牴觸民法第 983 條第一項第二款旁系血親禁婚親屬之規定。B 女為乙女之女，而 C 男為丙男之子。乙女之外祖父與丙男之祖父為

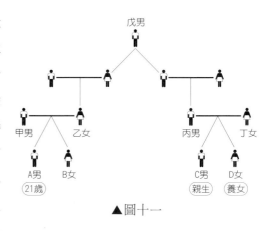

▲圖十一

同一人戊男。因此 B 女與 C 男係以戊男為同源始祖，依民法第 968 條後段規定，旁系血親，從己身數至同源之直系血親，再由同源之直系血親，數至與之計算親等之血親，以其總世數為親等之數。B 女與 C 男各數至同源之戊男，各為三世數，故二人為旁系血親六親等。依民法第 983 條第一項規定，B 女與 C 男之結婚違反該規定，依民法第 988 條第二款規定，二人結婚無效（參考圖十一）。

▶ 問二：

本問二之討論重點與問一情形相同，當事人 A 男與養女 D 之結婚形式要件，並無問題，但實質要件之禁婚親屬之規定有無違反，應予以說明。一如問一所分析，A 男為乙女之子，而 D 女為丙男之養女。乙女與丙男之同源始祖為戊男，故依民法第 968 條後段規定，A 男與 D 女為旁系血親六

親等，且輩分相同。因 D 女為法定血親，依民法第 983 條第一項第二款但書規定，因收養而成立之四親等及六親等旁系血親，而輩分相同者，不在禁婚親屬之內。A 男與 D 女之結婚，不違反禁婚親屬之規定而能成立夫妻身分（參考圖十一）。

▶ 問三：

本問三之討論重點在於民法第 983 條第二項有關姻親關係消滅後禁婚親屬如何適用之問題。A 男與庚女之關係乃庚女為丙男之弟己男之配偶。A 男為乙女之子，而乙女與丙男以戊男為同源始祖，二人之親屬關係，依民法第 968 條後段規定，為旁系血親四親等。己男為丙男之弟，A 男與己男為旁系血親五親等。庚女為己男之妻，A 男對庚女來說，依民法

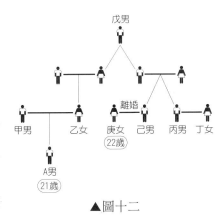

▲圖十二

第 969 條規定，為血親之配偶，二人有姻親關係，且為五親等之旁系姻親。惟己男與庚女已離婚，依民法第 971 條規定，姻親關係因離婚而消滅。在民國 85 年修正以前之親屬法，民法第 983 條第二項尚規定姻親結婚之限制，於姻親關係消滅後，亦適用之。但此規定於民國 85 年修正親屬編時，變更為：直系姻親結婚之限制，於姻親關係消滅後，亦適用之。詳言之，旁系姻親結婚之限制，於離婚後，不再限制結婚。因此 A 男與庚女之結婚，不違反民法第 983 條禁婚親屬之規定而能成立夫妻之身分（參考圖十二）。

例題六 違反重婚要件之結婚無效

事實關係

甲男與乙女為夫妻，乙女為照顧二人所生在美國生活之 14 歲丙子，長期住在美國，而偶然回臺灣陪甲男共同生活。自甲男引用公司新進丁女為其女祕書後，二人過從甚密。丁女知悉甲男已婚，向甲男表示，如二人欲結婚，甲男應先與乙女離婚始可。為此甲男利用乙女生活在美國之事由，

向法院詐稱乙女失蹤多年，音信全無，而以惡意遺棄為由，訴請裁判離婚。經法院審理後，判決甲男勝訴確定。甲男出示其與乙女確定判決離婚書給丁女後，其於民國 96 年 8 月 10 日與丁女依民法第 982 條規定結婚。一個月後，乙女回國，知悉甲男再婚之情事，至為不滿，因而向法院提出其離婚無效之再審之訴而為勝訴判決之確定。

(一)**法律問題**

▶ 問一：甲男之配偶究為乙女或丁女？

▶ 問二：在前事實關係上，如改為甲男與乙女並非裁判離婚，而為兩願離婚之登記。二人離婚時，甲男以優厚條件談妥離婚。甲男請其表弟庚男及讓庚男另找一位友人在其已同意並簽名之離婚書上當證人。但庚男為怕麻煩，以自己之圖章，並偽刻其友人之圖章，蓋在離婚書上，此為甲男所不知。甲男以離婚之戶籍證明書，與丁女結婚。甲男因未履行其離婚條件，乙女又獲悉其離婚形式要件不完備，訴請法院其兩願離婚登記無效，並獲勝訴確定。如其他事實關係與問一情形相同時，甲男與丁女之婚姻是否有效？

(二)**問題解說**

▶ 問一：

　　本問一之討論重點在於有關重婚之司法院釋字第 362 號解釋與釋字第 552 號解釋之意旨。民國 74 年親屬編未修正以前，民法第 985 條規定：「有配偶者不得重婚」。又於民法第 992 條規定：「結婚違反第 985 條規定者，利害關係人得向法院請求撤銷之，但在前婚關係消滅後，不得請求撤銷」。但此第 985 條規定於民國 74 年修法時，改為：「有配偶者，不得重婚（第一項）；一人不得同時與二人以上結婚（第二項）」。違反此規定時，民法第 988 條第三款改為結婚無效。

　　民國 74 年親屬編修正後，民法第 988 條將重婚改為無效後，於民國 83 年 8 月 29 日司法院釋字第 362 號解釋出爐。依釋字第 362 號解釋意旨，民法第 988 條第三款關於重婚無效之規定，乃所以維持一夫一妻婚姻制度之

社會秩序，就一般情形而言，與憲法尚無牴觸。惟如前婚關係已因確定判決而消滅，第三人本於善意且無過失，信賴該判決而與前婚姻之一方結婚者，雖該判決嗣後又經變更，致後婚姻成為重婚者，究與一般重婚情形有異，依信賴保護原則，該後婚之效力應予以維持。首開規定未兼顧類此特殊情況，與憲法保障人民結婚自由之意旨未盡相符，應予以檢討修正。在修正前，上開規定對於前述因信賴確定判決而締結之婚姻部分，應停止適用。如因而致前後婚姻關係同時存在，則重婚者之他方，自得依法請求離婚。因此重婚並非全部無效，如符合釋字第 362 號解釋之要件時，前婚與後婚同時有效，而發生重婚無效之例外情形。依此號解釋意旨，乙女與丁女均為甲男合法之配偶。

但此號解釋於民國 91 年 12 月 13 日，為司法院嗣後之釋字第 552 號解釋所推翻。依釋字第 552 號解釋意旨，婚姻涉及身分關係之變更，攸關公共利益，後婚姻之當事人就前婚姻關係消滅之信賴有較嚴格之要求，僅相對人善意且無過失時，後婚姻之效力始能維持，就此本院釋字第 362 號解釋相關部分，應予以補充。如因而致前後婚姻關係同時存在時，為維護一夫一妻之婚姻制度，究應解消前婚姻或後婚姻，婚姻被解消之當事人及其子女應如何保護，屬立法政策考量之問題，應由立法機關衡酌信賴保護原則、身分關係之本質、夫妻共同生活之圓滿及子女利益之維護等因素，就民法第 988 條第二款等相關規定儘速檢討修正。

在本事實關係上，甲男與丁女之再婚在民國 96 年 8 月 10 日。此時已有司法院釋字第 552 號解釋變更釋字第 362 號解釋內容，而甲男之再婚為惡意，其明知乙女並未音訊不明，故僅丁女為善意且無過失，尚不足以維持後婚姻。因此甲男與丁女之後婚姻仍牴觸民法第 988 條第三款規定而為無效。甲男之配偶仍為乙女，而非丁女（參考圖十三）。

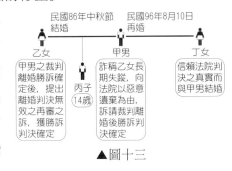

▲圖十三

▶問二：

本問二之討論重點在於釋字第 552 號解釋與新修正之民法第 988 條第
三款及第 988 條之一之規定。依釋字第 552 號解釋，重婚之雙方當事人因
善意且無過失信賴一方前婚姻消滅之兩願離婚登記或離婚判決確定者，後
婚姻始能受維持。如因此前婚姻與後婚姻同時存在時，為維持一夫一妻之
婚姻政策，究維持前婚姻或後婚姻，乃立法政策之考量。

民國 96 年立法院在修正親屬編時，為配合釋字第 552 號之解釋意旨，
於民法第 988 條第三款以但書修正規定：「重婚之雙方當事人因善意且無過
失信賴一方前婚姻消滅之兩願離婚登記或離婚判決確定而結婚者，不為無
效」。又於民法第 988 條之一新增規定：「第 988 條第三款但書之重婚情形，
前婚姻自後婚姻成立之日起視為消滅（第一項）。前婚姻視為消滅後，除法
律另有規定外，準用離婚之規定，但前婚配偶得請求其受損害之補償（第
二項）」。

在本事實關係上，甲男與丁女雙方
重婚之當事人均為善意且無過失，符合
釋字第 552 號解釋意旨，具備維持後婚
姻之要件，因此甲男與丁女之後婚姻有
效，但依民法第 988 條之一之規定，甲
男與乙女之前婚姻關係，因甲男與丁女
雙方之善意再婚，自後婚姻成立之時起
視為消滅（參考圖十四）。

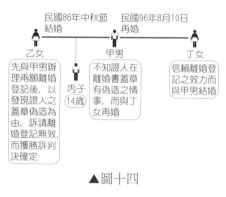

▲圖十四

例題七　因受詐欺而為結婚之撤銷

事實關係

甲男與乙女為夫妻，生下 A 女與 B 女雙胞胎，二人面貌極為相似。丙
男與丁女亦為夫妻，生有 C 獨生子。A 女、B 女、C 男均滿 20 歲，A 女僅
高中學歷，B 女為國內國立大學會計系畢業，C 男有美國法律碩士學位。
C 男透過媒人，認識 B 女後，一見鍾情，論及婚嫁。甲男與乙女唯恐 A 女

學歷較低，將來出嫁不易，從外表看來，第三人不易辨認 A 女與 B 女，故以 A 女代替 B 女，與 C 男依民法第 982 條規定結婚。

(一)法律問題

▶ 問一： C 男與 A 女結婚之效力如何？

▶ 問二： 在前事實關係，如改為 C 男與 B 女結婚，但 B 女於結婚前為配合 C 男之法律專長，謊稱自己也學法律時，其依民法第 982 條規定結婚時，其結婚之效力又如何？

(二)問題解說

▶ 問一：

本問一之討論重點在於結婚為高度意思自由之法律行為，須雙方當事人意思表示之一致，結婚始能成立。如子女無結婚之意思，而由父母代為表示結婚時，結婚不能成立。依民法第 972 條有關婚約之訂定，應由男女當事人自行為之。此從論理解釋，結婚自應由結婚之男女當

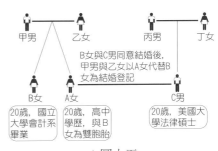

▲圖十五

事人意思表示之一致，始能成立。在本事實關係上，C 男欲結婚之對象為 B 女，但結婚時，甲男與乙女將未經 C 男同意之 A 女與其匹配。此為當事人同一性之詐欺，舊律例時稱為「妄冒」，結婚之當事人 C 男與 A 女並無結婚之合意，該結婚應為無效之婚姻，而非可得撤銷之婚姻（參考圖十五）。

▶ 問二：

本問二之討論重點在婚姻詐欺之概念及於結婚時有一方受詐欺時，他方得撤銷之問題。結婚之詐欺，係指故意表示虛構之事實，使人陷於錯誤，因錯誤而發生現存之結果。在本事實關係上，C 男與 B 女結婚時，B 女為國內國立大學會計系畢

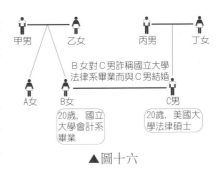

▲圖十六

業，但為配合 C 男之法律專長，對 C 男詐稱其亦有法律專長，此為當事人
就人之重要性質之詐欺。依民法第 997 條規定，因被詐欺而結婚者，得於
發見詐欺後六個月內，向法院請求撤銷之。因此 C 男得於發見受詐欺時起
六個月內撤銷其與 B 女之結婚。但 C 男未撤銷其婚姻以前，與 B 女有夫妻
身分，且撤銷其婚姻，依民法第 998 條規定，結婚撤銷之效力，不溯及既
往。故 C 男於未撤銷其婚姻以前，B 女受胎時，C 男將被推定為該胎兒法
律上之父（民 1062 條、1063 條一項）。又因詐欺而撤銷婚姻時，仍得以撤
銷婚姻之效力，對抗善意之第三人。此與民法第 92 條第二項之規定不同，
不得不注意（參考圖十六）。

例題八　因受脅迫而為結婚之撤銷

事實關係

　　甲男與乙女為一對已成年之情侶，相交甚久，過從甚密。但因甲男有
好色的個性，且性情暴烈，乙女始終未應允甲男之求婚。甲男為免乙女變
心，向乙女說：「如不答應其結婚之要求，將其二人親密之照片，上載於網
路上，供大眾欣賞」。乙女唯恐甲男上網公開該照片，心生恐懼，勉強與甲
男依民法第 982 條規定結婚。

㈠法律問題

▶ 問一：甲男與乙女結婚之效力如何？

▶ 問二：在前一事實關係，如改為甲男對乙女說：「如不答應其求婚之要求，
　　　　即將其舅母丙在臺北所住之房屋燒光光」。乙女在臺北念書時，因
　　　　家住臺南縣，一直寄居在舅母丙家就學，她不願因其婚姻而連累
　　　　舅母丙之生命或財產有受侵害之風險，只好含淚應允與甲男結婚，
　　　　此時甲男與乙女之結婚效力又如何？

㈡問題解說

▶ 問一：

本問一之討論重點在於婚姻脅迫之概念及受脅迫之婚姻得撤銷之效力。在本事實關係上，乙女與甲男過從甚密，但對於甲男之求婚，未予以答應，因為乙女對甲男好色之個性，始終不予信任。惟甲男對乙女施壓

依民法第982條結婚

甲男　　　　　　　乙女

對乙女稱：如不與其結婚，將二人親密照片上網公開

對甲男上網公開二人親密照片心生恐懼而答應結婚

▲圖十七

稱：如不與其結婚，將公布二人親密之照片於網路上，乙女不願被公開該親密照片，心生恐懼，只好答應其求婚之要求。法律上所稱脅迫者，乃故意表示不正當之惡意，使人發生畏懼之念頭，而因畏懼而被迫做一定的行為。依民法第 997 條規定，因被脅迫而結婚者，得於受脅迫終止後，六個月內向法院請求撤銷之。因此乙女於該法定期間內得撤銷其與甲男之婚姻。但未撤銷前，甲男與乙女仍為夫妻，且其婚姻之撤銷，依民法第 998 條規定，不溯及既往（參考圖十七）。

▶ 問二：

本問二之討論重點為當事人之一方對第三人之脅迫而使他方與其結婚時，他方對其婚姻能否撤銷？在本事實關係上，甲男與乙女結婚，而結婚時，甲男未直接對乙女之生命或財產脅迫，而係對第三人之生命或財

依民法第982條結婚

甲男　　　　　　　乙女

對乙女稱：如不與其結婚，即將乙女之舅母丙家燒光

對甲男欲燒光舅母丙家心生畏懼，而與甲男結婚

▲圖十八

產所為脅迫。惟該第三人與他方有相當密切關係，而因該第三人生命或財產受脅迫時，足以使他方心生恐懼，而不得不結婚時，仍有民法第 997 條撤銷婚姻之適用。甲男脅迫乙女之事由，乃燒光乙女之舅母家，而乙女與其舅母丙之關係甚為密切，乙女長期在臺北就讀時，曾寄居於其家，舅母丙有恩於乙女。是故乙女因甲男對其舅母丙生命或財產之威脅，而被迫結婚時，乙女於該脅迫終止後六個月內，得撤銷其與甲男之婚姻（參考圖十八）。

第四節　結婚之普通效力

例題九　夫妻履行同居義務之處所

事實關係

　　甲男與乙女為夫妻，育有 5 歲之獨子丙。其住家係由甲男在臺北承租一棟公寓住宅生活。因臺商投資大陸踴躍，甲男亦前往大陸，在東莞投資設工廠。前數年甲男在大陸經營事業尚稱順利，每月按時寄母子之生活費回臺北。後來因用人不善，其經營發生困難，也難得回臺北省親，母子在臺之生活費也無著落。乙女在不得已之情形下，出外在一家幼稚園找到工作，維持家計。丙男已在臺北一所國小念三年級。甲男在大陸事業每況愈下，終於在大陸混不下去，回臺灣依靠乙女生活，但乙女對甲男極為冷淡。甲男一氣之下，將其戶口遷移至臺中縣之鄉下老家，並以奉養其母丁女為由，令乙女前往其老家履行同居之義務。

㈠**法律問題**

▶ 問一：甲男要求乙女在臺中縣履行同居義務時，乙女可否拒絕前往？

▶ 問二：在前事實關係上，如改為乙女握有甲男在大陸包二奶之證據時，乙女對甲男有何權利主張？

㈡**問題解說**

▶ 問一：

　　本問一之討論重點在於夫妻應在何處履行同居義務？其同居義務之處所有無例外之情形？依民法第 1001 條規定，夫妻互負同居義務，但有不能同居之正當理由時，不在此限。夫妻一結婚後，履行同居義務乃結婚最重要之效力，而夫妻在何處履行該同居義務，乃婚後之夫妻所最關心。依夫妻共同生活之本質來說，夫妻履行同居義務之處所，以婚姻住所最為適當。因此依民法第 1002 條第一項最新修法後，明定男女平等之夫妻婚姻住所：

「夫妻住所，由雙方共同協議定之；未為協議或協議不成時，得聲請法院定之（第一項）。法院為前項裁定前，以夫妻共同戶籍地推定為其住所（第二項）」。依此規定，夫妻在通常情形下，應在婚姻住所履行同居之義務，如不履行該義務時，得以民法第 1052 條第一項第五款規定之惡意遺棄為由，訴請法院為裁判離婚。

惟自司法院釋字第 452 號解釋宣告後，依其解釋意旨，夫妻住所之設定與夫妻應履行同居之義務尚有不同，住所乃決定各項法律效力之中心地，非民法所定履行同居義務之唯一處所。夫妻縱未設定住所，仍應以永久共同生活為目的，而互負履行同居義務，要屬當然。由此解釋，可知夫妻履行同居義務之處所，通常固應在婚姻住所為之，但在特殊情形下，得依個案之具體情形決定之。

在本問一之情形上，甲男與乙女本約定其婚姻住所為臺北租賃之住宅公寓。因此二人之履行同居義務之地為該雙方所約定之處所。惟甲男前往大陸投資設工廠，而經營不善後，回國受到乙女之冷淡態度。此時甲男惡意將其戶籍擅自搬回其臺中縣之鄉下

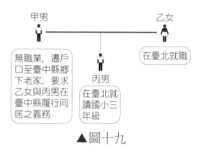

甲男　　　　　乙女

無職業，遷戶口至臺中縣鄉下老家，要求乙女與丙男在臺中縣履行同居之義務

丙男

在臺北就職

在臺北就讀國小三年級

▲圖十九

老家，未與其妻乙女協議。其婚姻住所，依民法第 1002 條第一項之規定，仍然為臺北所承租之公寓。二人理當在臺北租賃之住宅公寓履行同居義務。又依釋字第 452 號解釋之意旨，婚姻住所非唯一履行同居義務之處所，即使婚姻住所約定在臺中縣的鄉下老家，乙女已在臺北有正當之職業，且丙男已在臺北就讀國小三年級。反觀甲男在臺中縣之老家，僅為奉養其母親為理由，但因其尚無職業，其家計無人負擔，母子之生活費更無著落，故其履行同居義務之場所，以臺北市乙女所住之處所較臺中縣老家適合。因此乙女對甲男要求在臺中縣履行同居義務，有法律之依據，可以拒絕（參考圖十九）。

▶問二：

　　本問二之討論重點在於夫妻有互負貞操義務，當事人之一方違反該義務時之後果為何？男女一旦結婚後，應以永久共同生活為目的，相互忠誠維持性生活為必要。如其中一方有外遇或其他放蕩生活者，必然對他方造成其婚姻生活之威脅。在本事實關係上，甲男在前往大陸投資設工廠時，有包二奶之事實。此為對乙女婚姻生活之不忠實，依民法第 1052 條第一項第二款規定，夫妻之一方有與他人性交者，他方得訴請法院為裁判之離婚。惟該離婚之請求權有法定請求期間，如發生該事由時，依民法第 1053 條規定，其離婚請求權因有下列情形之一而消滅：「請求權之一方，於事前同意或事後宥恕，或知悉後已逾六個月，或自其情事發生後已逾二年者，不得請求離婚」。有鑑於此，乙女得把握該法定期間，對甲男訴請裁判離婚（參考圖二十）。

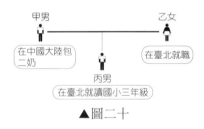

▲圖二十

例題十　日常家務代理權與家庭生活費用之負擔

事實關係

　　甲男與乙女為夫妻，育有一子丙。二人結婚時，未約定夫妻財產制。甲男為一銀行科長，月入 8 萬元。乙女為一家庭主婦。乙女每週上傳統市場買菜一次，因丁男肉攤與戊男菜攤均固定每月結算一次。有一日，乙女為上網玩股票，向己男電腦商買一部 12 萬元之電腦，尚未付款。

㈠法律問題

▶問一：乙女積欠丁男肉攤 3 萬元，戊男菜攤 1 萬元時，甲男與乙女應如何分擔該費用？

▶問二：丁肉攤與戊菜攤對其債權應如何求償？

▶問三：己電腦商應如何求償其 12 萬元之價金？

㈡問題解說

▶問一：

　　本問題之討論重點在於夫妻因日常家務所生之債務，在夫妻內部如何分擔與對外之債權人如何負責之問題？依民法第 1003 條第一項規定，夫妻於日常家務互為代理人。因日常家務代理權所生之生活費用之債務，夫妻內部應如何分擔，在民國 91 年 6 月 26 日未修正夫妻財產制以前，舊法僅於夫妻財產制上，規定視夫妻所採用之財產制，而作不同之規定。即採法定財產制之聯合財產制之夫妻，於民法第 1026 條規定，夫於無支付能力時，妻亦應以其全部財產（原有財產與特有財產）負清償之責。採共同財產制之夫妻，於民法第 1037 條規定，家庭生活費用於共同財產不足負擔時，妻個人亦應負責。採分別財產制之夫妻，於民法第 1046 條第三款規定，因家庭生活費用所生之債務，由夫負清償之責。但依民法第 1047 條第二項規定，家庭生活費用所負之債務，夫無支付能力時，由妻負擔。至於舊法就夫妻日常家務代理權所生之債務對外部債權人應如何負擔，並無明文，致解釋上引起爭議。

　　民國 91 年 6 月 26 日修正親屬編時，將夫妻家庭生活費用內部之分擔，從各不同夫妻財產制之分擔移到民法第 1003 條夫妻日常家務互為代理人之後，而以民法第 1003 條之一第一項規定：「家庭生活費用，除法律或契約另有約定外，由夫妻各依其經濟能力、家事勞動或其他情事分擔之」。第二項規定：「因前項費用所生之債務，由夫妻負連帶責任」。此新規定在表示家庭生活費用之負擔採多元化，不限於金錢之出資而已，家事勞動亦為家庭生活費用分擔之一種，以顯示家務工作之重要性。至於家庭生活費用所生之債務，對債權人之清償責任，從德、瑞立法例，夫妻應負連帶清償責任，以維交易之安全。

　　在本事實關係上，乙女積欠丁男肉攤 3 萬元與戊男菜攤 1 萬元，乃屬乙女因日常家務代理權所生家庭生活費用之債務。乙女為一家庭主婦，平日從事家務與育幼工作，依民法第 1003 條之一第一項規定，從事家務

▲圖二十一

工作亦為家庭生活費用負擔之一種方法。因此對丁男所負 3 萬元及戊男所負 1 萬元之債務，在內部關係，由甲男獨自負擔為宜（參考圖二十一）。

▶ 問二：

　　本問二之討論重點在於夫妻之一方，因日常家務代理權所生家庭生活費之債務，對債權人應如何負責？依民法第 1003 條之一第二項新增規定，家庭生活費用所生之債務，由夫妻負連帶責任。乙女為家庭生活費用對丁男肉攤 3 萬元及對戊男菜攤 1 萬元債務，應由甲男與乙女連帶負清償之責任，以保護交易之安全（參考圖二十一）。

▶ 問三：

　　本問三之討論重點在於日常家務代理權之範圍如何及逾越該範圍所生之債務，應如何對債權人負責。我國民法對於日常家務代理權之範圍，無明文規定。其界限何在，在實務上常引起爭議。依德國民法第 1357 條所規定之日常家務之範圍，在解釋上，甚為廣泛，包括家庭生活全面日常所需要之開支，即日用品之購買、水電或暖氣費之支出、房租之繳納、通常衣物之添購，固為家庭生活之需要，其他如醫療保健費用、子女正常教育費用以及交通費用亦包括在內。

　　在本事實關係上，乙女為家庭主婦，為上網玩股票，購買一部 12 萬元之電腦，並以甲男身為一銀行科長，月入 8 萬元之薪資來說，該一部 12 萬元電腦之支出，應超出其家庭日常生活之代理權之範圍。依民法第 1003 條第二項規定，夫妻之一方濫用日常

▲圖二十二

家務代理權時，他方得限制之，但不得對抗善意之第三人。本事實關係上之乙女，對購買電腦之價錢高達 12 萬元，且物品之性質上，亦不屬於日常生活所需之物，故己男電腦商僅能向乙女請求該 12 萬元之價金（參考圖二十二）。

第五節　婚姻解消之事由

例題十一　死亡宣告確定後生存配偶之惡意再婚

事實關係

甲男與乙女為夫妻。有一日，甲男與大專登山隊爬登雪山而失蹤。乙女訴請法院死亡宣告。因其失蹤已滿七年，法院依法宣告死亡確定。甲男並未死亡，但因平日對乙女感情不佳，且已知悉其被法院宣告死亡確定，故在他鄉與不知情之丙女，在乙女未再婚以前，先行依民法第 982 條規定再婚。

(一)**法律問題**

▶ 問一：甲男與丙女是否能成為夫妻關係？

▶ 問二：在前一事實關係上，如改為乙女明知甲男並未死亡，但二人感情已破裂，故與知情之丁男依民法第 982 條規定再婚時，乙女與丁男是否能成為夫妻？

(二)**問題解說**

▶ 問一：

本問一之討論重點在於甲男因失蹤而被法院宣告死亡判決確定時，甲男與乙女之婚姻何時解消之法律問題。依日本立法例，法院對失蹤人為死亡宣告判決確定後，該失蹤人視為死亡，故失蹤人與生存配偶原有之婚姻關係，即時解消。反之，依德、瑞立法例，法院為失蹤人死亡宣告判決確定時，僅推定該失蹤人死亡，而非視為死亡。因此該失蹤人之婚姻並不立即消滅，必須等待生存配偶善意再婚後，原婚姻關係始消滅，但如其為惡意再婚時，原婚姻關係不消滅。我國民法第 11 條有關失蹤人受死亡宣告確定後，其與德、瑞立法例同，失蹤人僅推定為死亡。因此失蹤人與生存配偶之原婚姻關係，不立即消滅，必須生存配偶善意再婚後，始告消滅。

本事實關係上，甲男在乙女未再婚以前，與不知情之丙女依民法第 982 條規定先行再婚。在乙女未善意再婚以前，乙女與甲男之婚姻關係仍繼續存在，而未消滅，故甲男與丙女之婚姻乃牴觸民

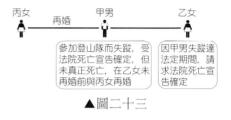

▲圖二十三

法第 985 條第一項有關「有配偶之人，不得重婚」之規定，且違反該規定者，依民法第 988 條第三款規定，該結婚為無效（參考圖二十三）。

▶ 問二：

本問二之討論重點在於夫妻之一方，因失蹤受法院宣告死亡判決確定後，其生存配偶如善意再婚時，原婚姻關係始能消滅。但生存配偶惡意再婚時，不能消滅其婚姻關係。在本事實關

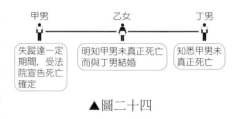

▲圖二十四

係上，生存配偶之乙女乃知情受死亡宣告確定之甲男並未死亡。儘管如此，乙女與知情之丁男再婚，其與甲男之婚姻關係並未消滅，故乙女與丁男之結婚亦牴觸民法第 985 條第一項「有配偶者不得重婚」之規定。且違反該規定者，依民法第 988 條第三款規定，該結婚為無效（參考圖二十四）。

例題十二　死亡宣告確定後生存配偶之善意再婚

事實關係

甲男與乙女為夫妻。有一日，甲男在國外乘渡輪而沉沒，並被列為失蹤名單。乙女為此訴請法院宣告死亡。甲男因失蹤已滿一年，法院為死亡宣告判決確定。但甲男並未真正死亡，而乙女不知甲男尚生存，故與其舊情人丙男依民法第 982 條規定結婚。二人結婚時，丙男亦不知甲男並未真正死亡。

㈠法律問題

▶ 問一：乙女與丙男依民法第 982 條規定結婚時，二人能否成為夫妻身分

關係?

▶ 問二：在前一事實關係，如改為丙男知悉甲男並未死亡，而其他情形不
　　　　 變時，乙女與丙男能否成為夫妻身分關係？

㈡**問題解說**

▶ 問一：

　　本問一之討論重點在於夫妻之一

方失蹤而為法院宣告死亡確定後，如生

存配偶善意再婚後，原婚姻關係始告消

滅。此處所稱「生存配偶之再婚」，究

指僅生存配偶之善意即足，抑或生存配

▲圖二十五

偶與再婚之相對人亦須善意之問題。依通說，失蹤人受法院死亡宣告確定

後，生存配偶之再婚，其本人固然應善意，但與生存配偶再婚之相對人是

否亦須善意，在學說上尚有爭議。惟在本事實關係上，乙女與丙男再婚時，

二人均不知甲男尚生存，故未涉及生存配偶再婚之相對人是否善意之問題。

因此乙女與丙男之結婚能成為夫妻關係（參考圖二十五）。

▶ 問二：

　　本問二之討論重點在於夫妻一方因失蹤而被法院宣告死亡判決確定

後，生存配偶善意再婚時，他方是否需要善意成為學說解釋之爭點。依多

數說，為基於誠信原則，雙方當事人均應善意，始能使後婚姻成立，而消

滅前婚姻關係。依少數說，僅生存配偶善意即足，後婚之相對人是否善意，

並非所問。因為重婚之當事人為生存配偶，其雖知悉受死亡宣告之人尚未

死亡，似無告知之義務。

　　依釋字第 552 號解釋意旨及民國 96 年新增訂之民法第 988 條第三款

規定之立法精神，後婚之雙方當事人均應以善意且無過失為當。

在本事實關係上，生存配偶之乙女雖為善意，但與其結婚之相對人丙男，知悉甲男並未死亡，其屬惡意情形，故依多數說之見解，乙女與丙男不能成為夫妻關係（參考圖二十六）。

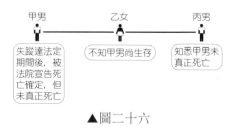

▲圖二十六

例題十三　兩願離婚之形式要件

事實關係

　　甲男與乙女為夫妻，結婚多年，但乙女生理上之因素，二人無法生育。甲男為得後嗣起見，與乙女以 50 萬元贍養費之優厚條件，談妥乙女與二證人簽名於離婚書後三天內支付該贍養費，然後二人方前往戶政事務所辦理兩願離婚之登記。但因甲男遲遲未支付該 50 萬元，且一延再延，使乙女對甲男非常反感。於談妥二個月後，甲男始支付其 50 萬元給乙女，但此時乙女不願再收取該 50 萬元，而拒絕前往戶政事務所辦理離婚之登記。

㈠法律問題

▶ 問一：甲男以乙女已在離婚書上簽名，且有二人證人簽名為由，能否訴請法院強制辦理離婚之登記？

▶ 問二：在前一事實關係，如改為甲男以乙女無法生育及二人性格極端不合為由，依民法第 1052 條第二項規定，訴請法院裁判離婚。在法院調解離婚時，因甲男提出之離婚條件極為優厚，二人於法院調解時，同意兩願離婚，二人是否於此時消滅夫妻身分關係？

㈡問題解說

▶ 問一：

　　本問一討論之重點在於民國 74 年增訂之離婚之戶籍登記之性質，究為生效要件，抑或為成立要件？

　　如為前者，可能因夫妻二人已書面同意，且有二人證人之簽名，而離婚身分契約之實質要件與形式要件已具備，夫妻之一方如不履行該契約時，

一方當可訴請法院強制為離婚之戶籍登記。此為最高法院 75 年度臺上字第 382 號判決之見解：「……查兩願離婚，應以書面為之，有二人以上之證人簽名，並應向戶政機關為離婚之登記，為民法第 1050 條所明定，從而兩願離婚時雙方當事人應向法院提起給付之訴，求命其履行。原審背於見解謂上訴人無請求權，顯有未合」。依此見解，兩願離婚之身分上之契約已成立時，如一方拒不為申請離婚之戶籍登記時，他方自得提起離婚戶籍登記（給付）之訴，求命其履行。

如為後者，因離婚之戶籍登記為成立要件，當事人未為離婚之戶籍登記前，因離婚之形式要件尚未完全具備，不得訴請法院為強制離婚之戶籍登記。民國 75 年 5 月 20 日最高法院民事庭推會議之決議謂：「當事人兩願離婚，只訂立離婚書面及有二人以上證人之簽名，而因一方拒不向戶政機關為離婚之登記，其離婚契約尚未有效成立，他方自無提起離婚戶籍登記之訴之法律依據」。又依據最高法院 50 年臺上字第 60 號未修正前舊法之判例謂：「戶籍法固屬公法性質，但婚姻當事人因有合法離婚之事實，請求對造協辦離婚之登記，則屬私法上之請求，得為民事訴訟之標的」。此見解乃舊法之規定，夫妻已有離婚同意書及二人以上之證人簽名，則已有合法離婚之事實；至於離婚之戶籍登記僅為證明方法而已，故不履行離婚登記，得為訴請離婚之登記。但修正後的民法第 1050 條，因依條文之文義，離婚之戶籍登記，以「並」字與離婚之同意書及二證人之簽名排列，是以離婚之戶籍登記為成立要件之一。如該成立要件有一欠缺時，離婚無法成立，自無法訴請法院強制登記之理。

依本人之見解，此二說以後說為當，因為修正後之條文，以「並」字作為與離婚之同意書及二證人之簽名，作平行之規定，而為離婚之形式要件之一，如有缺其一時，則依民法第 73 條規定為無效，尤其身分行為之意思自由應絕對受保護。離婚

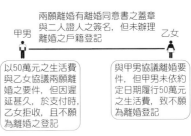

▲圖二十七

戶籍登記將改變身分關係，而具有創設效力，故不得被強迫履行。此與有

婚約之未婚夫妻，不得強迫其履行結婚相同（民 975 條）（參考圖二十七）。

▶問二：

　　本問二之重點在討論裁判離婚之情形，離婚之當事人因法院之介入調解，在極優厚之離婚條件之下，雙方達成兩願離婚時，是否不待當事人為離婚之戶籍登記，而發生離婚之效力？

　　查裁判離婚之訴，於起訴前應經法院之調解，此為民事訴訟法第 577 條第一項所明定。所謂離婚之調解係由法院主導，勸告夫妻能否挽回其婚姻關係，使其能破鏡重圓。調解程序，以法院為主體，由簡易庭之法官行之（民訴 406 條之一第一項）。法院調解的結果，有兩種情形，一為調解成功，當事人打消裁判離婚，和好如初。一為因法院之介入，由裁判離婚，因離婚之條件優厚，改達成兩願離婚之結果。依民事訴訟法第 416 條第一項之規定，調解成立者，與訴訟上之和解有同一之效力。惟此和解係離婚效果上之和解，而非離婚意願上之和解。此離婚意願，不能以和解達成。有鑑於此，因法院之介入而達成離婚，其本質上為兩願離婚，而非裁判離婚。因此當事人尚應向戶政機關為離婚之登記，始生離婚之效力（參考圖二十八）。

▲圖二十八

例題十四　裁判離婚之事由

事實關係

　　甲男與乙女為夫妻，有一日，乙女與其女性朋友丙上街看晚場電影。散場後，乙女獨自在其住家公寓大樓上電梯時，被尾隨跟蹤之歹徒丁男強制性侵害。

㈠法律問題

▶問一：甲男以乙女被強制與人性交為由，訴請法院裁判離婚時，能否有勝訴機會？

▶ 問二：　在前一事實關係，改為乙女未被他人強制性交，反而甲男利用丙
　　　　　女拜訪乙女之機會，對丙女為強制性交時，乙女訴請法院裁判離
　　　　　婚時，能否有勝訴機會？

(二)**問題解說**

▶ 問一：

　　本問一討論之重點在於乙妻被他人強制性交時，其甲夫能否依民法第
1052 條第一項第二款與配偶以外之人性交或同條第二項有關第一項以外
之重大事由，難以維持婚姻為由，訴請法院裁判離婚？民國 74 年以前之裁
判離婚，僅有民法第 1052 條所列舉十款離婚之事由，而無第二項離婚之概
括規定。當時該條第二款規定裁判離婚事由為：「與人通姦」。民國 96 年修
法時，改為「與配偶以外之人合意性交」。按通姦之行為乃雙方情投意合之
性交行為，而違反夫妻間之貞操義務，故為裁判離婚之事由之一。但妻被
他人強制性交乃違反其本意，而被他人強制性行為，尚難謂已違反夫妻間
之忠誠義務。因此不能構成該款與他人通姦之裁判離婚事由。

　　民國 74 年 6 月 5 日增訂民法第 1052 條第二項後，明定有前項以外重
大事由，難以維持婚姻者，夫妻之一方得請求離婚。但其事由應由夫妻之
一方負責者，僅他方得請求離婚。依此新增規定，妻被他人強制性交時，
能否依此概括規定訴請裁判離婚？依本人見解，民法第 1052 條第一項第二
款與配偶以外之人性交所以成為裁判離婚事由者，乃其違反夫妻忠誠義務。
但配偶一方被他人強制性交，乃違反其本意，被強制性交之人為被害人，
其與第一項第二款之要件完全不合，亦不應再以第 1052 條第二項概括規定
訴請裁判離婚，除非他方另有非離婚不可之具體特殊理由，例如他方舉證
其母親亦曾被他人強制性交，致精神失常，而長期住精神病醫院治療。有
此事實時，或許法官能考慮將影響其往後之婚姻生活，而准予離婚。

　　本事實關係上，甲男別無其他特殊具
體理由，因甲男僅提出乙女被他人強制性
交而影響其婚姻生活，此理由不夠具體，
故以民法第 1052 條第二項之概括規定，訴

▲圖二十九

請法院裁判離婚，甲男難有勝訴之機會（參考圖二十九）。

▶問二：

本問二討論之重點在於夫對配偶以外
之女性強制性交時，妻能否以民法第 1052
條第一項第二款與人性交為由,訴請裁判離
婚? 在本事實關係上，甲男並非與乙女以外
之人為合意性交，而是以強制方法對他人性侵害。此行為是否構成裁判離
婚之事由? 民法第 1052 條第一項第二款僅規定與配偶以外之人為性交，而
非規定對他人為強制性交。惟夫與他人合意性交時，即構成裁判離婚之事
由，此乃違反夫妻間之忠誠義務。如他人不願與夫性交，而夫以強制手段
性侵時，其違反貞操義務更甚於與他人之合意性交。因此依論理解釋，甲
男之強制性交當然構成民法第 1052 條第一項第二款事由，乙女得訴請法
院裁判離婚（參考圖三十）。

 ## 第六節　離婚之效力

例題十五　離婚後之損害賠償

事實關係

　　甲男與乙女為夫妻，因甲男對婚姻生活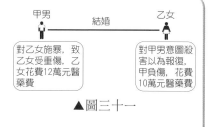
有不忠實與家暴行為的不良紀錄，二人感情
不甚融洽。有一日，甲男藉應酬三更半夜始
回家，乙女拒絕與甲男同床。甲男借酒壯膽，
對乙女施暴，致乙女受重傷，共花醫藥費 12
萬元。一週後，甲男又半夜始入門，乙女在忍無可忍之下，預藏廚房用之
尖刀，準備與甲男同歸於盡。乙女見甲男一進房間，即刻拿菜刀猛刺甲男
之腹部。甲男被刺傷後，逃出家門，其醫藥費也花了 10 萬元。

㈠法律問題

▶ 問一： 乙女以受甲男虐待致不堪同居為由，訴請法院裁判離婚時，甲男可否抗辯乙女亦有意圖殺人為由，主張同罪相抵，而拒絕離婚？

▶ 問二： 乙女對甲男訴請離婚勝訴時，能否請求其 12 萬元醫藥費之損害賠償？

㈡問題解說

▶ 問一：

本問一之討論重點在於夫妻在裁判離婚時，均有民法第 1052 條第一項之裁判離婚事由時，能否同罪相抵之適用？我國民法第 1052 條第一項列舉十款裁判離婚之事由。依該條項規定，夫妻之一方有民法第 1052 條第一項所列舉之事由之一者，他方得訴請法院為裁判離婚。如夫妻雙方均有該條項所列舉之事由時，能否為同罪相抵之適用？依通說見解，裁判離婚之事由無同罪相抵或過失相抵之適用，只要夫妻一方有裁判離婚之事由時，即得訴請法院為裁判離婚。

本事實關係上，甲男有民法第 1052 條第一項第三款「夫妻之一方對他方為不堪同居之虐待」，而乙女亦有同條項第六款「夫妻之一方意圖殺害他方」之事由。惟同罪相抵在裁判離婚不能適用，故甲男不能拒絕乙女訴請法院裁判離婚（參考圖三十一）。

▶ 問二：

本問二討論之重點在於裁判離婚時，在財產上之損害賠償能否損益相抵？依民法第 1056 條第一項規定，夫妻之一方，因判決離婚而受有損害時者，得向有過失之他方請求損害賠償。依此規定，在裁判離婚時，請求裁判離婚之一方，不以無過失為要件。如本身即使有過失，他方因有過失時，就其損害得請求他方賠償。因此在雙方均有過失時，即發生損益相抵之問題。

在本事實關係上，甲男對乙女有虐待致不堪同居之裁判離婚之過失事由，使乙女花費 12 萬元之醫療費。但乙女也有意圖殺害他方之裁判離婚之過失事由，使甲男負傷而同樣花掉 10 萬元之治療費用，因此當乙女向甲男請求其 12 萬元之損害賠償時，因乙女亦有過失，甲男 10 萬元之損害，也得向乙女主張損益相抵。因此乙女僅能向甲男請求 2 萬元之損害差額（參

考圖三十一）。

例題十六　離婚後之親權與會面交往權之行使

事實關係

　　甲男與乙女為夫妻，育有 5 歲丙男與 12 歲丁女。二人均有工作，甲男在高雄，乙女在臺北就職，而使婚姻生活不甚融洽。其後乙女發現甲男有外遇之證據,因而訴請法院裁判離婚而勝訴確定。此時丙男在臺北已上幼稚園，丁女就讀國民小學六年級。

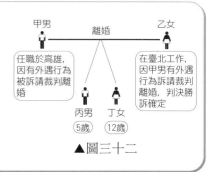

▲圖三十二

(一)法律問題

▶ 問一：甲男與乙女在裁判離婚，而爭執丙男與丁女之親權行使時，法院應如何判決？

▶ 問二：前一事實關係上，如改為甲男與乙女同意丙男由乙女，丁女由甲男行使親權，而其他情形不變時，丁女能否請求法院對丙男之會面交往之權？

(二)問題解說

▶ 問一：

　　本問一之討論重點在於父母裁判離婚時，其子女之親權行使，父母有爭執時，應如何決定？在民國 85 年未修正親屬編時，父母離婚時，對其子女親權行使，使用「監護」用語，且視其為兩願離婚或裁判離婚而作不同之規定。在未修法以前，民法第 1051 條規定兩願離婚時，對子女行使監護權之規定：父母離婚時，子女之監護權由父母協議定之，未為協議或協議不成時，由父任之。民法第 1055 條規定裁判離婚時，對子女行使監護權之規定：父母裁判離婚時，子女之監護權準用兩願離婚時之規定，但法院認為必要時，得為子女之利益，法院另為決定之。

　　民國 85 年修法後，鑑於舊法規定缺失甚為嚴重，一則，違反男女平等；

二則，父母一方對子女行使權利義務，依民法第 1089 條規定稱為親權行使，而不該稱為監護權之行使，否則其與民法第 1091 條所規定之監護權有混淆之嫌。因此民國 85 年修法後，民法第 1051 條刪除，第 1055 條第一項改為：「離婚時，父母對未成年子女權利義務之行使或負擔，依協議由一方或雙方共同任之。未為協議或協議不成時，法院得依夫妻之一方、主管機關、社會福利機構或其他利害關係人之請求或依職權酌定之」。由此可知，父母離婚後，新法有關父母對未成年子女之照顧，不再使用「監護」用語，而回歸民法第 1089 條之「親權」用語，且依男女平等原則，由法院積極介入監督，其親權之行使有無為未成年子女之利益。為使法院判斷未成年子女利益有所參考，民法新增第 1055 條之一有關其最佳利益提示性的規定：「法院為前條裁判時，應依子女最佳利益，審酌一切情狀，參考社工人員之訪視報告，尤應注意下列事項：1.子女之年齡、性別、人數及健康情形；2.子女之意願及人格發展之需要；3.父母之年齡、職業、品行、健康情形、經濟能力及生活狀況；4.父母保護教養子女之意願及態度；5.父母子女間或未成年子女與其他共同生活之人間之感情狀況」。

　　在本事實關係上，甲男與乙女係因甲男之外遇而為裁判離婚。甲男之外遇為民法第 1052 條裁判離婚之有責事由之一，但裁判離婚之有責事由，非法院判定親權行使之唯一原因，但有參考之必要。因為有與他人性交之習性，其品德有問題，且容易再婚，對未成年子女不利。其次，二人共同之子女丙男與丁女均已在臺北上學，為使共同子女之教育，不受轉校之影響，法院判定乙女為丙男與丁女之親權人較甲男為適當（參考圖三十二）。

▶ 問二：

　　本問二之討論重點在於民國 85 年新增民法第 1055 條第五項有關會面交往權之主體是否僅限於未行使親權之一方？未成年子女能否亦成為其主體？民國 85 年新增之會面交往權係未行使親權之父母一方對於其未成年子女會面、通信或其他方法接觸或溝通之情形。本會面交往權在民國 85 年以前並未規定，此對於未成年子女造成相當不利益。因此在民國 85 年修法時，於民法第 1055 條第五項規定：「法院得依請求或依職權，為未行使或負擔

權利義務之一方酌定其與未成年子女會面交往之方式及期間。但其會面交往有妨害子女之利益者，法院得依請求或職權變更之」。依此規定，會面交往權之主體似僅限於未行使親權之父母之一方，但依該條增訂時之立法意旨，父母子女間之骨肉關係乃基於自然血統流露出來之感情，父母一方得對於子女有探視權，難道子女就無探視父母之權，尤其聯合國兒童國際公約第7條規定：「兒童儘可能有獲知其父母權利及為未成年子女追求最佳之利益，為現代各國立法之最高指導原則」。因此應允許父母子女相互間有會面交往之權，始符合民法第 1055 條所規定之立法意旨（參考圖三十二）。

夫妻財產制

第**1**章

總　論

第一節　夫妻財產制之概念

　　規範有關夫妻財產關係之制度，稱為夫妻財產制，又因其為夫妻僅在婚姻關係存續中規律財產之法律，也稱為婚姻財產制。民法親屬編上的夫妻財產制係規律夫妻於結婚後，在婚姻關係存續的共同生活中，夫妻相互間的財產關係。詳細來說，夫妻於結婚以前已有的財產及婚姻關係存續中所獲得的財產，其所有權應如何歸屬，其使用、收益權由何人享有，其處分權又如何規定等，尤其是在夫妻財產制關係消滅時，夫妻間的財產應如何分割，又夫或妻對於第三人所負的債務，應如何清償。這些財產上的關係，民法基於夫妻間的特殊身分關係，而規定於民法親屬編之夫妻財產制內。

　　男女一旦結婚後，創設夫妻的身分關係，該身分關係涉及夫妻應決定如何冠姓、何處是婚姻共同住所，家庭生活費用夫妻內部應如何分擔及對外應如何負責，又夫妻互負同居、貞操、扶養義務以及日常家務互為代理人等事項，可謂效力甚強。此夫妻的共同關係遠超過物權法上的公同共有與債法上合夥關係，為因應夫妻身分上所延伸出來的財產關係，以普通債法或物權法的規範，無法呈現身分法上之特殊性，而仍有不足之處。故在民法親屬編第二章婚姻之第四節上，特規定夫妻財產制，以規律夫妻從身分所延伸出來特有的財產關係，此內容為一般財產法的特別規定，其對於債編與物權編內容的規定，具有特別法的地位，而有優先適用之效力❶。

　　我國傳統社會，一來以家族同居共財之生活為中心，財產屬於家長與家屬全體所公同共有，而無個人私有財產，二來夫妻地位極為懸殊，妻以夫為天，妻之人格完全為夫所吸收，妻既無財產能力，又無行為能力，因

---

❶　戴合著，《親屬法》，132 頁；吳歧，《中國親屬法原理》，82 頁。

此傳統社會之家庭生活，根本不認識夫妻財產制度。民法上之夫妻財產制係於清末民初從歐陸近代法律體系所繼受的，而歐陸法的夫妻財產制由來已久，可回溯至羅馬民族之嫁資制 (Dotalvertrag)，此財產制乃因應羅馬龐大帝國的法律安定性要求，具有強制適用之特性❷，而為日後法定財產制的起源。至於日耳曼民族則採用約定財產制 (Ehevertrag)，此財產制乃是因應日耳曼民族各封建領主割據一方的政治局勢，依契約自由之原則，夫妻間得任意約定財產契約之內容，即「契約之約定優先於普通法」(Ehegedinge bricht Landrecht)❸。封建諸侯對其領地內夫妻間所約定之財產制契約內容不加以干涉。此種由夫妻自由以契約協議財產制之內容的方式，成為日後約定財產制之代表。

　　歐陸的夫妻財產制如何演變至近代各國民法上的規定，頗為複雜。就制度面來說，以排他性採用法定財產制或絕對採用約定財產制之國家幾乎不可見，而以約定財產制與法定財產制併用的立法例則是絕大多數，即夫妻當事人先以契約方法約定財產關係之內容，而所約定之內容，有的國家不加以設限，只要不違反法律強制禁止之規定或不牴觸公序良俗，當事人均能自由約定之，有的國家則使當事人不能自由選擇財產之內容，而限制在特定之財產制種類，即只能選擇法律所規定之財產制類型而已。又依各國立法例之內容，不論其為法定財產制或約定財產制，各類夫妻財產制出現過不同的名稱，即主要有管理共同財產制 (Verwaltungsgemeinschaft)❹、聯合財產制 (Güterverbindung)❺、分別財產制 (Gütertrennung)、普通共同財產制 (Gütergemeinschaft)、勞力所得共同財產制、延續共同財產制 (fortgesetze

---

❷　戴東雄，《親屬法論文集》，東大圖書公司，民國 77 年，114 頁。

❸　Dolle, *Familienrecht*, S. 660.

❹　管理共同財產制曾為德國民法之法定財產制。此制之特色在於夫妻財產之所有權雖自始分離，但夫妻之財產，除特有財產外，結合為一，由夫單獨管理、使用、收益及管理上有必要時，尚能處分之。

❺　聯合財產制曾為瑞士民法及我國民法上的法定財產制。此財產制之特色，除與管理共同財產制相似外，在財產制關係消滅時，剩餘財產較少之一方對較多之一方尚能請求剩餘財產之分配。

Gütergemeinschaft) ❻、統一財產制 (Gütereinheit) ❼、淨益共同財產制 (Zugewinngemeinschaft)、所得分配財產制 (Errungenschaftsbeteiligung) 等，不一而足。每一國家之夫妻財產制，採何種類型作為其法定財產制，採何種類型作為約定財產制，端視其國家之立法政策、歷史傳統及社會背景來決定。

由於大多數之立法例均採約定財產制與法定財產制併用，且多數剛結婚之夫妻，因尚無婚姻共同生活之經驗，故很少立即以契約選擇適合其婚姻生活之夫妻財產制。從而法定財產制對約定財產制來說，雖為補充性之財產制，而應先讓約定財產制適用，但其重要性實超過約定財產制。惟國家之立法機構要選擇一客觀公正之法定財產制，並不簡單，因為其須兼顧夫妻平等、交易安全及婚姻共同生活三種因素。此三者在社會生活中，常常出現相互牴觸或彼此矛盾之現象，而要取得其平衡點並非容易。此平衡之關係有如鼎之三足，必須非常小心，方能穩定不搖。因此，各國所採用之法定財產制，為求得客觀公正，不得不檢討其得失，而與時變更其類型或內容❽。

有鑑於此，各國立法例在制定夫妻財產制，尤其法定財產制時，不得不兼顧三要素，即夫妻之平等、交易安全之維護及促進婚姻共同之生活。

㈠夫妻平等之維護

夫妻財產制之類型，大體分為經濟上之一體與經濟上之分離。共同財產制為前者之代表；分別財產制為後者之代表。要維護夫妻在婚姻生活中之平等，應力求雙方在經濟上之獨立。因此，一方面採用分別財產制之精神，使夫妻財產絕然分離，對自己所有之財產有完全支配之權，他方面在

---

❻ 延續共同財產制係夫妻本來採用普通共同財產制，而於夫妻一方死亡後，生存之配偶與其直系血親卑親屬繼續維持共同財產制，請參照德國民法第 1483 條。

❼ 統一財產制為瑞士民法約定財產制之一種，我國於民國 74 年以前，也曾採為約定財產制之種類，但因其違反夫妻平等甚為明顯，且我國亦無歷史傳統，故於民國 74 年修法時，將其刪除。

❽ 戴東雄，《親屬法論文集》，33 頁以下。

婚姻共同生活中，能使經濟弱者之一方配偶，尤其家庭主婦，也享有一定之財產，供其自由支配。簡言之，要維護夫妻之平等，需要促進雙方經濟獨立之夫妻財產制。其次，夫妻在婚姻共同生活中，各自所得之財產，基於全面合夥之精神，於財產制關係消滅時，應由較多之一方對較少之一方給予分配。現行德國民法與瑞士民法之法定財產制，原則上採用分別財產制之精神，夫妻得各自完全支配自己之財產，但於法定財產制關係消滅時，各自對他方於婚姻存續中所得之財產得請求一半（德民 1363 條以下；瑞民 196 條以下）。我國民法上的法定財產制，在民國 19 年制定的聯合財產制，夫妻雙方並無剩餘財產分配之請求權。民國 74 年修法時，始以民法第 1030 條之一單一條文規定剩餘財產之分配。民國 91 年再修法時，為落實剩餘財產之分配請求權，增訂民法第 1020 條之一有關惡意處分婚後財產之撤銷權，以及民法第 1030 條之三有關惡意處分剩餘財產之追加計算與對受讓人之追償權等規定。

又為使家庭主婦有一定財產在婚姻存續中能自由花用，德國民法第 1360 條、第 1360 條 a 規定夫妻互負「生計金」之義務 (Wirtschaftsgeld; Haushaltsgeld)，令有收入之一方配偶對持家務之他方，不待其請求，定期給與相當之金錢，使其可自由支配使用❾。瑞士民法第 164 條第一項規定：「配偶一方從事家務管理、照顧子女或對他方職業或營業有協助時，得對他方定期請求給付相當之自由處分金」，同條第二項規定：「確定自由處分金之數額時，應考慮義務人的收入情形及權利人對家務與育幼、對他方職業、營業盡責或協助之情形」。我國民法遲至民國 91 年始注意到從事家務之一方配偶，應該在婚姻共同生活中，也保障其有可以自由支配之金錢，故於民法第 1018 條之一增訂有關自由處分金之請求。

總之，男女平等原則為各民主法治國家所保護，我國亦不例外，人格

---

❾　Fischer, Leitsatzkommentar zum Familienrecht, Köln, 2002, §§1360, 1360a BGB, AIII. 又德國自帝國法院時代，即以判例承認持家務之配偶一方，對有收入之他方，定期請求一定數額之「零用金」，供其婚姻生活存續期間，自由使用，見《德國帝國法院民事判決集》，第 97 卷，286 頁、288 頁。

之獨立也為近代民事法立法的基礎，我國民法更應如此。因此夫妻財產制，尤其法定財產制，實應力求夫妻地位之平等。

(二)保護交易之安全

近代民事法另一立法之目標乃在保護交易之安全。在親屬法上之夫妻財產制也力求債權人之保護，進而促進交易之安全。德國民法之夫妻財產制為保護第三人，尤其夫或妻之債權人，夫妻財產制契約應由配偶雙方於法官或公證人面前訂定之，此為德國民法第1400條所明定。又依德國民法第1412條第一項之規定，夫妻排除或變更法定財產制者，就配偶一方與第三人所為之法律行為，以財產制契約已經登記於管轄機關之登記簿，或於法律行為時已為第三人所知悉者為限，始得對抗第三人。又依同條第二項之規定，夫妻就已登記之財產關係事項，以夫妻財產制契約予以廢止或變更時，亦適用之。此規定之立法意旨，在於要求夫妻財產契約之訂定，需要有公示性，期能使第三人知悉與其法律行為之夫妻所採用之財產制，以免受到詐害，而保護交易之安全。

瑞士民法有關夫妻財產制之規定，其要求第三人之保護甚至比德國民法更為周延。夫妻財產制契約之訂立，除與德國立法例同，要求採取公證方法以發生公示效力。依瑞士民法第184條之規定，夫妻財產制之訂立、變更或廢止，應作成公證書，並經契約當事人或其法定代理人之簽名，始生效力。依瑞士舊民法第181條第二項甚至規定，如該契約在婚姻存續中訂立者，更兼採法院監督方法，即除作成公證書外，尚須監護法院之同意，始生效力。至於對第三人之對抗要件，瑞士立法例曾兼採登記與公告之方法。依瑞士舊民法第248條之規定，因夫妻財產制契約或法院之處分所成立之夫妻財產關係，及夫妻間關於妻之原有財產或公同共有財產之法律行為，須登記於夫妻財產登記簿，並予公告，始有對抗第三人之效力。又為保護債權人之權益，結婚後所訂立之夫妻財產制契約，不得害及訂約前其財產對第三人之責任。瑞士民法第193條第一項規定，因夫妻財產制之約定或改定，配偶一方之債權人或雙方共同生活產生之債權人對於原先未約

定或改定前可請求清償之財產，配偶之一方或雙方不得以夫妻財產制之約定或改定脫卸其責。惟前提要件在於債權人無法自債務人處獲得清償，方得對其約定或改定後就原屬於債務人之財產有請求權。又依第二項之規定，上述財產已移轉於配偶之一方者，該配偶應為債務之清償，但證明所受取之財產，無法清償全部債務時，就此限度內，不負清償責任❿。可見瑞士民法為保護債權人之權益與交易之安全，其約定財產制所要求之公示性及不因改、廢夫妻財產制對已發生之債權清償而受影響，較德國法更為周延。

我國於民國 19 年繼受歐陸法所制定之夫妻財產制，在以契約約定夫妻財產制時，要求以書面訂定之形式要件。即夫妻當事人以書面約定法律所規定財產制類型，其契約始能成立（民 1007 條），而該約定應於法院夫妻財產登記簿登記，始能對抗第三人（民 1008 條一項），然此規定之公示性，比起德、瑞之立法例稍嫌不足。又我國夫妻財產制契約之約定，雖能在婚姻關係存續中，改變或廢止（民 1004 條），但對於改、廢財產制以前夫或妻已發生之債務，並無保護債權人之規定。但為保護債權人之權益，以促進交易之安全，當時在非訟事件法第 45 條增訂第四項⓫：「前三項夫妻財產制契約之登記，對於登記前夫或妻所負債務之債權人不生效力，亦不影響依其他法律所為財產權登記之效力」。非訟事件法屬於程序法，而夫妻財產制保護債權人之權益，屬於實體法的內容，因此將實體法之內容規定於非訟事件法，有不妥之處。民國 91 年修正夫妻財產制時，始在民法第 1008 條增訂第二項，以糾正其缺失：「前項夫妻財產制契約之登記，不影響依其他法律所為財產權登記之效力」。但該條並未將非訟事件法第 45 條前半段「對於登記前夫或妻所負債務之債權人不生效力」，一併增訂。如此一來，終究對債權人之保護有不周延之處。

(三)貫徹婚姻共同生活

男女一旦結婚，即創設夫妻身分關係，而發生同居、貞操、扶養義務

---

❿　Tuor/Schnyder/Schmid/Rumo-Jungo, *Das schweizerische Zivilgesetzbuch*, S. 301.

⓫　本條已於民國 94 年刪除。

及家庭生活費用之種種責任。其結果使夫妻不僅是在感情上，而且在財產上亦結為一體。而在婚姻共同生活上，應共同適用一種夫妻財產制，作為相互間財產互動的基礎。就婚姻共同生活的本質來說，夫妻間採用共同財產制較其他財產制為優，因為此財產制呈現夫妻之同甘共苦，合作無間的精神。惟共同財產制之財產屬於夫妻公同共有，關於該財產之管理或處分，常受到他方意思之牽制，使經濟上弱勢之一方，常喪失婚姻生活上之經濟獨立。又因共同財產制夫或妻所負之債務，應對債權人負連帶清償之責任，如夫妻一方負債過多時，他方之財產必須一同賠進去，對婚姻共同生活有負面之影響。因此多數立法例不敢冒然採用共同財產制，而多以分別財產制為基礎，並於財產制消滅時，以剩餘財產之分配，作為婚姻生活中相互扶持與協力的呈現。

 ## 第二節　我國夫妻財產制之沿革

一、傳統社會妻無財產能力

民國 19 年在民法親屬編所制定的夫妻財產制，是我國法制史上的首例，其係繼受近代歐陸法之產物。因為我國傳統社會係以儒家思想為主流。儒家將上天絕對支配地面之理論，用於人類社會組織之關係，而提出三綱之理論：君為臣之綱，父為子之綱，夫為妻之綱❶。夫為妻之綱，其在表示：妻以夫為天，妻的人格為夫所吸收，妻依附於夫生活，而採夫妻一體主義，妻完全喪失獨立生活之能力，妻受夫權的一切支配❸。《禮記》又說：「婦女有三從之制，幼從父，嫁從夫，夫死從子，終身受監護」❹。婦女從娘家嫁入夫家以後，妻對夫家財產毫無權利可言❺。《禮記・內則》說：

---

❶　參閱《儀禮・喪服傳》。

❸　戴炎輝，《中國法制史》，三民書局，民國 68 年，233 頁。

❹　《儀禮・喪服傳》：「婦女有三從之制，無專用之道，故未嫁從父，即嫁從夫，夫死從子，終身受監護」。

「子婦無私貨、無私蓄、無私器，不敢私與」。通常女兒對家產並非有分之人，因此在習慣上，其出嫁時娘家會贈與嫁妝帶入夫家。該嫁妝如為女性專用的服飾、器具得由媳婦保有所有權，但如其為金錢、田土等重要財產時，應歸入夫家之祖產內，屬於家長與家屬全體所公同共有，而不得由子婦自己私有❶。夫無故棄妻時，夫家應將妻所帶來之嫁妝全部歸還妻家，但夫因妻有七出事由❷或其他正當理由而離妻時，夫家不必歸還。基於婦女此種不平等之社會地位，妻既無行為能力，又無財產能力，因此我國傳統社會根本沒有夫妻財產制的需求。學者史尚寬指出：「在父權家族制度之下，妻為夫權所支配，在社會上、經濟上，均無獨立之地位，夫妻間之財產關係，對於妻有承認其特有財產、奩產之必要，然無須規定一般夫妻財產關係」❸。

歐陸各國的立法例，早期受日耳曼法與羅馬法的影響，在立法之初，已承認夫妻財產制。依日耳曼法的習慣，家庭主婦擁有鑰匙權(Schlüsselgewalt)，以管理家務。其基於該權力，妻於結婚時帶入夫家的嫁妝，與夫訂立夫妻財產契約，將其所有權之管理權、使用權、收益權移轉給夫，而於婚姻關係消滅時，請求返還妻財產的所有權❹。羅馬法則採用嫁資制或婚姻贈與，此制有強行法之性質，不許夫妻自由約定財產關係。此制之特色在於妻於結婚後，將其娘家之嫁妝，於婚姻關係存續中，其所有權移轉給夫，而於婚姻關係消滅後，對夫請求返還嫁資❺。

二、民律草案上之夫妻財產制契約

清朝末年的過渡時期，歐陸獨立人格觀念與男女平等思想開始傳入我

❶　瞿同祖，《中國法律與社會》，里仁書局，民國 71 年，134 頁。

❷　戴炎輝，《中國法制史》，234 頁。

❸　所謂「七出」乃傳統社會夫片面離妻之事由。《大戴禮記》說：「婦有七去：不順父母去，無子去，淫去，妒去，有惡疾去，多言去，竊盜去……」

❹　史尚寬，《親屬法論》，293 頁。

❺　Mitteis-Lieberich, *Deutsche Rechtsgeschichte*, 1961, S. 13.

❻　和田于一，《夫妻財產制之批判》，大同書院，昭和 10 年，30 頁。

國。清朝政府為因應此時代的潮流，於宣統三年起草一部民律草案（通稱第一次民律草案）。一方面，承認夫妻於婚姻關係存續中，就其彼此的財產關係，得以契約特別約定；他方面，允許妻享有特有財產，可由妻自己自由支配使用與處分。惟民律草案上的夫妻地位，因受傳統社會宗祧繼承及家族主義的影響，父權優越之地位不變，妻仍受相當的歧視。故該草案所規定的夫妻財產制的內容，不但簡陋，未有法定財產制與約定財產制的區分，而且其內容有利於夫，不利於妻。即妻的財產，夫有管理、使用及收益權，但妻對夫的財產無任何權利。詳言之，夫妻於結婚時雖能訂定夫妻財產制契約，而該契約係附屬於婚姻效力的特別契約，如夫妻一方死亡或離婚時，夫妻財產制契約也隨之消滅❷。夫妻財產制契約訂立的時期，僅限於呈報婚姻同時為之，並應登記，始能發生效力（民律草案 1357 條）。但於婚姻關係存續中，不能改訂夫妻財產制契約，以免影響第三人之權益。惟夫妻因故未訂定夫妻財產制契約時，承認妻仍然享有特有財產。此特有財產包括妻於結婚時所有的財產及結婚後所得的財產。結婚時的財產係指妻於出嫁時所攜來的奩資及婚前的工作收入，婚後的財產係指妻出嫁後因贈與或其他勞動的所得（民律草案 1358 條）。妻特有財產的所有權雖屬於妻自己，但該特有財產的管理、使用及收益權仍然歸屬於夫所享有，違反特有財產由自己完全支配之法理，對妻之不利益甚為明顯（民律草案 1358 條前段）。只有夫在管理妻特有財產，而顯有足以損害該財產的顧慮時，審判廳得因妻的請求，命其自行管理（民律草案 1358 條後段）。由該民律草案有關夫妻財產制規定之內容看來，顯然無法與近代各先進國家所規定之夫妻財產制相提並論。

三、大理院實務上之夫妻財產制契約

自滿清帝制被國父孫中山先生推翻，而改建國民政府後，繼受歐陸法的運動，仍持續地繼續進行。因為人格權的獨立與男女平等之原則，日漸受當時社會重視，女性權益保護之呼聲也隨著提高。為此，民律草案雖未

❷　詹紀鳳，《民法親屬編、繼承編》，朝陽大學，民國 16 年，親屬編 82 頁。

正式公布實施，但其重要立法原則幾乎成為當時大理院實務見解的依據，並以判例、解釋例承認妻得享有特有財產。所謂大理院時期，係指滿清政府被推翻而建立國民政府之元年至民國 17 年之過渡時期，現行最高法院前身稱為大理院，為國家之最高審判機關。當時民法尚未公布實施，因此在這段期間，法院審判民事實務之案件係以《大清律例》民事有效部分為成文法之裁判依據，以第一次民律草案之規定內容為法理之依據。民律草案上夫妻間之財產關係，雖規定夫妻得以平等之地位訂立夫妻財產制之契約，但誠如習俗所稱：「嫁出去之女兒，如潑出去的水」。娘家甚少過問女兒在夫家的婚姻生活。反之，妻在夫家的婚姻生活，因大部分仍然是三代或四代同堂的大家族生活，故妻在此家庭生活中，勢必孤掌難鳴，而無法以平等之地位與夫訂立夫妻財產制契約。在大理院判例中，並無訂立夫妻財產制契約之案件，但已開始見到，妻或妾個人可以私有的財產及妻自娘家所帶入之嫁妝，因離婚或夫一方先死亡時，得以公平處理的方法。大理院判例說：「為人妻者，得有私財」（大理院 2 年上字第 133 號判例）。又說：「妻以自己之名義所得之財產為其特有財產，妾亦當然從此例」（大理院 7 年上字第 665 號判例），「夫或家長給予妻或妾之衣飾，本所以供日常生活之用，自應認為妻、妾所有」（大理院 9 年上字第 11 號判例）。「嫁奩應歸女所有，其有因故離異，無論何種原因離去者，自應准其取去，夫家不得阻留」（大理院 2 年上字第 208 號判例）。此過渡時期的實務見解，雖尚未見到夫妻約定夫妻財產制契約之事實，但家產或祖產仍屬於家長與家屬全體公同共有，而無家屬個人私有財產之情形下，承認妻、妾之私有財產，甚至其以自己名義取得之財產，得稱為特有財產，而不必歸入家產之中，由自己完全支配。此種轉變對傳統社會來說，是一大突破，但與當時先進外國夫妻財產制之立法例比較，仍有一段相當大之差距。

四、民法親屬編夫妻財產制之立法準則

民國 19 年制定民法親屬編之前，因我國舊律、舊習慣及大理院之判例、解釋例，雖承認妻享有特有財產之所有權，但其他之內容均一面倒之有利

於夫，歧視妻之權益，極端違反男女之平等。民法於 19 年 7 月起草親屬編與繼承編時，立法院長胡漢民、副院長林森提請國民黨中央政治會議核定民法親屬編之立法原則，以便依據該原則起草，而符立法之法定程序❷。原提案說：「查民法第一編總則，第二編債，第三編物權，均經政府次第公布，第四編親屬及第五編繼承，亟待起草，俾使適用。惟親屬繼承兩編對本黨黨綱及各地習慣所關甚大，倘非詳加審慎，誠恐多所扞格，擬請先由本會議定原則。……茲就立法主義上有爭議各點，計親屬法上應先決者九點……提請先行決定，俾於制定原則時有所參考」。國民黨中央政治委員會當時所提出之九點親屬法先決立法原則之第六點為有關夫妻財產制之問題。該第六點之理由如次：「各國民法關於夫妻財產制度規定甚詳，標準殊不一致，我國舊律向無此規定，配偶之間亦未訂有財產契約者。近年以來，人民之法律思想逐漸發達，自當順應潮流，確定數種制度，許其約定擇用其一，其無約定者，則適用法定財產制……」❸。該第六點有關夫妻財產制先決立法原則之綱要分為七大點：

　　㈠夫妻財產制應定為法定財產制及約定財產制。

　　㈡法定財產制為聯合財產制。

　　㈢約定制除左列三種外，得規定他種制度：1.共同財產制；2.統一財產制；3.分別財產制。

　　㈣夫妻得以契約於約定制中，選擇其一為夫妻財產制。

　　㈤夫妻未以契約訂立夫妻財產制者，當然適用聯合財產制。

　　㈥適用約定制（除分別財產制外）或法定財產制後，遇有特定情形，當然或依法院之宣告，改用分別財產制。

　　㈦適用約定制後，在婚姻存續期內，夫妻得以契約改用他種約定制，但須加以適當之條件❹。

　　立法院遵循此夫妻財產制之立法原則，並參酌各國立法例，尤其德國

---

❷　謝振民編著，《中華民國立法史》，正中書局，民國 37 年，944 頁。

❸　謝振民編著，《中華民國立法史》，951 頁。

❹　謝振民編著，《中華民國立法史》，951 頁。

民法與瑞士民法為主，於親屬編第四節規定夫妻財產制。其條次從第 1004 條至第 1048 條，共有 45 條之多。民國 19 年制定之夫妻財產制內容，以約定財產制與法定財產制併用。由夫妻當事人先以契約選擇共同財產制、分別財產制或統一財產制為婚姻關係存續中所適用之財產制，而此類型之財產制已規定夫妻間之權利與義務，除非法律另有規定，不得任意約定其內容。如當事人無約定或約定不成立時，始當然適用法定財產制。我國當時立法時，立法例上之法定財產制所考慮有德國民法的管理共同財產制與瑞士民法之聯合財產制。前者之特色乃夫與妻財產之所有權各自分離，但夫妻之財產，除特有財產外，結合成一體，由夫行使管理、使用、收益權，且管理上有必要時，夫尚能處分妻之財產，但於法定財產制消滅時，妻僅能從夫取回其所有財產，並未考慮夫妻之一方從事家務管理之辛勞，是否應予以補償。至於瑞士的聯合財產制，夫妻在所有權關係之各自分離與由夫對夫妻財產合成一體之管理、使用、收益權，與德國法相同，惟瑞士法為保護經濟上弱勢之妻，於第 214 條第一項規定：「夫之財產與妻之財產經劃分後，如尚有盈餘者，盈餘之 1/3 歸屬於妻或其直系血親卑親屬，其餘歸屬於夫或其繼承人」。此兩種立法例從男女平等之觀點來說，因瑞士法有保護經濟弱勢之妻，而顯得較德國法為優。但我國當時立法時，仍囿於傳統社會父權主義及傳香火之觀念，妻之地位仍受相當之歧視。因此法定財產制之名稱，雖來自瑞士民法之聯合財產制，但其內容與德國之管理共同財產制相似，以夫妻財產之所有權關係各自分離為基礎，並由夫行使夫妻財產結合一體後之管理、使用及收益之權，於管理上有必要時，尚能處分妻之財產。至於妻財產維持不增也不減之理論，即妻於法定財產制關係消滅時，僅取回原先交給夫管理之財產。換言之，所謂「妻之財產妻不增也不減」，在妻多為經濟上弱勢之一方的實際情形下，於法定財產制關係消滅後，對夫在婚姻關係存續中所取得之原有財產無任何剩餘財產分配之請求權。一直至民國 74 年修正親屬法時，始增訂民法第 1030 條之一，使夫妻於婚姻關係存續中所獲得之原有財產，於法定財產制關係消滅時，剩餘財產較少之一方對剩餘財產較多之他方，得請求雙方剩餘財產差額之一半。

又於民國 91 年修正法定財產制時，增訂民法第 1020 條之一有關惡意處分剩餘財產之撤銷權，及民法第 1030 條之三有關於法定財產制消滅前五年內，惡意處分剩餘財產之追加計算與對受讓剩餘財產之第三人之追償權，期能落實民法第 1030 條之一有關剩餘財產之分配請求權的精神。

第2章
法定財產制、約定財產制及特有財產

第一節 概 說

　　夫妻一旦結婚後，在其婚姻關係存續中，為因應其經濟生活，應採取何種財產制為宜，端看各國的民情風俗與立法政策而不同。有的國家根本無夫妻財產制的存在，夫妻在結婚前與結婚存續中，均依一般財產法的規定來適用，有的國家則採用夫妻財產制，期能規範夫妻在婚姻存續中的財產關係，而該財產制以特別法的性質，優先於一般財產法的規定。但夫妻之身分關係非常特殊，因此各國立法例規定夫妻財產制較多，不採用夫妻財產制者較少。

　　在採用夫妻財產制的國家，在立法例上，通常有法定財產制與約定財產制的對立。古代羅馬法的夫妻財產制採用嫁資制，夫妻一旦結婚後，非適用嫁資財產制不可，而不許自由以契約訂定財產關係，僅在嫁資財產制之範圍內，夫妻始能以嫁資契約或婚姻贈與約定❶財產關係之內容，因此羅馬法上此種財產制具有現代法定財產制的精神。至於日耳曼法的夫妻財產制與羅馬法不同，其自中世紀以來，夫妻依一般契約自由的原則，採取「契約優先於普通法」❷，而對夫妻所約定的財產關係予以尊重，不加以干涉。

　　羅馬法採用法定財產制，而日耳曼法適用約定財產制，乃受到各自歷史的傳統與時代背景之影響。羅馬帝國從羅馬城市逐漸發展成中央集權的大統一國家，領土廣闊，人口眾多，種族複雜，為因應此社會環境，羅馬法的體系，也不得不配合時代的背景，改弦更張，將只適合於羅馬人民之

---

❶　和田于一，《夫妻財產法之批判》，30頁。

❷　Dolle, *Familienrecht*, Bd.2, Karlsruhe, 1964, S. 660.

市民法，變更為其他受羅馬國家統治的其他民族也能適用之萬民法❸，同時排除屬人主義，而採屬地主義，其目的無非是重視交易之安全。為配合此保護交易安全之國家立法政策，羅馬之婚姻法，在夫妻間之財產關係，採用單一的法定財產制，內容劃一，權利與義務明確，與夫妻交易之第三人，皆受法律內容事先之規定，不易受到詐害，而能促進交易的安全。至於日耳曼民族，係由農村社會發展成地方封建領主，他們各據一方，始終未能產生強有力的統一政府。因此當時日耳曼法之特色乃分歧不統一。一方面，自中世以來，德國社會已形成絕然對立之身分階級，分為貴族 (Adel)、市民 (Büger) 及農民 (Bauern) 三種不同的階級。每一身分階級有其適用之法律，各因其身分而有不同的內容❹。除因身分之不同而適用不同的法律外，從地域法來說，有帝國法、地方法、城市法，甚至由羅馬教皇制定之寺院法，相互交錯在德國當時社會適用。如此複雜之法體系，軟弱無力的德國中央政府不得不因地制宜，在婚姻法上，不得不任由各地封建領主採用適合於該地方的夫妻財產制，依契約自由的原則，訂定夫妻認為適合其婚姻生活之夫妻財產制。故不採用法定財產制，而適用約定財產制❺。

此歐陸法流傳下來的法定財產制與約定財產制，在近代於西元 1804 年編纂的法國《拿破崙法典》及 1900 年《德國民法典》，在其婚姻法章節下均能見到，但與已往羅馬法或日耳曼法之法定財產制與約定財產制相互排斥性的規定有所不同，而是採用約定財產制與法定財產制併用之制度，期能兼顧當事人意思自治與交易安全。其後繼受《拿破崙法典》或《德國民法典》之各國民法，大體採用羅馬法的法定財產制與日耳曼法的約定財產制的併用。換言之，夫妻得以自由意思約定適合其婚姻生活之夫妻財產制，

---

❸ 萬民法之內容係以人類理性之光為出發點 (naturalis ratio)，不再重視古法的形式主義，而以誠實信用 (fides) 為一切法律行為的基礎。

❹ 戴東雄，《中世紀意大利法學與德國繼受羅馬法》，元照出版公司，民國 81 年，131 頁以下。

❺ 戴東雄，《中世紀意大利法學與德國繼受羅馬法》，132 頁以下。

但如無契約訂定時，以法律所規定的夫妻財產制，作為其婚姻存續中財產關係的依據。現行德國（德民 1363 條）、瑞士（瑞民 181 條）、法國（法民 1400 條）及我國民法上的夫妻財產制均如此規定。

❤ 第二節　法定財產制

夫妻一旦結婚後，必須在婚姻關係存續中適用一種夫妻財產制，其適用不待夫妻當事人意思表示，而直接基於法律之規定所適用之財產制，稱為法定財產制。我國民法的法定財產制分為普通法定財產制與特別法定財產制兩種。

一、普通法定財產制

普通法定財產制係指夫妻當事人未以契約訂立財產制時，當然適用法律預先所規定之財產制。此法定財產制在我國民法為一般常態之規定，而類型之約定財產制為特別之規定，有約定財產制存在時，其得優先適用。無約定財產制存在時，該法定財產制始能補充性的適用。換言之，普通法定財產制並非一結婚後，即強制夫妻適用，其尚有機會先選擇使用約定財產制，如不予選擇時，始由法律之規定，強迫適用法定財產制。民法第 1005 條規定：「夫妻未以契約訂立夫妻財產制者，除本法另有規定外❻，以法定財產制，為夫妻財產制」。我國於民國 19 年制定民法親屬編時，以聯合財產制為法定財產制，於民國 74 年親屬編雖修正一次，但法定財產制之名稱沒有變更，而內容為求夫妻平等之落實，稍作更動。

民國 91 年 6 月 26 日再次修正夫妻財產制。此次修正將聯合財產制之名稱取消，只稱為法定財產制，且因為落實剩餘財產之分配，其內容從男女平等之原則及保護從事家務一方配偶之權益的觀點，作了大幅度之更動。我國因繼受德、瑞立法例，故約定財產制與法定財產制併用，以約定財產

---

❻　本條所稱本法另有規定，係指民法第 1009 條至第 1011 條而言，即有該法條之一定原因發生時，當事人不得不強制適用特別法定財產制。

制為優先適用，而法定財產制為補充性的適用。從比較法之觀點，德國民法第 1363 條第一項規定：「夫妻未以合意另訂定夫妻財產制契約者，以淨益共同財產制為其夫妻財產制」。瑞士民法第 181 條規定：「配偶間應適用所得分配財產制之規定，但依夫妻財產制契約另有訂定或應適用特別法定財產制者，不在此限」。

依一般法理，夫妻適用普通法定財產制之情形有四種：㈠夫妻未以契約訂定適用民法上所規定之約定財產制。㈡夫妻以契約訂定普通法定財產制為其適用之夫妻財產制。㈢夫妻所約定之夫妻財產制契約自始無效。㈣夫妻所約定之夫妻財產制有瑕疵而被撤銷❼。

普通法定財產制雖為無使用約定財產制契約時始補充適用之夫妻財產制，然而因實際上絕大多數之夫妻適用法定財產制之緣故，其重要性遠遠超越約定財產制。原因在於一般人民通常缺乏法律知識，不甚了解何謂夫妻財產制，其有何功能或如何訂立夫妻財產制契約之內容，而不會事先約定。即使當事人了解夫妻財產制之適用對婚姻生活之重要性，但因尚未經歷實際之婚姻生活，夫妻在二人共同生活中，將如何發生財產上的利害關係，事前未有充分的把握，此時要選擇合於其婚姻生活之夫妻財產制甚為困難，因此夫妻一開始自然多以法定財產制處理其婚姻生活之財產關係。尤其是通常法定財產制乃立法專家以其專業的立法技術，集思廣益所制定，此制度對一般夫妻來說應該是最公平而客觀之夫妻財產制。因此各國所制定的法定財產制比起約定財產制，亦較受夫妻所歡迎。

二、特別法定財產制

法定財產制除普通法定財產制外，尚有特別法定財產制，又稱非常法定財產制。此財產制係夫妻於婚姻關係存續中，因發生一定事由，致難以普通法定財產制或其約定之夫妻財產制繼續維持婚姻共同生活中夫妻之財產關係時，法律另選擇一種夫妻財產關係及債務責任較為明確之財產制，期能善後夫妻財產關係所帶來之紛爭。在此，德、瑞立法例係以分別財產

---

❼　羅鼎，《親屬法綱要》，134 頁。

制為特別法定財產制，我國亦同。基於法律之規定而適用特別法定財產制，其具有強制性質，不容當事人選擇。我國民法仿效瑞士民法❽規定，以分別財產制為特別法定財產制，並於民法第 1009 條至第 1011 條規定其特定事由。

我國民法改用特別法定財產之分別財產制，可分為當然改用與宣告改用：

(一)當然改用特別法定財產制

夫妻在婚姻關係存續中發生嚴重情事時，不必由利害關係人之聲請，當然改用分別財產制。民法第 1009 條規定：「夫妻之一方受破產宣告時，其夫妻財產制，當然成為分別財產制」。

(二)法院宣告改用夫妻財產制為特別法定財產制

夫妻間在婚姻關係存續中發生一定事由時，由夫妻之一方或債權人之聲請，由法院宣告改用分別財產制。宣告改用夫妻財產制可分為由夫妻一方向法院提出與由夫妻之債權人向法院之提出兩種情形。

1.**由夫妻之一方提出**：由夫妻之一方向法院提出改用分別財產制之情形，民法分別規定於第 1010 條第一項與第二項。

(1)第 1010 條第一項：以例示概括規定改用分別財產制之六種法定事由❾：①依法應給付家庭生活費用而不給付時❿。②夫或妻之財產不足清償其債務時。③依法應得他方同意所為之財產處分，他方無正當理由拒絕同意時⓫。④有管理權之一方，對於共同財產之管理顯有不當，經他方請

---

❽　瑞士民法於第 185 條至第 192 條,德國民法於第 1414 條規定特別法定財產制。特別法定財產制,不論德國、瑞士或我國均以分別財產制為特別法定財產制。

❾　瑞士民法第 185 條規定夫妻之一方請求法院改用分別財產制之五種事由,例如夫妻之一方所負之債務超過其財產或其應有之財產已提供為債權人之擔保者。

❿　參照民法第 1003 條之一第一項：家庭生活費用,除法律或契約另有約定外,由夫妻各依其經濟能力、家事勞動或其他情事分擔之。

⓫　參照民法第 1033 條：夫妻之一方,對於共同財產為處分時,應得他方之同意。

求改善而不改善時。⑤因不當減少其婚後財產，而對他方剩餘財產分配請求權有侵害之虞時。⑥有其他重大事由時。

⑵第 1010 條第二項：另以列舉之規定，得由夫或妻之一方請求改用分別財產制：①夫妻之總財產不足清償總債務時。②夫妻難於維持共同生活，不同居已達六個月以上時。

2.由債權人提出：由債權人向法院聲請改用分別財產制之事由，規定於民法第 1011 條：「債權人對於夫妻一方之財產已為扣押，而未得受清償時，法院因債權人之聲請，得宣告改用分別財產制」。

💗 第三節　約定財產制

約定財產制係婚姻當事人在婚姻關係存續中，以契約訂定相互間的財產關係及對第三人債務清償的責任。此約定有排除適用法定財產制的效力，而優先適用。歐洲中世紀以來，已開始實行夫妻間的財產契約。當時婚約當事人間、配偶間，甚至雙方親屬間，就一切婚姻事項，不論身分或財產的關係，均得以契約自由約定其內容。至近世期，因身分行為多涉及公共秩序與善良風俗，故應為強制規定，不能由當事人任意變更。從而夫妻財產制契約的內容，僅限於夫妻間的財產關係，而不及於身分事項。此處所稱夫妻間的財產關係，在財產法上有其特殊的意義，即配偶間所訂立的財產契約，於非配偶間亦能訂立時，不得稱為夫妻財產制契約。故夫妻間的財產贈與、買賣、租賃或使用借貸契約不是夫妻財產制契約所能約定之內容。夫妻有日常家務代理權，基於此代理權所發生的財產關係，也不能稱為夫妻財產制契約。又基於身分權或人格權所發生的財產為契約之標的時，也不能稱為夫妻財產制契約 ❷。夫妻財產制之契約為基於婚姻身分之從契約，因而具有一身專屬性，不得由他人代理。至於訂立之時期，通常在結婚前或結婚後均能訂定，但於結婚後始能發生效力。其如於結婚前訂立時，係以結婚為停止條件之契約，故未結婚以前，即使登記，也不會發生效力。

---

❷　Dolle, *Familienrecht*, Bd.2, Karlsruhe, 1964, S. 665.

至於婚姻如無效或被撤銷時，其所訂定之夫妻財產契約，原則上也隨之失效❸，惟民國 74 年修法時增訂民法第 999 條之一第一項規定，於婚姻無效時亦準用民法第 1057 條有關夫妻財產制剩餘財產或盈餘財產之分配。故在此情形，夫妻財產制之適用仍有其特殊之功能存在。

約定夫妻財產制契約的內容，在立法例上有不同的規定。其一，為強調契約當事人意思自治與契約自由的原則，只要不違反法律的強制禁止規定或不牴觸善良風俗，契約當事人均能自由約定。但此種立法例對保護第三人及維護交易的安全，有不足之嫌，日本民法與中國婚姻法採此立法例。其二，為強調保護債權人的利益及維護交易的安全，不放任契約當事人自由約定契約的內容，而由法律預為規定財產制的種類。其夫妻間的權利義務，除非另有明文規定外，不容當事人自由約定，德國、瑞士民法採此制。我國約定夫妻財產制之種類有普通共同財產制（民 1031 條以上）、勞力所得共同財產制（民 1041 條）及分別財產制（民 1047 條以下）。本來民國 19 年制定的民法，統一財產制也為約定財產制之一種，但於民國 74 年全面修正親屬編時，因該財產制不利於妻一方，而以違反男女平等為由，予以刪除。

第四節　特有財產

一、概　說

特有財產在我國民法親屬編的體系上，出現兩種在性質上截然不同的概念。一為夫妻財產制上之特有財產，另一為未成年子女之特有財產。前者因適用分別財產制的規定，其所有權人得完全支配，即對特有財產享有管理、使用、收益及處分權（民 1015 條）；反之，後者之所有權人不能支配其特有財產，其管理、使用、收益權均由其法定代理人行使，甚至為未成年子女的利益，亦能處分之。依民法第 1087 條的規定，未成年子女因繼承、贈與或其他無償取得之財產，為其特有財產。又依民法第 1088 條的規

❸　史尚寬，《親屬法論》，305 頁。

定，未成年子女的特有財產，由父母共同管理（第一項）；父母對未成年子女之特有財產，有使用、收益之權，但非為子女之利益，不得處分之（第二項）。此兩種特有財產的名詞雖相同，但內容不同，實有檢討的必要。

我國民法上夫妻財產制的特有財產，係在約定財產制與法定財產制併用的立法例上，夫妻財產併合而由配偶一方享有管理權時，為使無管理該財產之他方也有完全支配財產的可能，法律特設特有財產之制度，以維持婚姻生活的和諧。德國民法僅在共同財產制上有特有財產，在法定財產制上不承認之。該特有財產有兩種不同之來源，一稱為保留財產 (Vorbehaltsgut)，此規定於德國民法第 1418 條，此財產係由法律直接規定種類，且所有權人得完全支配；另一種稱為特別財產 (Sondergut)，此規定於德國民法第 1417 條，此財產為不能以法律行為讓與之財產，也就是不得讓與之物與不得扣押之債權。瑞士民法之特有財產稱為固有財產 (Eigengut)。分為法定固有財產與約定固有財產。前者乃基於法律之直接規定種類之財產，此規定於瑞士民法第 198 條。後者係依夫妻雙方約定由從事職業或營業而有收入之一方配偶對他方給與一定財產，供其自由使用；又雙方約定固有財產所生之孳息不為所得財產，此規定於瑞士民法第 199 條。

在我國傳統社會無特有財產之名稱，財產稱為祖產或家產，屬於家長與家屬所公同共有。惟傳統社會家長在嫁女兒時，有贈送嫁妝之習俗。而該嫁妝之種類以女性個人使用之首飾較多，如耳環、項鍊、手鐲、髮夾等。此類首飾通常不併入夫家之家產中，而得由妻個人自由支配，尤其妻離婚時，亦可將該類首飾帶回娘家，因此首飾等財產有類似現行特有財產之性質。在清末民初的過渡時期，因在第一次民律草案上已有歐陸近代夫妻財產制契約的引進，在大理院之判例上，首見特有財產的名稱：「特有財產之制本為法律所不禁，凡家屬以自己名義所得之財產即為特有財產，除經當事人同意外，不得歸入公產一併均分」（大理院 5 年上字第 475 號判例）。又說：「妻以自己之名所得之財產為其特有財產，妾亦當然得從此例」（大理院 7 年上字第 665 號判例）。又說：「為人妻者，得有私財」（大理院 2 年上字第 33 號判例）。可見在過渡時期的大理院時期，家產仍屬於家屬全體

所公同共有的情形下，能承認妻妾或家屬卑幼有個人完全支配的財產，實為一大突破。其次，民國 19 年制定我國民法親屬編時，在繼受歐陸法之夫妻財產制時，也引進特有財產之制度。依其立法意旨，在當時有兩種財產制，即聯合財產制與共同財產制之類型，將夫妻財產組成聯合財產或共同財產，由夫享有管理及其他權利。但為使妻也能在婚姻關係存續中，有一定財產支配之可能，在夫妻財產制之通則上，於適用此兩種財產制內，特設特有財產之規定，而其與聯合財產制之原有財產及共同財產制上之共同財產對立，並各自具有不同之功能。我國特有財產比較接近瑞士立法例，也分為法定特有財產與約定特有財產。法定特有財產係依法律直接明文規定的特有財產，此財產不但雙方當事人無須以契約訂定，而且對第三人也不必登記，即能發生對抗的效力。換言之，其基於法律的規定，當然成為特有財產（民 1013 條）；反之，約定特有財產乃夫妻當事人間，依契約自由的原則，約定夫妻一方的特定財產為特有財產。此特有財產成立之主要原因，得為夫或妻之利益而設定，且其設定之時間，於婚前或婚後均得為之。如婚前設定，僅能於結婚開始，始生效力。至於夫妻所約定之財產，不限於已存在之財產，將來的收入也可能成為約定特有財產之標的，例如夫妻間同意妻由娘家帶來之嫁妝為妻之特有財產，或夫妻約定夫每月薪水之 1/10 為妻之特有財產❶❹。

此約定特有財產為夫妻財產契約之一種，夫妻應依民法第 1007 條之規定以書面為之。經雙方約定後，在當事人間即發生效力，但必須經夫妻財產制登記處的登記，始能對抗第三人，此為我國民法第 1008 條所明定。夫妻間所約定之特有財產，如要廢止時，亦應依有效之財產制契約為之，且須登記，始能對抗第三人❶❺。依我國民法第 1015 條的規定，無論為法定特有財產或約定特有財產，均應適用關於分別財產制的規定。因此特有財產的所有權人，可以完全支配該財產，即對其可自由管理、使用、收益及處分，不受其配偶的干涉。我國夫妻財產制之類型上，本來聯合財產制與

❶❹　史尚寬，《親屬法論》，331 頁。

❶❺　史尚寬，《親屬法論》，331 頁。

共同財產制皆可適用特有財產之規定。但自民國 91 年 6 月修正夫妻財產制後，僅共同財產制適用特有財產制，法定財產制不論法定特有財產或約定特有財產，已無適用之餘地，此不得不注意。

二、法定特有財產

㈠外國立法例之法定特有財產

1.德國法

德國民法上的保留財產（法定特有財產）僅存在於共同財產制，在法定財產制並不適用。保留財產規定於德國民法第 1418 條：「保留財產應由共同財產分離之（第一項）。下列各種財產為保留財產：(1)夫妻財產制中聲明其為配偶之保留財產者；(2)配偶一方因死因贈與所取得之財產，或由第三人無償受領之財產，但以被繼承人依終意處分，或第三人於給與時，指定其所得之財產應為保留財產者為限；(3)配偶之一方因屬於保留財產之權利所得之物，或因屬於保留財產之物之毀損、公用徵收所取得之補償物，或因保留財產有關之法律行為所取得之物（第二項）。夫妻各自管理其保留財產；夫妻為自己之計算，管理其保留財產（第三項）」。

2.瑞士法

瑞士民法上的固有財產（法定特有財產），在法定財產制與共同財產制，分別規定不同的內容。在法定財產制規定於瑞士民法第 198 條，共有四種：(1)專供配偶一方個人使用之物；(2)配偶之一方於採用法定財產制開始前已有之財產，或在婚姻關係存續中因繼承或其他無償取得之財產；(3)慰撫金所得之財產；(4)固有財產之代替物。共同財產制之固有財產規定於瑞士民法第 225 條，共分為三項：(1)基於夫妻財產契約、基於第三人之贈與或基於法律之規定（第一項）；(2)基於法律之規定專供配偶一方個人使用之物及慰撫金之所得（第二項）；(3)配偶一方受親屬財產之贈與，而未表示其為保留財產，且為夫妻財產契約預定屬於共同財產，但其主張為其特留分者。

㈡民國 19 年的法定特有財產

民國 19 年制定第四編親屬法時,夫妻財產制的特有財產規定於第二章婚姻的第四節。由特有財產同時適用於法定財產制的聯合財產制及約定財產制的共同財產制,故規定於第四節夫妻財產制第一款的通則上。

依民法第 1013 條的規定,法定特有財產共有四種:

1.**第一款**: 專供夫或妻個人使用之物。此款依個人使用之物的性質來看,宜解釋僅限於動產,而不包括不動產在內。債權、現金在性質上,也難認為係特有財產之標的。又該動產應屬於主張特有財產的一方配偶所有,至於其是否因使用而消失,並非所問❶。例如屬於妻所有的金項鍊、玉手鐲等飾物或旗袍、高跟鞋等穿著物或休閒用之網球拍等,但金項鍊係夫從其母繼承而由妻使用,或由妻駕駛而夫妻共有之汽車時,非妻之特有財產。又屬於夫所有的刮鬍刀、西裝或高爾夫球具等,均為夫之法定特有財產。個人豢養之寵物仍為法定特有財產,但廚房用具、電視機、家具等,不屬於特有財產。

2.**第二款**: 夫或妻職業上必需之物。此特有財產必須夫或妻有就業為前提,且依其性質仍以動產為限,不動產很難包括。此處所稱之職業,自包括從事營業買賣在內。因此夫為醫師時,其所有的醫療器材等設備是。妻在開店營業時,凡是店中所需要的用具,例如磅秤、收銀機等物是。職業上所需之物所生之孳息,也應認為特有財產。例如職業騎士之馬所生之小馬,仍為該騎士之特有財產。

3.**第三款**: 夫或妻所受之贈物經贈與人聲明為其特有財產者。此贈與之時期得於婚前或於婚姻關係存續中為之,又贈與人得以生前行為或死後處分贈與❶。此特有財產的標的物可能為動產,也可能為不動產,但必須為無償的處分行為。如第三人以對價而為給付時,不能屬於法定特有財產。尤其贈與人於贈與時,應明白表示其為受贈人的特有財產始可,如未聲明

---

❶ 史尚寬,《親屬法論》,325 頁。

❶ 史尚寬,《親屬法論》,327 頁。

時，僅能認為係受贈人的婚前財產；嗣後聲明贈與也不能生效❽。

　　夫妻之一方可否贈與他方配偶特定的財產，而聲明為他方的特有財產？此從約定特有財產的精神來看，如贈與的一方配偶無詐害其債權人時，宜肯定為是。最高法院 70 年度臺上字第 3100 號判決謂：「民法第 1017 條第一項有關妻之原有財產內，妻因其他無償取得之財產之規定，雖不排除夫之無償贈與之情形，但必須有無償之贈與契約之存在為前提，並非一經登記為妻之名義，即可當然視為夫所贈與，否則民法第 1017 條第二項就登記為妻名義的不動產，即無適用之餘地，未免有背立法原意」。此判決可供參考。但其有詐害債權人的情形時，為保護交易的安全，宜認為債權人得依民法第 244 條有關債權人撤銷權的規定❾，行使其贈與的撤銷為是。至於贈與人設定特有財產之意思，至遲應於財產給與時表示之。此聲明在法條內未要求以書面，甚至未要求公證或登記，日後必然易引起夫妻間之爭議，且對債權人之保護也未周延，實值得檢討。

　　4.**第四款**：妻因勞力所得之報酬。妻因憑藉自己的勞力所獲得的財產，為妻的特有財產。此處所稱勞力之報酬乃因經濟之活動而有所取得，例如薪資、工資、紅利、獎金及其他與勞力所得有關之財產收入。勞力所得之孳息或其代替利益亦同❿，不限於體力的工作，勞心的收入自包括在內。如作家寫文章的稿酬、歌星的演唱收入、教授的演講所得等。此表示妻所得之報酬不必是定期或經常性的收入，一次性或偶然性的報酬也無妨。由於特有財產適用於聯合財產制與共同財產制上，而此二種財產制的聯合財

---

❽　史尚寬，《親屬法論》，327 頁。

❾　民法第 244 條第一項規定：「債務人所為之無償行為，有害及債權者，債權人得聲請法院撤銷之」；其第二項規定：「債務人所為之有償行為，於行為時明知有損害於債權人之權利者，以受益人受益時亦知其情事者為限，債權人得聲請法院撤銷之」。民法第 244 條此二項之規定，在民國 91 年修正夫妻財產制，已在民法第 1020 條之一加以增訂，期能落實民法第 1030 條之一有關剩餘財產之分配請求權。

❿　民法第 1041 條第二項規定有關勞力所得共同財產制之勞力所得之定義，此處有關妻因勞力所得之報酬，應同其範圍。

產或共同財產均由夫管理，故夫因勞力所得的財產若列為特有財產，毫無實益，故其不為夫之特有財產，而為其原有財產。總之，在民國 19 年所規定的夫妻財產制上，對夫來說，其原有財產與特有財產，無多大區別之必要。基於父權主義，夫均有完全支配之權。反之，特有財產對妻來說，區分原有財產與特有財產極為重要，因為前者的管理、使用、收益權，應交由夫行使，且管理上有必要時，夫亦能處分之。而特有財產則由妻自己完全支配，不受夫的干涉，也就是俗稱的私房錢（民 1015 條）。

(三)民國 74 年修正後之法定特有財產

民國 19 年法定財產制的聯合財產制過於有利於夫，而對妻的家務管理與育幼的辛勞未予以適當評價，嚴重違反男女平等之原則，而受到各方面之批評。當時瑞士民法之聯合財產制之第 214 條第一項規定：「夫之財產與妻之財產經劃分後，夫之財產尚有剩餘者，剩餘之 1/3 財產歸屬於妻或其直系血親卑親屬，其餘歸屬於夫或其繼承人」。德國民法第 1378 條規定之淨益共同財產制：「配偶一方之淨益超過他方之淨益者，其超過部分之半數為平衡債權，歸屬於他方（第一項）。平衡債權之數額，以夫妻財產制終了時，扣除債務之財產價值為限（第二項）。平衡債權僅於夫妻財產制終了時始能發生，並由此時起，始得繼承或轉讓；在此以前配偶均不負擔處分平衡債權之義務（第三項）」。因此民國 74 年 6 月 3 日全面修正親屬編時，參酌德、瑞立法例，新增民法第 1030 條之一第一項有關剩餘財產分配之請求權，即聯合財產制關係消滅時，夫或妻於婚姻關係存續中所取得而現存之原有財產，扣除婚姻關係存續中所負債務後，如有剩餘，其雙方剩餘之差額，應平均分配，但因繼承或其他無償取得之財產，不在此限。既然民國 74 年的修法，給予妻對家務管理與育幼的貢獻相當之補償，而有剩餘財產的分配請求權，則妻因走出廚房，而上班就業所得的酬勞，如仍認為妻的特有財產，對妻的保護又未免過於周延，似造成另外的不公平。有鑑於此，立法者將民法第 1013 條第四款有關妻因勞力所取得的報酬為其特有財產的規定，予以刪除。該條款刪除後，從此不論夫或妻，就業的薪資、工資

或其他工作收入，全部應認為婚後的原有財產，而於聯合財產制關係消滅時，有提供為剩餘財產分配的義務。

㈣民國 91 年 6 月 26 日修正後之法定特有財產

民國 74 年民法親屬編夫妻財產制的修正上，對於男女平等的原則尚未能完全貫徹，雖然增訂民法第 1030 條之一有關剩餘財產的分配請求權，但因無其他配套措施的條文，以保障經濟弱者的妻一方行使該剩餘財產分配之請求權，因此該請求權對妻來說，並無多大之實益；反而能使經濟強勢之夫，在婚姻關係存續中，為故意減少其剩餘財產之分配，而任意處分其剩餘財產，以詐害對方之虞。

其次，妻因勞力所得的財產不再是其法定特有財產，而是原有財產，使職業婦女在婚姻關係存續中的工作收入，無法依法律的規定，為其特有財產而為自由支配，卻因其屬於妻的原有財產，在夫不願讓出聯合財產之管理權下，妻必須將其原有財產交給夫為管理、使用與收益，甚至為管理上有必要時，夫尚能處分之。

有鑑於此，婦女團體對於民國 74 年有關妻因勞力所得之報酬為其特有財產之刪除，提出強烈批評，認為此修正對妻之處境反而更為不利，應有再修正之必要。為此，立法院於民國 91 年特別再度全面修正夫妻財產制，在法定財產制上，不但將夫妻財產的種類加以簡化，只分為婚前財產與婚後財產，而且增訂民法第 1018 條之一之自由處分金。又在法定財產制上，不再有法定特有財產的規定，而只有在共同財產制上，始有法定特有財產的存在。也就是說，在夫妻財產制修正以前，於聯合財產制關係消滅以前的特有財產，不論其為法定特有財產或約定特有財產，視其特有財產的成立時期，而成為新修正後的婚前財產或婚後財產分水嶺，即對於特有財產較舊法不重視。在結婚以前或採用聯合財產制以前成立之特有財產視為婚前財產；在婚姻關係存續中成立之特有財產或採用聯合財產制以後之特有財產視為婚後財產。因此，新修正法將民法第 1014 條之約定特有財產刪除，並將法定特有財產從民法第 1013 條的三款全部規定移到民法第 1031 條之

一，而置於共同財產制規定之下。

三、約定特有財產

㈠外國立法例之約定特有財產

瑞士民法規定約定特有財產在法定財產制與共同財產制上均能約定。依其民法第 199 條之規定，從事職業或營業而有收入之一方配偶，得與他方約定其一定財產屬於他方之特有財產（第一項）；夫妻雙方亦得約定特有財產所生之孳息，不屬於所得之財產（第二項）。

㈡我國民法上之約定特有財產

1.民國 19 年制定親屬編時，在夫妻財產制上的特有財產，除規定法定特有財產外，尚有約定特有財產。約定特有財產顧名思義，係夫妻間得以契約訂定一定財產為特有財產。因法條並無規定何種財產為約定特有財產的對象。解釋上，該財產得為動產或不動產。例如妻就其父所贈與之股票約定為特有財產，或其從其舅父所得遺贈之土地約定為特有財產。又該財產得為現有或將來可能得到的收入或其他財產所得，例如約定妻原有財產的臺灣水泥公司股票的股息或夫每月薪資所得的 1/10 為妻的特有財產。惟此約定特有財產為夫妻財產制契約之一種，故為要式行為，非以書面為之，不能有效的成立（民 1007 條），且應經法院的夫妻財產制契約登記處之登記，始能對抗第三人（民 1008 條）。

2.民國 74 年全面修正親屬編時，增訂民法第 1030 條之一有關法定財產制剩餘財產分配請求權。但民法第 1014 條的約定特有財產仍然予以保留，同時與第 1013 條之法定特有財產並列，而不為剩餘財產分配之財產。但民國 91 年修正夫妻財產制時，在法定財產制上，不再有特有財產之存在，而只分為婚前財產與婚後財產。為此將特有財產只保留法定特有財產，而將約定特有財產刪除，並且將法定特有財產制從夫妻財產制之第一款第 1013 條之通則部分，移到第三款共同財產制之第 1031 條之一。

四、特有財產之效力

　　特有財產之效力，在使夫或妻對該財產有完全之支配權，即所有權、管理權、使用收益權及處分權均分別各自享有，不受他方配偶之干涉。德國民法規定於第 1417、1418 條之第三項，瑞士民法規定於第 201 條第一項。我國舊民法規定於第 1015 條，現行法於第 1031 條之一第二項：「前項所定之特有財產，適用關於分別財產制之規定」。又民法第 1044 條規定：「分別財產，夫妻各保有其財產之所有權，各自管理、使用、收益及處分」。惟夫妻之一方不妨明示或默示委託他方管理，但此管理權得隨時收回，且其拋棄不生效力❷。

---

❷　史尚寬，《親屬法論》，332 頁。

第3章
夫妻財產制契約之訂立

第一節　夫妻財產制契約之當事人

一、外國立法例

在中世紀歐洲，家屬成員的結婚為全家的大事，故夫妻財產制契約不僅由婚約人、配偶本人，並且雙方親屬也能訂定，而此契約被認為具有家族契約的性質。後來因家族團體性逐漸鬆弛，家屬成員之獨立人格觀念慢慢抬頭，而確立了婚姻自主的原則。男女當事人的結婚自己決定，不受家長或親權人的干涉。夫妻財產制的訂立也受此影響，該契約的當事人限於即將結婚的男女本人，如有婚約，其為婚約人，如已結婚，則為夫妻。因其具有身分契約之特色，屬於一身專屬性，應由即將結婚之本人或已婚之夫妻訂定，而其他第三人無此權限。

現行德國法對於夫妻財產制契約之當事人規定相當詳細。依德國民法第 1411 條第一項之規定，限制行為能力人訂定夫妻財產制契約時，應得法定代理人之同意；若法定代理人為父母以外之第三人時，即為監護人或輔佐人時，關於淨益平衡之拋棄或限制，或關於共同財產制之訂定或廢止，除法定代理人之允許外，並應得監護法院之許可；此外法定代理人不得為限制行為能力人之配偶或為受輔佐人訂立夫妻財產制契約。同條第二項規定，法定代理人得為無行為能力之配偶訂立夫妻財產制契約；但不得訂立共同財產制之約定或廢除。其法定代理人為父母之外的監護人時，夫妻財產制契約之訂立，並應得監護法院之同意❶。

瑞士法對於夫妻財產制契約之當事人之要求，較德國法簡單。依瑞士

---

❶　Schülter, *BGB-Familienrecht 2003*, S. 69.

民法第 183 條第一項之規定，關於夫妻財產制契約之訂立、變更或廢止，契約當事人應具有識別能力；同條第二項規定，當事人為未成年人或禁治產人者，應得其法定代理人之同意。此立法理由在於夫妻財產制契約，係規範婚姻關係存續中夫妻財產的關係，故當事人必須對婚姻所帶來的種種效果，尤其身分上的效力，應有相當之認識，因而認為該契約的訂立，一如協議離婚，屬於身分上的契約，應得法定代理人的同意。

二、我國民法之規定

民國 19 年制定的親屬編有關夫妻財產制契約之訂立，我國民法之規定較接近瑞士立法例。我民法於第 1006 條規定：「夫妻財產制契約之訂立、變更或廢止，當事人如為未成年人，或為禁治產人時，應得法定代理人之同意」。但本條的規定有檢討的必要。民國 97 年修法時，將禁治產宣告改為監護宣告，因此禁治產人也以受監護宣告之人取代之。受監護宣告之人在法律上為無行為能力人（民 15 條）。無行為能力人在法律上為無識別能力，其任何意思表示為無效（民 75 條）。由此可知，無行為能力人須由其法定代理人代為意思表示，並代受意思表示（民 76 條）。夫妻財產制契約為身分法上的契約，訂約當事人應具備行為能力或至少意思能力而經法定代理人的同意，該契約始能成立。受監護宣告之人既為無意思能力人，如何能經法定代理人的同意，而訂立夫妻財產制契約？我民法此條的規定似仿效瑞士民法第 183 條第二項的規定：「當事人為未成年人或禁治產人者，應得其法定代理人之同意」。但瑞士民法第 183 條第一項的規定，未能一併繼受，即關於夫妻財產制契約之訂立、變更及廢止，契約當事人應具有識別能力。瑞士民法第 183 條第二項乃承接第一項的「識別能力」，故對受監護宣告之人來說，應於訂約之際，具備恢復意思能力的常態中始可。因此其規定並無缺失❷。反之，我國民法的規定，應對受監護宣告之人的訂約，以恢復意思能力為前提，否則其未恢復意思能力而訂立夫妻財產制契約，

---

❷ Tuor/Schnyder/Schmid/Rumo-Jungo, *Das schweizerische Zivilgesetzbuch*, 2002, S. 298.

縱然得法定代理人之同意，仍不能生效❸。

　　民國 91 年修正夫妻財產制時，立法者認為夫妻財產制契約的訂立，不宜將其認為身分法上的契約，而應與財產法上的契約相同看待。因為未成年的男女一旦結婚後，依民法第 13 條第三項之規定，其已取得行為能力，任何複雜的財產契約均能訂定，選擇種類確定的夫妻財產制契約，有如選擇題較問答題簡單，竟然還需要法定代理人的同意，甚為不合理。因此將民法第 1006 條的規定刪除，並回歸民法第 13 條第三項的適用，即未成年的男女或未成年的婚約人或當事人，訂立夫妻財產制契約時，應得法定代理人的同意，但已婚而尚未成年之夫妻訂立、改定或廢止時，得自己訂定，不必再得法定代理人的同意❹。

第二節　夫妻財產制契約訂立之時期

一、概　說

　　夫妻財產制契約之訂立，直接與契約自由原則及交易安全有關係，因此當事人訂定夫妻財產制契約應於何時訂立（結婚之前、結婚同時或結婚存續期間？）該契約始能生效，此問題值得檢討。

　　夫妻財產制契約訂立時期，從歐陸各國歷史之沿革觀察，有兩種立法例。最先是自由主義，即在 15 世紀的歐陸都市法，其訂立夫妻財產制契約，在訂立的時間上，毫不受限制，可於結婚之前、結婚同時，也可於婚姻關係存續中為之。例如布萊梅都市法、漢堡都市法等❺。但到了 18 世紀末期，訂立該契約之時期，大體限於結婚之前或結婚同時，而不得於婚姻關係存續中為之，以避免夫或妻之債權人，因在婚姻關係存續中變更其夫妻財產制，而受到詐害。例如法國民法（法民 1393 條、1394 條）、日本民法（日

---

❸　戴合著，《親屬法》，186 頁。

❹　戴合著，《親屬法》，146 頁。

❺　Rott, *Deutsche Privatrecht II*, S. 29ff.

民 758 條）從之。到了 19 世紀，中世紀之自由主義再度復活，德國民法第 1408 條、瑞士民法第 179 條均允許當事人在結婚前、結婚同時或婚姻關係存續中，皆能訂立或改廢夫妻財產制契約。我國民法於民國 19 年繼受歐陸法制時，以德、瑞立法例為仿效之對象，採自由主義，於第 1012 條規定：「夫妻於婚姻關係存續中，得以契約廢止其財產制契約，或改用他種約定財產制」。

二、夫或妻債權人保護之重要性

　　夫妻財產制契約訂立之時期有自由主義與限制主義之對立，此兩種主義各有利弊，不能一概而論。德國民法與瑞士民法採取前者，而法國民法曾採取後者。

　　㈠採自由主義之立法例，允許配偶間於結婚前或婚姻關係存續中訂立或改廢夫妻財產制契約，乃為貫徹契約自由之原則。夫妻財產制契約係夫妻關於其婚姻共同生活中財產關係之約定。其內容如何約定，當以夫妻自己最能了解；尤其在結婚前當事人尚未經歷婚姻共同生活，關於夫妻財產制契約為何物，其利害關係在何處，其內容如何約定，毫無把握。夫妻必須經過一段婚姻生活後，始能體會夫妻財產制之適用對其婚姻共同生活的重要性，也在此時方能判斷如何採用適合其婚姻共同生活的夫妻財產制。另外就婚姻共同生活產生之新的事實，如子女的出生，也可能會使夫妻有改用其他財產制之需求**❻**。

　　㈡採限制主義之立法例，只允許夫妻在結婚時，而禁止在婚姻關係存續中，訂立或改廢夫妻財產制契約。其如此限制，一方面在於保護各配偶之利益，以免經濟上強者之一方，在婚後欺壓他方，他方面則保護債權人不受夫妻之共同詐害。婚姻共同生活就外部關係來說，如負債之配偶，於婚姻關係存續中，可訂立或改廢夫妻財產制契約時，先將其財產所有權移轉於他方配偶之名義之下，然後改用其他財產制，以達到詐害其債權人之

---

❻　Tuor/Schnyder/Schmid/Rumo-Jungo, *Das schweizerische Zivilgesetzbuch*, 2002, S. 299.

目的。婚姻共同生活就內部關係來說，專橫自私的配偶一方，結婚後有機會逼迫他方，訂立或改採於對己有利之夫妻財產制契約，使善良之一方受到欺凌壓迫。

㈢採自由主義之夫妻在訂立夫妻財產制契約時，較能貫徹契約自由之現代民法最高原則，並可隨時在婚姻關係存續中訂定適合於其婚姻狀態的契約。其雖有此優點，但也有一方配偶欺壓他方及債權人有受詐害之可能弊端。

㈣採自由主義立法例的國家，如德、瑞民法，為克服此缺失，對外部與內部均採必要之措施，以資防止弊端之發生。

1.債權人之保護：當事人於婚姻存續中訂立或改廢夫妻財產制契約時，一方須踐履登記或兼採公告之方法時，使其債權人就夫妻財產制契約之內容或變更，能夠適當掌握；他方就契約發生之效力，採取不溯及既往之原則，夫或妻在此以前對第三人已發生之債務，不因夫妻財產制契約之變更而受影響，從而其債權人也不會因此而受到詐害。

2.配偶一方之保護：在婚姻關係存續中，如有經濟上強者一方，藉改訂夫妻財產制契約之機會，欺凌他方時，不但使受壓迫之一方，得向法院提出改用分別財產制之機制，而且規定得提早行使剩餘財產制分配之請求權。如此夫妻不平等的現象也可能獲得相當的改善。

3.有鑑於此，目前各國立法例，均採自由主義之夫妻財產制契約，並規定保護債權人及貫徹夫妻平等的內容。法國民法本採限制主義，不得在婚姻關係存續中改訂夫妻財產制❼，但現行法也在能保護債權人的前提之下，改採自由主義之立法。

---

❼　史尚寬，《親屬法論》，302 頁；參照舊法國民法第 1393 條。

第三節　夫妻財產制契約訂立之方式

一、概　說

　　一般財產法上之契約，從古代發展至今日，係從要式主義到非要式主義，因為方式自由之原則為現代國家立法之產物。但夫妻財產制契約非純粹財產契約，多少帶有身分的性質，為婚姻身分法之從契約，於婚姻成立時始發生效力，故其具有一身專屬之性質，不得由他人代理而訂定❽。為慎重起見，各國立法例多採要式主義，除夫妻雙方合意外，必須踐履一定之方式，契約始能生效。

　　中世紀德國都市法，夫妻財產制契約之訂立，應在親屬長輩面前為之❾。至近世期以來，確立了要式主義，加強其公示作用。其方法有採證人的見證，也有採書面方式❿。

二、外國立法例

　　現行各國立法例有關夫妻財產制契約之訂立，大體採要式主義。但其要式之方法不盡一致。

　　㈠法國立法例上，當事人訂立夫妻財產制契約，須在公證人面前，以文書作成始可（法民 1394 條一項）。夫妻財產制契約常涉及交易之安全與保護債權，因此法國民法就此分為成立要件與生效要件。為使當事人已成立之夫妻財產制契約對第三人發生效力，該契約之訂立、改廢，尚須履踐公告之程序（法民 1394 條二項二款）。

　　㈡依瑞士民法第 184 條之規定，當事人訂立夫妻財產制契約，與法國民法同，須依公證方法為之，且要求當事人或其法定代理人在公證書上簽名，始對夫妻間發生效力。瑞士民法除對內效力外，舊法中尚有明文規定

---

❽　史尚寬，《親屬法論》，306 頁。

❾　戴東雄，《親屬法論文集》，124 頁。

❿　Rott, *Deutsche Privatrecht II*, S. 38.

對外效力，若該契約在婚姻關係存續中訂立者，為保護交易安全與對債權人之保護，不但須經行政監護機關之同意（瑞民 361 條），而且在夫妻財產制登記處登記，始能對第三人發生效力（瑞民 248 條、251 條），不過此部分之規定已遭刪除❶。

　　㈢德國民法亦不例外，其第 1410 條規定，夫妻財產制契約之訂立，應由配偶雙方於公證人面前為之 (notarielle Beurkundung)，方於夫妻間發生效力。惟其對第三人之效力，德國民法第 1412 條另外有規定，即其第一項：「夫妻排除或變更法定財產制者，就配偶之一方與第三人所為之法律行為，以財產制契約登記於管轄機關之登記簿，或於法律行為時已為第三人所知悉者為限，始得對抗第三人；就配偶之一方與第三人間訴訟之確定判決，以訴訟繫屬中，其財產制契約已經登記或已為第三人所知悉者為限，始得對抗之」。其第二項：「前項規定，夫妻就已登記之財產關係之事項，以夫妻財產制契約予以廢止或變更時，亦適用之」。

三、我國法之規定

　　我國民法就夫妻財產制契約之訂立，以歐陸法為繼受之對象，故從法、德、瑞立法例，亦採要式主義。我民法第 1007 條第一項規定：「夫妻財產制契約之訂立、變更或廢止，應以書面為之」。我國民法之要式行為，不必履行公證處之公證，僅立書面即足。而該書面之約定，僅當事人間發生效力，對第三人仍不能有效。民法第 1008 條第一項又規定：「夫妻財產制契約之訂立、變更或廢止，非經登記，不得以之對抗第三人」。此登記之對抗要件，不問該第三人為善意或惡意均相同。此立法意旨全為對第三人之公示作用，並保護債權人免於受夫或妻之詐害，而維護交易之安全。

　　我國民法上之夫妻財產制契約的成立要件，僅當事人以書面訂立已足，國家的公權力始終未予以介入，此與外國立法例有由國家之機構監督比較，似嫌簡單；至於對抗第三人之要件，我國採登記主義，而不必為公告之程序，此與德國立法例相同。

---

❶　Tuor/Schnyder/Schmid/Rumo-Jungo, *Das schweizerische Zivilgesetzbuch*, 2002, S. 299.

第四節 夫妻財產制契約之效力

一、概　說

夫妻財產制契約的訂立，直接發生夫妻間的財產關係權利與義務之變動，不必再有有關所有權或其他權利移轉之個別法律行為。我國民法上之夫妻財產制以繼受瑞士民法為主。在瑞士民法，一方面，為保護夫妻雙方利益之平衡，當事人訂立夫妻財產制契約，要以公證方式為之，並防止當事人訂約時之輕率（瑞民 184 條）；他方面，為保護第三人之利益，於第 193 條規定，於婚姻關係存續中訂立或改廢夫妻財產制契約，就契約前已發生的財產上責任不受影響。此規定至為重要，此乃多數夫妻在婚姻關係存續中訂立或改廢夫妻財產制契約時，通常不無有詐害其債權人利益之嫌。因此在夫妻財產制之立法例上，為防止夫妻在婚姻存續中損及第三人之利益，基於政策上之考慮，採不同之防範方法：

㈠當事人所訂立或改廢的契約，有詐害債權人時，依一般債法的規定，請求法院撤銷該契約（參照民 244 條、日民 424 條）。

㈡在婚姻關係存續中禁止訂立或改廢夫妻財產制契約。如有訂立或改廢時，該契約無效。法國民法及日本民法曾採此立法例。

㈢在婚姻關係存續中訂立或改廢夫妻財產制時，對已發生之財產責任，不因之而受影響（瑞民 193 條）。

二、我國法之規定

㈠非訟事件法第 45 條第四項

我國民法在民國 19 年制定夫妻財產制時，在民法第 1004 條上，夫妻得於結婚前或結婚後，以契約就本法所定之約定財產制中，選擇其一，為其夫妻財產制。又於民法第 1012 條上，夫妻於婚姻關係存續中，得以契約

廢止財產制契約，或改用他種夫妻財產制。但在婚姻關係存續中，以契約改訂夫妻財產制種類時，並無如瑞士民法第 193 條有關保護夫或妻債權人之條文，此實為立法上之疏漏。為彌補其不足，在親屬編一直無修正的機會之下，當時在非訟事件法第 45 條增訂第四項規定：「前三項夫妻財產制契約之登記，對於登記前夫或妻所負債務之債權人不生效力，亦不影響依其他法律所為財產權登記之效力」。依此規定，債務人雖已改廢夫妻財產制契約，並登記於法院，但對已發生之債權，不論有無物權擔保之債權，或已登記之其他財產權，仍須以原所採用之夫妻財產制種類時之財產狀況，負清償之責任。例如甲男與乙女夫妻原採用普通共同財產制，其後二人以書面改約定採用分別財產制，並經法院之夫妻財產制登記處之登記。在未改用分別財產制前，甲男與乙女之公同共有之財產有現金 900 萬元及以甲名義登記而屬二人共有之 1200 萬元房屋一棟，但乙女對丙負債 600 萬元及甲男對丁負債 1400 萬元。其後甲男與乙女改用分別財產制時，其所擁有 900 萬元之現金，由甲男分得 100 萬元，而乙女分得 800 萬元，且 1200 萬元之房屋也改登記為乙女所有。此時二人雖改登記為分別財產制，但對丙債權人 600 萬元及對丁債權人 1400 萬元之債務，仍不受影響，應以二人採用共同財產制時所有之共同財產，即現金 900 萬元與 1200 萬元之房屋對丙與丁債權人負清償之責任。此我國舊非訟事件法上之規定，與瑞士民法上保護交易安全之立法意旨相同，只是我國不規定在實體法上之民法，而規定於程序法上之非訟事件法，使人不易一窺究竟，慮及成文法典之精神，實有其不妥之處。

(二)新增民法第 1008 條第二項

我國於民國 91 年 6 月 26 日再度修正夫妻財產制，前述非訟事件法第 45 條第四項有關婚姻關係存續中，夫妻改廢夫妻財產制契約時，對第三人已發生債權之保護，乃實體法的內容，不應放置於程序法上的非訟事件法中。因此將其移置於民法親屬編之體系內，而規定於民法第 1008 條第二項，即「前項夫妻財產制契約之登記，不影響依其他法律所為財產權登記之效

力」。民法新增之第 1008 條第二項之內容，未將舊非訟事件法第 45 條第四項之規定全部移置，即只規定財產權登記之效力，不受改廢夫妻財產制契約之影響。至於改廢前已生之債權，未能一併移入，致保護債權人之利益，尚有缺失，甚為遺憾。

例如夫妻本來採用普通共同財產制。此時夫或妻對已發生之債務，依民法第 1034 條之規定，以夫妻共同財產及夫與妻之特有財產全部負清償之責任。如今依民法第 1012 條之規定，於婚姻關係存續中，以契約改採分別財產制，而經夫妻財產制登記處之登記時，即發生對抗第三人之效力（民1008 條一項）。因夫或妻各對已發生之債權採不溯及既往之原則，夫或妻僅以分別財產制之個人財產負清償責任，此對財產制登記前已發生之債權人有不公之處。例如前面所述之甲男與乙女改採分別財產制後，不動產之1200 萬元之房屋雖從甲男之名義改為乙女之名義，此不受影響，公同共有之債權人丙與丁均能對該 1200 萬元之不動產求償。但普通債權因未將舊非訟事件法第 45 條第四項有關「對於登記前夫或妻所負債務之債權人不生效力」，一併移至新增之民法第 1008 條上，因此在共同財產制時，甲男對丁男所負之 1400 萬元債權，丁男似不能對乙女於改定分別財產制後，其所分得共同財產之 800 萬元現金求償。

第4章
各種夫妻財產制之類型

第一節 概　說

一、我國民法上夫妻財產制之類型

　　我國夫妻財產制採用法定財產制與約定財產制併用的方式，其類型在民國 19 年制定之親屬編上，以聯合財產制為普通法定財產制（民 1016 條以下），以分別財產制為特別法定財產制（民 1009 條以下），而約定財產制有四種類型，即普通共同財產制（民 1031 條以下）、勞力所得共同財產制（民 1041 條）、分別財產制（民 1044 條以下）及統一財產制（民 1042 條、1043 條）。

　　我國於民國 74 年全面修正親屬編時，覺得統一財產制有違近代民主自由法制精神，在現代各國立法例上，幾乎不用，故予以刪除❶。民國 91 年修正夫妻財產制時，又認為聯合財產制中，許多內容仍有違反男女平等原

---

❶　我國此統一財產制乃繼受瑞士立法例（瑞民 199 條），而於我國民法第 1142 條規定：「夫妻得以契約訂定，將妻之財產，除特有財產外，估定價額，移轉其所有權於夫，而取得該估定價額之返還請求權」。但瑞士民法所以採用統一財產制係基於該國傳統習俗。該財產制曾為瑞士 Bern 邦之法定夫妻財產制。其內容為配偶一方死亡時，其財產仍能繼續存在，而成為一種繼承方法。妻死亡而遺有子女者，夫依然保有其婚姻存續中之財產上權利，子女則繼承其母之債權請求權。反之，夫死亡而遺有子女者，妻為全部財產之繼承人，但妻再嫁，則應與其子女依人數均分其財產。此統一財產制，一則，我國無此歷史傳統，再則，此制有利於夫，對妻有歧視，違反男女平等之原則，故予以刪除。見民國 19 年制定之統一財產制在民國 74 年全面修正親屬編時，被刪除之理由，參閱戴東雄，《親屬法論文集》，168 頁以下。

則之嫌，再予修正。聯合財產制之普通法定財產制，雖於民國74年修正一次，但諸內容仍有違反男女平等原則之嫌，故又修正一次。聯合財產制之普通法定財產制，於該次修正後，不僅名稱簡稱為「法定財產制」，不再如德國民法或瑞士民法有特別名稱❷，而且其內容從男女平等之觀點，也多有修正，尤其落實夫妻間剩餘財產分配之請求權。例如增訂民法第1020條之一有關害及夫妻一方剩餘財產分配請求權之聲請撤銷權，或民法第1030條之三有關惡意處分剩餘財產之追加計算與對受讓人之追償權。

二、家庭生活費用之負擔

夫妻在婚姻生活中就家庭生活費用之負擔，於民國91年未修正夫妻財產制時，乃分別規定於各種類型之夫妻財產制。即在聯合財產制上，依民法第1026條之規定，家庭生活費用，夫無支付能力時，由妻就其財產之全部負擔之。此立法意旨乃在法定財產制下，在夫妻內部關係上，夫應優先以其全部財產負擔家庭生活費用，但於夫無支付能力時，始由妻以補充地位，就其所有之原有財產及特有財產負擔之。在共同財產制上，依民法第1037條之規定，家庭生活費用，於共同財產不足負擔時，妻個人亦應負責。此立法意旨乃在共同財產制下，夫妻內部關係上，優先以二人公同共有之財產負擔之，如不足時，以夫之特有財產負擔；再不足時，始以妻之特有財產負擔之。從而夫之特有財產先於妻之特有財產負清償之責任。在分別財產制下，依民法第1047條第二項之規定，夫妻因家庭生活費用所負之債務，如夫無支付能力時，由妻負擔。又依第1048條之規定，夫得請求妻對家庭生活費用為相當之負擔。此二條之立法意旨，即使在夫妻財產完全分離之分別財產制下，在夫妻內部之關係上，由夫優先負擔家庭生活費用。夫無支付能力時，始由妻負擔之，但夫有權請求妻為家庭生活費用相當之負擔。

家庭生活費用如何負擔，在德、瑞立法例皆有規定，且注意到婚姻共

---

❷ 德國現行民法上之法定財產制 (gesetzliche Güterstand) 為淨益共同財產制，瑞士之法定財產制則為所得分配財產制。

同生活之需要及夫妻個人之具體狀況。依德國民法第 1360 條之規定，配偶雙方應以其勞力及財產，對於家屬為適當之扶養。夫妻之一方負責家務之管理時，其以家事勞動負擔家屬扶養之義務。又德國民法第 1360 條 a 第一項之規定，稱家屬適當之扶養者，凡為家庭生活費用之支出、夫妻個人之需要及應共同扶養子女生活費用之負擔，依夫妻關係所必須者，均屬之。又依瑞士民法第 163 條之規定，夫妻應依其自己之能力為家庭扶養盡其應盡之義務。家庭扶養義務，夫妻應依其經濟能力、家事勞動、照顧共同子女或一方對他方營業、職業之協助分擔之。足見家庭扶養費用之負擔，不以財產之給付為唯一方式，並肯定家務勞動的價值。

91 年修正夫妻財產制時，立法者在參酌德、瑞立法例對於家庭扶養費用之多元化分擔後，認為夫妻對家庭生活費用之負擔，不應受夫妻間所採用不同夫妻財產制之影響，而應獨立於夫妻財產制之規定，另行增訂。又家庭生活費用之負擔實與日常家務代理權有密切關係，同時亦應注意對家庭生活費用之債權人如何保護之問題❸，因此將家庭生活費用之負擔，從不同之夫妻財產制之規定移到婚姻普通效力上之民法第 1003 條之一，而緊鄰與夫妻日常家務代理權之民法第 1003 條之後，以示二者關係之密切：「家庭生活費用，除法律或契約另有約定外，由夫妻各依其經濟能力、家事勞動或其他情事分擔之（第一項）；因前項費用所生之債務，由夫妻負連帶責任（第二項）」。此新增條文之立法意旨，在於婚姻共同生活上，夫妻有相互扶持及協助之責任與義務。而履行此責任與義務所生之家庭生活費用，更應共同分擔。夫妻本應以有錢出錢，有力出力之合夥精神，達成美滿之婚姻生活。惟夫妻之資力、家事勞動能力或其他之專長不盡相同，故家庭生活費用之分擔，宜採多元化之方法，依其實際不同之能力共同分擔❹。

---

❸ 參照瑞士民法第 166 條；德國民法第 1357 條。

❹ 依立法院沈委員智慧等 91 位提案之說明，本條規定乃貫徹憲法保障男女平等之原則，並兼顧夫妻婚姻生活之和諧。

💗 第二節　法定財產制之內容

一、特別法定財產制之適用

　　所謂特別法定財產制係夫妻在婚姻存續中，已適用民法規定夫妻財產制之類型，不論其為普通法定財產制或約定財產制，因夫妻間之婚姻共同生活因故發生困難或夫妻對外債務之清償財務狀況亮起紅燈時，法律不得不強制適用特別之夫妻財產制。我國民法一如德、瑞立法例，也以分別財產制為特別法定財產制，因為此財產制最不受婚姻共同生活的影響。可見分別財產制在我國民法上有雙重性格：一為約定財產制之類型，一為特別法定財產制之類型。

　　至改用特別法定財產制之分別財產制，在民國 91 年未修正夫妻財產制前，規定於第 1009 條以下。第 1009 條規定有關當然改用分別財產制：「夫妻之一方受破產宣告時，其夫妻財產制，當然成為分別財產制」。第 1010 條規定有關聲請宣告分別財產制：夫妻一方得向法院聲請強制改用分別財產制之事由。該條例示五款改用之事由，而第六款為概括規定。

　　在民國 91 年修正後，因法定財產制有所變動，在該條各款改用分別財產制之情形，於用語上或事由內容上，均有變動。修正後之第 1010 條，改以二項規定強制改用分別財產制之事由。第一項規定：「夫妻之一方有下列各款情形之一時，法院因他方之請求，得宣告改用分別財產制：㈠依法應給付家庭生活費用而不給付時。㈡夫或妻之財產不足清償其債務時。㈢依法應得他方同意所為之財產處分，他方無正當理由拒絕同意時。㈣有管理權之一方對於共同財產之管理顯有不當，經他方請求改善而不改善時。㈤因不當減少其婚後財產，而對他方剩餘財產分配請求權有侵害之虞時。㈥有其他重大事由時」。此項第五款為本次修正時之新增規定。此款事由之受損之一方，得請求法院改用分別財產制，提早分配剩餘財產。第二項規定：「夫妻之總財產不足清償總債務或夫妻難於維持共同生活，不同居已達六

個月以上時，前項規定於夫妻均適用之」。

第 1011 條規定有關因債權人之聲請而改用分別財產制：「債權人對於夫妻一方之財產已為扣押，而未得受清償時，法院因債權人之聲請，得宣告改用分別財產制」。

特別法定財產制之強制改用分別財產制之立法意旨，在於落實夫妻平等之原則與維護交易之安全。

二、普通法定財產制（以下簡稱法定財產制）之自由處分金

㈠條文之增訂

民國 91 年修法以前，在聯合財產制時期，無所謂「自由處分金」之概念，而於 91 年修正夫妻財產制時，始增訂民法第 1018 條之一：「夫妻於家庭生活費用外，得協議一定數額之金錢，供夫或妻自由處分」。

㈡立法意旨

1.民國 74 年全面修正親屬編時，因當時增訂民法第 1030 條之一有關剩餘財產分配之請求權，而將第 1013 條之法定特有財產中有關第四款妻因勞力所得之財產為妻之特有財產之規定加以刪除。換言之，此次修正後，即使職業婦女因工作或其他勞力所得，不再視為其特有財產，而成為妻之原有財產。此原有財產屬於聯合財產之一部，由夫管理、使用及家庭生活費用部分之收益權。妻在夫同意之下，始能對聯合財產有管理、使用及部分之收益權。

2.又在聯合財產制關係消滅時，妻雖得對夫請求雙方原有財產中因勞力所得之剩餘財產差額之一半，但在婚姻關係存續中，反而使得職業婦女在婚姻共同生活中喪失原可自由花用的私房錢，此對妻甚為不公平。

3.為保護從事家務管理之配偶一方，瑞士民法第 164 條規定：「配偶之一方從事管理家務、照顧子女或對他方職業或營業有協助時，得對他方定

期請求給付相當之自由處分金（第一項）；確定自由處分金數額時，應考慮義務人的收入情形及權利人對家務、對他方職業或營業盡責或協助之情形（第二項）」。

　　4.有鑑於瑞士民法對家務與育幼一方之保護如此周延，我國民法於民國91年修正親屬編時，亦明白認知到應該加強對家務管理之配偶的保護，爰增訂民法第1018條之一。

(三)立法院增訂自由處分金之過程

　　立法院沈智慧等91位立法委員原提出民法第1018條之一之規定：「基於婚姻之共同協力，夫妻之一方從事家務勞動或對他方配偶之營業或職業予以協助時，得向他方配偶請求定期給與相當數額之金錢，供其自由處分」。同時在提出該條之立法理由說明：「傳統夫對妻支配服從關係，有違男女平等原則，不符潮流，各國立法例已朝向視夫妻為合夥關係，因而基於婚姻協力，如夫妻之一方從事家事勞動或對他方配偶之營業或職業予以協助，致他方之財產增加或支出減少，自己之財產卻未增加，或無供自己自由處分之金錢，實有欠公允。雖夫妻間有第1030條之一剩餘財產分配之請求權，惟須至法定財產制關係消滅時方有適用，對家庭主婦長期從事家務勞動，或對他方營業或職業予以協助者，平日仍無可供自由處分之金錢，無法保障其經濟之獨立及人格尊嚴，故本於夫妻類似合夥關係之精神，以及家務有價之觀念，特仿效瑞士民法第164條第一項規定，增訂本條。至於自由處分金數額之多寡，宜由夫妻依其收入決定家庭生活費用後，協議定之，協議不成，由法院依實際狀況酌定」❺。

　　該條在立法院審議過程中，主管機關之法務部堅持自由處分金屬家庭生活費用之一部分，應從實務層面解釋家庭生活之內容，不必另立自由處分金，但婦女團體認為，法院認定家庭生活費用之範圍，一向做狹義之解釋，致使從事家務之主婦在婚姻共同生活中，無可供自己花用之金錢，使其人格之尊嚴不無受損，故應明定自由處分金之條文，予以保障。在雙方

---

❺　參見《立法院公報》，91卷40期，2002年6月15日，67頁、68頁。

堅持己見之下，立法院提出一折衷之修正案，三讀通過：「夫妻於家庭生活費用外，得協議一定數額之金錢，供夫或妻自由處分」❻。從立法院審議民法第 1018 條之一之過程中，有三點值得注意：

1.自由處分金之增訂，從該條立法理由，乃仿效瑞士民法第 164 條所規定。

2.原提出該條之草案內容與實際三讀通過之條文內容有很大的出入，尤其通過之條文極為簡單，只有夫妻間之協議，由配偶一方對他方提供一定數額之金錢自由處分。詳言之，該條自由處分金提供之要件，似僅有夫妻之身分關係及雙方之協議而已，因此將來在實務上之適用時，自由處分金之權利性質如何？究係因夫妻間之協議而取得，抑或基於法律之規定而取得？又夫妻間如協議不成時，能否訴請法院酌定❼？難怪魏大喨法官批評民法第 1018 條之一之增訂，因法規要件上之空洞，而有窒礙難行之處❽。

3.本條之立法理由特別強調仿效瑞士民法第 164 條所規定。但依瑞士民法第 164 條第一項之內容係配偶一方負擔家務與子女之照顧，或對配偶他方有協助營業、職業時，對他方得定期請求相當金額之自由處分金。反之，我國民法第 1018 條之一有關自由處分金之協議乃獨立於民法第 1003 條之一有關家庭生活費用，而家庭生活費用則由夫妻各依其經濟能力、家事勞動或其他情事分擔。另外，我國民法之自由處分金規定於法定財產制上，而家庭生活費用規定於婚姻普通效力上。因此立法者是否有意將二者加以區別，不無疑問。

㈣自由處分金之協議

❻ 尤美女，〈民法親屬編夫妻財產制暨其施行法修正之緣起及內容〉，載於《全國律師月刊》，91 年 10 月號，13 頁。

❼ 魏大喨，〈自由處分金之法律疑義〉，《月旦法學雜誌》，第 89 期，2002 年 10 月，34 頁。

❽ 魏大喨，〈自由處分金之法律疑義〉，《月旦法學雜誌》，第 89 期，2002 年 10 月，34 頁。

　　依民法第 1018 條之一之規定，自由處分金係家庭生活費用外，由夫妻雙方協議一定金錢，由一方提供他方自由使用。由於本條規定過於簡陋，致發生諸多在法條適用上之疑義。此處所稱之「協議」，是否能解釋為夫妻雙方之約定？該約定之方式如何？又一方不願意約定或約定之數額有爭議時，他方能否訴請法院酌定其數額？按本條規定係置於法定財產制之下，且條文內容又強調夫妻本於家庭生活費用之外，協議一定之金額由配偶之一方提供他方自由處分。因此自由處分金在我民法上不易解釋成生活費用之一部分。如其解釋成生活費用之一部分，則不待夫妻之協議，自得依民法第 1003 條之一之規定請求。對第三人，尤其對夫或妻之債權人，因民國 91 年之修正法已改為家庭生活費用所負之債務，夫妻應連帶負責，故自由處分金之約定，為夫妻財產制契約之法院登記，對第三人並無實際上之作用。惟因自由處分金有別於家庭生活費用之一部，故依據民法第 1008 條之一有關夫妻財產制其他約定之準用，應適用民法第 1008 條之規定，以書面訂定，同時非經登記，不得以之對抗第三人，期能保護債權人之利益較為妥當。從而夫妻以書面約定自由處分金，而未至法院為夫妻財產制契約之登記時，則因無該登記，而不發生對抗之效力。例如夫妻約定由夫每月支付妻 2 萬元，且已支付一年的 24 萬元自由處分金，在該約定未為登記之情形下，對夫債權人不生效力。

　　其次，配偶一方對自由處分金，無意協議；或協議時，其數額有爭議或其他要件無法合意時，他方能否訴請法院酌定？因我國民法第 1018 條之一內容，並無如民法第 1055 條各項或民法第 1094 條第三項得由法院直接介入之規定，故法院可否直接酌定自由處分金，發生疑義。我國民法第 1018 條之一，雖在立法院之立法理由提到其係仿效瑞士民法第 164 條所規定。但瑞士民法之第 164 條，非單一條文之規定，而係有體系之整體配套措施❾。瑞士民法第 165 條第一項規定：「配偶之一方對於他方營業或職業有顯著之貢獻，而超過其家庭扶養所應分擔之數額時，得向他方請求適當

---

❾　Tuor/Schnyder/Schmid/Rumo-Jungo, *Das schweizerische Zivilgesetzbuch*, 2002, S. 280–285.

之補償金」。同條第二項規定：「配偶之一方以其收入或財產對家庭扶養超過其所應分擔數額時，對他方亦有前項請求權」。此條之規定，係以家庭扶養之分擔為核心，雙方基於人格之平等及家事勞動亦為家庭扶養之方法為出發點，所為公平之規定。又瑞士民法第173條第一項規定：「法院基於配偶一方之請求，得酌定家庭扶養分擔之數額」。同條第二項規定：「法院基於配偶一方之請求，得酌定從事家務管理、照顧子女或對他方營業、職業協助之數額」。從此條之規定，瑞士民法的體系內容上，法院得直接介入自由處分金之酌定。有鑑於此，我國民法上之自由處分金如欲保護經濟上弱勢之一方配偶時，宜明文規定配偶之一方得請求法院酌定自由處分金之內容，以杜爭議。

㈤自由處分金之性質

民法第1030條之一規定有關法定財產制關係消滅時，夫妻剩餘財產分配之請求權是法定財產制核心的內容。夫妻之一方依民法第1018條之一協議有關自由處分金時，其權利人一方就自由處分金之收入，究為何種財產，因該條之內容過於簡陋，在解釋上引起爭議。即其屬於夫妻間之贈與行為，而屬於權利人一方婚後財產之一部分，抑或為義務人一方剩餘財產分配數額之預付，將來法定財產制消滅時，得予以扣除？因為此二種解釋之方法，其結果不同。前者較有利於經濟上弱者之一方；反之，後者較有利於經濟上強者之一方。此攸關當事人之權益，宜在法條上明文規定為是。就此法律上之疑問，學說上有不同之解釋：

1.贈與之婚後財產說：從立法院就立法委員增修夫妻財產制提案之說明中，提到自由處分金係基於婚姻協力，夫妻之一方從事家事勞動或職業、營業之協助，致他方財產增加或減少支出之評價，故應視為其協助之代價，而將該所得與一般勞力收入等同看待，如有剩餘時，始列入婚後財產，而為剩餘財產分配之對象。

2.剩餘財產分配數額之預付說：自由處分金為夫妻間財產上之給與，此與夫妻之一方從第三人所得之財產，列入婚後財產，有所不同。因為夫

妻之一方對他方所以給付財產之義務，係因民法有第 1030 條之一規定剩餘財產分配之請求權。此立法意旨乃使剩餘財產分配權利人，在婚姻關係存續中也能有其自由處分之金錢，提早預付該財產之分配數額，並於將來法定財產制關係消滅時，得將其應分配數額扣除先前已預付之自由處分金數額。此從自由處分金只規定於民法第 1018 條之一之法定財產制上，而在共同財產制或分別財產制無適用之餘地，可得明證。

　　3.**依本人見解**：此二說均有法理之依據。前說認為夫妻之婚姻共同生活關係極為密切，有互負同居、扶養之義務，並就日常家務互有代理權，其應同甘共苦之精神，較債法上之合夥關係有過之而無不及。基於此特殊之共同生活關係，一方配偶對他方自由處分金之協議，宜認為有婚後贈與之性質，但此贈與應與對第三人單純之無償贈與有所不同，因其乃是夫妻對共同生活彼此貢獻所為之評價，故應於自由處分金有剩餘時，始列入婚後財產之一部分，如無剩餘時，則無分配之義務，將來也不會被對方所扣除。此說對經濟上弱者一方有利。反之，後說因將自由處分金認為剩餘財產分配額之預付，不認為其為經濟上弱者一方的收入，而僅視為剩餘財產之分配額，在婚姻關係存續中，先預支使用而已，將來有時還要繳回。此說對經濟上強者有利，尤其自由處分金之總額超過剩餘財產分配額時，經濟上弱者一方因而必須將多出之數額交還給他方。綜觀本條之立法意旨，原在保護經濟上弱者而增訂，以落實夫妻平等之原則，故宜採前說為當。

　　至於自由處分金之性質解釋為夫妻間之贈與行為之婚後財產，而該自由處分金有剩餘之情形時，是否為法定財產制關係消滅時剩餘財產分配請求之對象？依民法第 1030 條之一之規定，如夫妻間之贈與與對一般第三人之無償贈與相同時，依同條第一項但書之規定，不為剩餘財產分配之對象。但夫妻間之關係不僅有經濟上之扶養義務，而且更有感情上之同居義務，因此夫妻間之贈與不能與對第三人無償之贈與相同看待，乃是對婚姻共同生活之評價而為給與❿。有鑑於此，一方面為保護夫妻經濟上弱勢之一方，

❿　依德國民法第 1380 條第一項之規定，夫妻一方所為之給與，如其價值超出夫妻通常贈與之價值者，於有疑義時，推定亦應算入平衡債權之內。又依同條第

同時為夫妻公平起見，將自由處分金之協議解釋為夫妻婚後贈與所得，且以其剩餘之財產與其他婚後之所得，作為剩餘財產分配之財產為是。

三、法定財產制之婚前財產、婚後財產及剩餘財產

(一)概　說

　　1.我國現行民法上法定財產制之內容，係參酌西元 1958 年 7 月 1 日德國民法上之淨益共同財產制及 1988 年 1 月 1 日修正之瑞士所得分配財產制所制定的。我國於民國 91 年未修正夫妻財產制以前，法定財產制之聯合財產制有關夫妻財產之種類甚為複雜。夫妻財產制分為夫與妻各自之特有財產及原有財產。特有財產又分為法定特有財產與約定特有財產。其次，夫與妻之原有財產組成聯合財產，在無約定時，由夫管理、使用及收益，於管理上必要之情形下，夫尚能處分妻之原有財產。又夫與妻之原有財產再分為結婚時之原有財產與婚姻關係存續中之原有財產。前者不供民法第 1030 條之一之剩餘財產分配，而後者必須為該條剩餘財產之分配。最後尚有剩餘財產之名詞，其係夫或妻於婚姻關係存續中，各自所取得之原有財產，扣除婚後因繼承或其他無償取得之原有財產。

　　有鑑於舊法財產種類甚為複雜，新修正法將夫或妻之財產種類簡化，先將特有財產，不論其為法定或約定特有財產均將其刪除。夫與妻之財產有如分別財產制之財產，從管理權、使用收益權至處分權，完全各自分離，夫妻財產無結合成一體之情形，而夫與妻之財產只分為婚前財產與婚後財產及剩餘財產，而異其功能。前者不為剩餘財產分配之對象，而後者可能

二項之規定，給與之價值，於計算平衡債權時，應加入於為給與之配偶之淨益內。例如夫之淨益財產為 100 萬元，妻之淨益財產為 40 萬元。夫在淨益共同財產制存續中，曾贈與妻 20 萬元。於該財產制關係消滅，而分配淨益財產時，夫之淨益財產為 100 萬元加贈與妻財產 20 萬元，共有 120 萬元。妻得向夫請求雙方淨益財產之半數，即 40 萬元。夫已支付 20 萬元，故再支付妻 20 萬元即足。戴東雄，《民法親屬編修正後之法律疑問》，元照出版公司，2000 年，222 頁以下。

成為剩餘分配之財產。至於剩餘財產係實際參與剩餘財產分配之財產，此財產與舊法聯合財產制上之剩餘財產類似。因此民國 91 年修正夫妻財產制後，在法定財產制上，不再有原有財產、特有財產及聯合財產之名稱。

2.德國淨益共同財產制上之財產分為開始財產 (Anfangsvermögen)、終結財產 (Endvermögen) 及淨益財產 (Zugewinn)❶：

(1)開始財產有二種不同之來源：①夫妻於開始採用淨益共同財產制時起，夫妻各自所有之財產，扣除各自所負之債務後所剩餘之財產，但債務以扣盡財產總額為限，因此開始財產不得為負數（德民 1374 條一項）。②淨益共同財產制開始後，夫妻之一方因死因處分所得之財產，或將來與繼承權有關而因贈與或嫁妝所得之財產，扣除其所負之債務後，亦應算入開始財產；但依其情形，應認為該財產係其勞力所得之財產者，不在此限（德民 1374 條二項）。

(2)終結財產亦有二種不同之來源：①夫妻於夫妻財產制終了時，扣除債務後所剩餘之財產。但夫妻之一方有德國民法第 1390 條惡意處分淨益財產之情形時，得以對抗第三人之債務，如該債務超過財產之數額時，亦得扣除之（德民 1375 條一項）。②夫妻之一方，於法定財產制開始後，有不相當之無償給與、浪費財產或故意以損害他方為目的而為之行為，致終結財產減少時，該財產數額應算入終結財產之內。但該減少之財產，在夫妻財產制終了前已逾十年，或他方配偶對該不當處分行為已予諒解者，其減少數額不算入終結財產之內（德民 1375 條二項）。

(3)淨益財產係指夫妻一方之終結財產超過開始財產時，其超過之數額為夫或妻各自之淨益財產。夫妻一方之淨益財產超過他方之淨益者，其超過部分之半數，稱為平衡債權 (Ausgleichsforderung)，而歸屬於他方（德民 1378 條一項）。計算平衡債權之數額，係以法定財產制終了時，扣除債務之財產價值為限。且平衡債權僅於法定財產制終了時始能發生，並由此時起，始得繼承及轉讓，因為夫妻財產制尚未終了時，平衡債權僅為期待權之性質，其數額還不確定；同時在此以前，雙方配偶均不負擔處分平衡債

---

❶ Schlüter, *BGB-Familienrecht*, S. 88f.

權之義務（德民 1378 條二項、三項）。

　　3.瑞士民法所得分配財產制之財產種類分為夫妻各自之所得財產 (Errungenschaft) 與固有財產 (Eingengut)（瑞民 196 條）。

　　(1)所得財產係夫妻之一方,於法定財產制關係存續中有償取得之財產。夫妻之一方有償取得之財產包括其勞力所得之財產、私人機構所給與之福利金❷、社會保險金及社會福利機構給與之所得、喪失工作能力時所得之損害賠償金、固有財產所生之孳息及勞力所得之代替物等（瑞民 197 條）。此等財產為實際參與所得分配之財產，相當於德國法上之淨益財產，也相當於我國之剩餘財產。

　　(2)固有財產在瑞士法定財產制之所得分配財產制中，分為法定與約定二種，此類似於我國 19 年親屬編上之法定固有財產與約定固有財產。①法定固有財產：依瑞士民法第 198 條之規定，其固有財產有四種財產，即專供夫妻一方使用之物、夫妻之一方於法定財產制開始時已有之財產，或於婚姻關係存續中因繼承及其他無償取得之財產、慰撫金之所得以及固有財產之代替物。②約定固有財產：依瑞士民法第 199 條之規定，夫妻雙方得以契約訂定夫妻之一方因職業或營業所得之一定財產為固有財產；夫妻也得以契約訂立固有財產之孳息不為有償取得之財產。

㈡婚前財產

　　1.我國法定財產制上夫妻財產之種類，除有自由處分金之財產外，以結婚之時點為準，結婚前之財產稱為婚前財產。

　　2.結婚後之所得稱為婚後財產。夫妻於結婚後始改用法定財產制之夫妻，依民法第 1017 條第三項之規定，其改用前所有之財產視為婚前財產，改用後始取得之財產視為婚後財產。此婚前財產與聯合財產制之財產比較時，相當於聯合財產制時結婚前所有之原有財產及特有財產之總和，此財

---

❷　個人福利年金係失去或減少工作能力而從私人企業或公司獲得之價金。此從經濟條件來說，可認為短期工資或薪資之給付，因該給付乃資方與勞方經團體協議之內容而所得，故應列入所得財產。

產為不加入剩餘財產之分配財產。

　　3.親屬編施行法新增第 6 條之二，也涉及婚前財產之範圍。本條為一過渡條款，即民國 91 年民法親屬編修正以前適用聯合財產制之夫妻，其特有財產或婚姻時之原有財產，於修正施行後視為夫或妻之婚前財產。夫妻各自之婚前財產不加入民法第 1030 條之一第一項有關剩餘財產之分配。因此，妻出嫁時娘家之嫁妝為妻之婚前財產。

(三)婚後財產

　　婚後財產在修正後之法定財產制上，極為重要，因為民法第 1030 條之一有關剩餘財產之分配請求權係以此財產為基礎。此財產相當於聯合財產制於結婚後或於改採聯合財產制後所取得之原有財產。

　　1.結婚後所得之財產

　　依民法第 1017 條第一項前段之規定，夫與妻之財產分為婚前財產與婚後財產，由夫妻各自所有。夫妻於婚姻關係存續中所得之財產，不分財產種類與財產性質，均為婚後財產。例如家庭主婦於婚後所購買之股票或個人使用之項鍊為妻之婚後財產；職業為醫師之夫於婚後購買之醫療器材或土地均為夫之婚後財產。此因新修正之法定財產制不再有特有財產之名稱，舊法聯合財產制上之特有財產，視其於婚前或婚後取得，而改稱為婚前財產或婚後財產。

　　2.推定之婚後財產

　　依民法第 1017 條第一項後段之規定，不能證明為婚前或婚後財產者，推定其為婚後財產。此規定在於因應夫或妻對於其所得財產，一時無法判定該特定財產究為婚前所取得或婚後所取得時，法律先推定為婚後財產，期能增加日後剩餘財產分配之數額，以保護經濟上弱者之一方配偶。例如夫於婚前購買一棟房屋，頭期款與第二期款於婚前已繳納，但尾款於婚後一星期繳清後，始辦妥房屋過戶之登記手續。夫妻就此不動產究為夫婚前財產或婚後財產發生爭議時，宜推定為夫婚後之財產。

　　3.婚前財產於婚後所生之孳息

依民法第 1017 條第二項之規定，夫或妻婚前財產於婚姻關係存續中所生之孳息，視為婚後財產。在聯合財產制上，結婚時已有之原有財產所生之孳息，不解釋為剩餘財產分配的財產，而仍屬於婚前之原有財產。但為增加剩餘財產分配之數額，以保護經濟上弱者之一方配偶，修正後之法定財產制，將婚前財產所生之孳息視為婚後財產。此修正之意旨，值得肯定。例如妻結婚時，有娘家嫁妝一棟房屋，於婚後出租所得之租金為妻婚後之財產。又如夫於婚前已有臺灣水泥公司之股票，婚後每年所分配股息之股票為夫之婚後財產。

至於婚後取得之財產，非全部均加入剩餘財產之分配。也有不加入剩餘財產分配之財產，如繼承取得、其他無償取得之財產或慰撫金。從這些財產所生之孳息，究為婚前財產或為剩餘財產分配之婚後財產，法條因無明文，在解釋上將引起爭議。婚前財產於婚後所生之孳息，應加入剩餘財產之分配，其立法意旨係因該孳息在婚後所取得，而婚姻關係存續中，夫妻間有相互扶持，同甘共苦之權利義務，此身分關係極為密切。因此婚前財產雖不加入剩餘財產之分配，但由該財產於婚後所生之孳息，應貢獻給婚姻共同生活美滿之需要。基於相同理由，婚後因慰撫金、繼承或其他無償取得之財產，雖然因與婚姻共同生活之協力無關，故該財產不加入剩餘財產之分配，但婚後由該財產所生之孳息，也應貢獻給婚姻共同生活美滿之需要。據此，依論理解釋，婚前財產所生之孳息既然必須加入剩餘財產之分配，則婚後由慰撫金、繼承或其他無償取得之財產所生之孳息，更應認為婚後加入剩餘財產分配之財產較妥。

4. 改用法定財產制後之婚後財產

我國民法上之夫妻財產制允許夫妻得於婚姻關係存續中，以契約就法律所定之約定財產制中，選擇其一為其夫妻財產制（民 1004 條）。因此依民法第 1017 條第三項之規定，夫妻於結婚時，先以契約訂立約定夫妻財產制後，於婚姻關係存續中始改用法定財產制時，其改用前之所有財產視為婚前財產，而改用後始取得之財產視為婚後財產。例如甲男與乙女結婚時，二人僅有法定特有財產，而無一般財產，二人依法先約定採用普通共同財

產制。五年後，二人始改採法定財產制。在適用共同財產制期間，二人公同共有財產已有 600 萬元，依民法第 1040 條之規定，甲男與乙女各得公同共有財產之半數，即 300 萬元。另外甲男尚有法定特有財產 80 萬元，乙女尚有法定特有財產 40 萬元。此時甲男之婚前財產為 380 萬元，乙女之婚前財產為 340 萬元。二人於改採法定財產制後之收入或其他所得均為夫或妻之婚後財產。

5. 適用聯合財產制而在婚姻關係存續中取得之原有財產

依親屬編施行法第 6 條之二後段過渡條款之規定，民國 91 年民法親屬編施行前適用聯合財產制之夫妻，於婚姻關係存續中取得之原有財產，在修正施行後視為夫或妻之婚後財產。例如甲男與乙女於民國 88 年 6 月 10 日結婚，二人無特別約定夫妻財產制，故二人在當時適用法定之聯合財產制。結婚後甲男在聯合財產制適用期間，其薪資之收入存有 340 萬元，及購買股票之值計有 120 萬元。乙女亦有平時寫作所得稿酬 60 萬元。因民國 91 年 6 月 26 日修正法定財產制之故，夫已有之 460 萬元財產視為夫之婚前財產，妻之 60 萬元稿酬視為婚前財產，但從此時期起，因改適用新法定財產制，從此時點，夫或妻之收入或其他所得財產，應視為夫或妻之婚後財產。

㈣剩餘財產

我國於民國 19 年起適用之法定財產制之聯合財產制，夫妻間無剩餘財產之規定。於民國 74 年第一次修正親屬法時，始有剩餘財產之出現。當時修法時，增訂民法第 1030 條之一規定：「聯合財產制關係消滅時，夫或妻於婚姻關係存續中所取得而現存之原有財產，扣除婚姻關係存續中所負債務後，如有剩餘，其雙方剩餘財產之差額，應平均分配，但因繼承或其他無償取得之財產，不在此限」。可知聯合財產制下之剩餘財產，係指法定財產制關係消滅時，夫或妻於婚後所取得之原有財產扣除債務後所剩下之財產。民國 91 年修正法定財產制後，所稱之剩餘財產與舊法定財產制相似，條次不變，且僅內容上，由結婚後之原有財產改為婚後財產，且不加入剩

餘財產分配之財產，除因繼承與其他無償取得之財產相同外，另加了慰撫金之所得，也不加入剩餘財產之分配。因此，現行法上之剩餘財產，係法定財產制關係消滅時，夫或妻現存之婚後財產，扣除婚姻關係存續中所負之債務後，所剩餘之財產，但應將因繼承、其他無償取得之財產及慰撫金之財產除外。

四、法定財產制夫妻間之財產關係與其權限

㈠外國立法例

　　我國法定財產制向來多有參考德、瑞立法例之處，其所規定夫妻間之財產關係可謂大同小異，以下先略為說明。

　　1.依德國民法第 1364 條之規定，夫或妻所有財產，由夫或妻各自管理之；但夫或妻之一方管理財產時，應受以下各種情形之限制：①夫妻之一方須經他方之允許，始得就全部財產，負擔處分之義務；如未經他方之同意，而負擔此義務者，須經他方之允許，始得履行該義務（德民 1365 條一項）。此為夫或妻對其財產所有權之限制。②夫妻之一方所訂立之契約，未得他方所必要之同意者，須經其承認，始能生效力；他方未承認前，第三人得撤回該契約，但第三人於訂契約時，明知他方配偶不同意者，不得撤回（德民 1366 條）。此為配偶之一方對他方契約之承認權。③夫妻之一方對其單獨行為未得他方所必要之允許者，不能生效力（德民 1367 條）；夫妻之一方未得他方必要之允許而處分財產者，他方就處分而不生效力所得主張之權利，在訴訟上亦得對第三人行使之（德民 1368 條）。此為夫妻一方對他方單獨行為之權利。④夫妻之一方須經他方之同意，始得處分其所有之家庭用物，並有為此處分之義務；如他方無正當理由而拒絕同意，或因疾病或因故不能表示同意時，得對監護法院提出聲請，代為同意之表示（德民 1369 條）。此為夫妻一方對家庭用物處分之限制。⑤夫妻之一方利用已破損或無價值之物所製成之家庭用物，應歸屬於該原物所有人（德民 1370 條）。此為家庭用物改造後所有權之歸屬。依此德國法有關法定財產

制夫妻間財產權之關係，因其婚姻共同生活上，夫妻有相互扶持、協力之責任與義務，不能任其一方對其財產之管理，不顧婚姻共同生活之本質精神，而有諸多限制之必要。

　　2.依瑞士民法之所得財產分配制有關夫妻間財產之關係，其規定則較德國民法簡單。依瑞士民法第 201 條之規定，夫妻之一方在法律所規定之範圍內，對其勞力所得之財產與固有財產得各自管理、使用及處分；如財產屬於夫妻共有時，除別有約定外，任何一方未得到他方之允許前，不得處分其應有之持分。

㈡我國法之規定

　　我國法定財產制有關夫妻間財產之關係，在民國 74 年以前之規定，極端不合理，妻之權益受到很大的歧視。

　　1.舊法之聯合財產制最大之特質，在於夫妻所有權自始分離，但必須以夫之原有財產與妻之原有財產組成一聯合財產，期以婚姻共同生活對外經濟活動之統一。所謂夫妻所有權之自始分離，即夫妻不但保有其結婚時財產之所有權，而且在婚姻關係存續中所取得之財產，各自保有所有權，但夫與妻之財產分為原有財產與特有財產（舊民 1017 條一項）。聯合財產中，夫之原有財產及不屬於妻之原有財產之部分，為夫所有；由妻原有財產所生之孳息，其所有權歸屬於夫（舊民 1017 條二項、三項）。聯合財產由夫管理，其管理費用由夫負擔（舊民 1018 條）。夫對妻之原有財產，有使用、收益之權（舊民 1019 條）。夫對妻之原有財產為處分時，應得妻之同意，但為管理上所必要之處分，不在此限（舊民 1020 條）。妻對聯合財產僅在日常家務代理權限內，始得處分之（舊民 1021 條）。於聯合財產制消滅時，也無剩餘財產分配請求權之規定。妻僅能就依民法第 1013 條所規定之法定特有財產，及依民法第 1014 條所規定之約定特有財產，享有完全支配權。從以上之規定內容，民國 74 年之前聯合財產制夫妻間之財產關係，幾乎一面倒有利於夫，而不利於妻，嚴重違反憲法上男女平等之原則。

　　2.民國 74 年聯合財產制曾修正一次，其與民國 19 年之聯合財產制比

較時，有以下幾點改進之處：①聯合財產不能證明為夫或妻之財產，推定為夫妻共有之財產（舊民 1017 條二項）。②聯合財產，由夫管理，但約定由妻管理時，從其約定（舊民 1018 條一項）。聯合財產由妻管理時，有關聯合財產之管理、使用、收益及處分之內容，關於夫權利義務之規定，適用於妻，關於妻權利義務之規定適用於夫（舊民 1018 條二項）。③增訂民法第 1030 條之一有關剩餘財產之分配請求權：聯合財產制關係消滅時，夫或妻於婚姻關係存續中所取得而現存之原有財產，扣除婚姻關係存續中所負債務後，如有剩餘，其雙方剩餘之差額，應平均分配，但繼承或其他無償取得之財產不能分配；如剩餘財產平均分配顯失公平時，法院得酌減其分配額。此 74 年修正後之聯合財產制，就妻之地位雖較以前有所改善，妻經約定亦能管理聯合財產，但夫不願意約定管理權時，妻也無可奈何。又雖新增之剩餘財產分配之請求權，但因無其他配套措施之規定，該剩餘財產極易因夫妻一方之惡意處分而消失，致無法落實該剩餘財產之分配請求權，對男女平等原則之實現，仍有一段距離。

　　3.民國 91 年又新修正之法定財產制，夫與妻之財產亦自始歸夫或妻各自所有（民 1017 條）。如不能證明為夫或妻所有時，始推定為夫妻所共有。此財產之所有權關係與聯合財產制並無不同，只是不再稱為原有財產或特有財產，而稱為婚前財產與婚後財產而已（民 1017 條）。

　　修正後之法定財產制，夫妻之財產只分為婚前財產與婚後財產。因其以分別財產制為基礎，夫或妻對其婚前財產與婚後財產各自有完全支配權，即各自對該財產有管理、使用、收益及處分權，而真正落實夫妻平等之原則。此與舊聯合財產制比較時，不但夫與妻之所有權分離獨立，而且管理權、使用權、收益權及處分權亦分離，夫妻各自行使，比聯合財產制更接近分別財產制，因此可稱為「修正之分別財產制」，只是法定財產制關係消滅時，此制另有剩餘財產分配之請求權（民 1030 條之一），而分別財產制無此規定，此為新法之法定財產制在男女平等上優越於分別財產制之規定。尤其新法定財產制，增訂在婚姻關係存續中，夫妻之一方有惡意處分婚後財產，而害及將來剩餘財產之分配時，他方能及時撤銷該處分行為（民 1020

條之一）。立法者明定夫妻就其婚後財產，互負報告之義務，期能以此配套措施，隨時把握他方婚後財產之動態（民 1022 條）。

總之，我國現行法定財產制有關夫妻間財產之關係，與德國立法例比較，對夫或妻一方就其財產之管理及其他之權限，除對剩餘財產惡意處分外，未如德國法之多方面之限制，此對維護婚姻共同生活中經濟弱勢一方之權益，有不足之感。

五、法定財產制債務清償之責任

㈠瑞士法定財產制上之夫或妻各自所負之債務，依民法第 202 條之規定，係各自以其全部財產負清償之責任。又依民法第 203 條之規定，夫妻所適用之夫妻財產制不影響夫妻間債務之清償；但夫妻一方對他方金錢債務清償或返還所欠之物，將危害婚姻共同生活時，得請求延緩清償期。

㈡我舊聯合財產制有關夫妻財產之所有權係各自所有，故原則上夫妻所負之債務，各自負清償之責任。但是此財產制之財產關係尚分為原有財產與特有財產，而異其不同之功能，故夫妻內部債務之清償與補償關係尚須檢討。

1.**夫以其所有財產負清償之責任**：夫於結婚前與婚姻存續中所負債務之清償及妻因日常家務代理所生之債務之清償（民 1023 條）後之法定財產制，夫妻對各自財產有完全支配之權限，除法律另有規定外，與分別財產制相似。因此夫妻各自所負之債務，由自己負清償之責任（民 1023 條一項）。如夫妻之一方以自己財產清償他方之債務時，雖於婚姻關係存續中，亦得請求償還（民 1023 條二項）。

2.**妻以其所有財產（包括原有財產與特有財產）負清償責任**：妻於結婚前或婚姻關係存續中所負之債務應以其所有財產負清償之責任（民 1024 條）。但妻究竟以何種財產先負清償之責任？此清償之順序對夫之利益有甚大之影響。為夫妻公平起見，同時依據夫妻間補償請求權判斷（民 1023 條），凡妻以特有財產所負之債務，應以特有財產先清償，其不足時，始以原有財產清償；以原有財產所負之債務，應以原有財產先清償，其不足時，始

以特有財產清償之。

3.**妻僅以其特有財產負清償責任**：妻就其特有財產設定之債務，例如因特有財產管理或修繕費用所生之債務，僅以特有財產清償；又妻逾越第1003條日常家務代理權限之法律行為所生之債務，由妻之特有財產負清償之責任（民1025條）。

4.**約定妻為聯合財產之管理人之債務清償之責任**：聯合財產得由夫妻之約定由妻來管理，在此情形下，以上債務清償之責任，夫與妻之地位必須加以對調（舊民1018條二項）。

5.**補償請求權**：由於適用舊聯合財產制時，夫為當然聯合財產之管理人，而對妻之特有財產無管理權，故妻之原有財產所負之債務，而以夫之財產清償；或夫之債務，而以妻之原有財產予以清償時，夫或妻對其配偶均有補償請求權，但聯合財產關係存續中不得請求補償（民1027條一項），必須等到聯合財產制關係消滅時，始能請求之。惟妻之特有財產所負之債務，而以妻之特有財產清償時，即使在聯合財產制關係存續中亦能請求補償（民1027條二項）。

㈢新法定財產制在夫妻財產之關係上，夫妻財產分為婚前財產與婚後財產，不僅所有權各自分離，而且管理權、使用權、收益權及處分權均分開。因此夫妻各自所負之債務，亦各自負清償之責任，此為修正後民法第1023條所明定。同條第二項又規定，如夫妻之一方以自己財產清償他方之債務時，雖於婚姻關係存續中，亦得請求償還。又配合新規定，舊聯合財產制有關夫或妻債務清償責任及補償請求權之第1024條、第1025條及第1027條均加以刪除。

六、法定財產制剩餘財產之分配

㈠概　說

剩餘財產分配之請求為現行法有關法定財產制之核心規定。民法親屬編於民國20年施行時，受到傳統社會重男輕女之影響，在當時採用之法定

財產制之聯合財產制，在該財產制關係消滅時，對妻家務管理與育幼之辛勞視若無睹，妻或其繼承人只能拿回其在聯合財產中之原有財產，夫因婚後所取得之財產，妻或其繼承人無剩餘財產之分配請求權。

民國74年在全面修正親屬編時，為顧及夫妻一方從事家務或育幼之辛勞，尤其保護經濟上弱勢之家庭主婦，參酌德國民法上之淨益共同財產制與瑞士民法上所得分配財產制有關淨益或所得分配於夫妻雙方之精神，使從事家務或育幼之一方配偶獲得應有之補償。因此於民法第1030條之一增訂剩餘財產分配之請求權，但也配合刪除民法第1013條第四款有關妻因勞力所得之報酬為其法定特有財產。惟聯合財產制對於剩餘財產分配之請求權，僅以單一條文規範，而無其他配套之措施，致該條規定不但失去應有之功能性，而且必定將產生爭議，例如婚姻存續中夫妻之一方有故意減少剩餘財產之分配，惡意處分婚後取得之原有財產時，有無補救之方法？夫妻之一方無剩餘財產而負債務時，應如何分配他方之剩餘財產？職業婦女或家庭主婦在婚姻存續中，有無自己完全能支配之私房錢？諸如此類之問題，在學說與實務上均發生解釋上之疑義。修正後之法定財產制為補救此弊端，新增有害及將來剩餘財產分配請求權之處分行為之保全措施、有惡意處分剩餘財產之追加計算及其追償請求權等，期能落實民法第1030條之一之剩餘財產之分配請求權，同時達到保護經濟上弱者之夫妻一方。

㈡剩餘財產之保全措施

1.外國立法例

⑴德國法

德國淨益共同財產制為落實淨益財產之分配，於法定財產制關係消滅時，為能順利實現平衡債權之歸屬（德民1378條）❸，夫妻之一方，於夫妻財產制開始後有以下情形之一，致終結財產減少時，該財產數額應算入終結財產之內：①非履行道德上之義務或於禮儀上顯不相當所為無償給與

---

❸　德國民法上淨益共同財產制之平衡債權，相當於我國民法上法定財產制之夫妻剩餘財產之差額。

者。②浪費財產者。③故意以損害他方為目的所為之處分行為者(德民 1375條二項)。其次,為求淨益財產分配之順利,開始財產之確實把握甚為重要,故德國民法第 1377 條就開始財產課以夫或妻有製作財產目錄之義務:a. 夫妻一方之開始財產及應算入開始財產之財產,其數量及價值,經雙方同意登載於財產目錄內者,於夫妻內部關係,推定該清冊為正確。b. 為避免日後發生爭議,夫妻一方製作財產目錄時,得請求他方協助。c. 製作財產目錄之方式應適用德國民法第 1035 條有關用益權之規定。d. 夫妻之一方得以自己之費用,聘請專家算定各個財產及債務之價值。e. 未作成財產目錄者,推定夫妻一方之終結財產即為其淨益。因有此推定之效力,夫妻之一方為日後淨益分配之利益,而對製作財產目錄產生動機或是壓力,此規定值得肯定。

(2)瑞士法

①瑞士民法上之所得分配財產制,為對所得盈餘分配之公平起見,於民法第 206 條規定有關價值增加之補償 (Mehrwertanteil),即夫或妻於法定財產制關係存續期間,各自之固有財產與所得財產難免相互協助,致法定財產制消滅時,其不同財產之價值有增減時,應依其所占之比例予以補償。詳言之,夫或妻各曾以其所得財產之資金協助、改善或保存固有財產;或曾以其固有財產之資金協助、改善或保存所得財產,而於法定財產制清算或財產移轉時,其價值有增減者,計其增減價值所占之比例,應相互補償❶。

②瑞士法與德國法同,為使所得分配財產落實起見,夫妻均有製定財產目錄之規定。依瑞士民法第 195 條之 a 之規定,夫或妻隨時得請求以公證方法,就他方財產製定目錄;如該財產目錄於採用所得分配財產制一年內製定者,推定其為正確。

2. 我國法定財產制

(1)民國 19 年制定之聯合財產制,因無剩餘財產分配請求權之規定,故無所謂剩餘財產之保全措施。民國 74 年修法時,僅以民法第 1030 條之一單一條文規定剩餘財產分配之請求權,至於如何保護夫妻間剩餘財產分配

❶ 戴東雄,《民法親屬編修正後之法律疑問》,206 頁。

之落實，僅以民法第 1022 條之規定，只課以夫對妻就妻原有財產之狀況有報告之義務，而無其他相關之設計，致夫妻一方在婚姻關係存續中有惡意處分剩餘財產，以詐害他方時，他方毫無救濟之道，對經濟弱者一方之保護仍有不足之處。

(2)民國 91 年修正後之新法定財產制，為彌補剩餘財產分配公平性之不足，對舊法之缺失，有二點改進之措施：①增訂民法第 1010 條第五款：「夫妻之一方不當減少其婚後財產，而對他方剩餘財產分配請求權有侵害之虞時，法院因夫妻一方之請求，得宣告改用分別財產制」。此規定在消極保護夫妻一方之剩餘財產之分配請求權，使該分配請求權因改採分別財產制，而提早為剩餘財產之分配，不會再繼續受侵害。②仿效民法第 244 條有關債權人對詐害債權之撤銷權，增訂民法第 1020 條之一。債編新修正之民法第 244 條共有四項，而民法第 1020 條之一有關剩餘財產積極性之保全措施，只參考民法第 244 條前二項而作增訂，第三項與第四項並沒有考慮在內。但適用民法第 1020 條之一而發生解釋上之爭議時，民法第 244 條第三項與第四項之規定，能當該條疑義解決之依據。

民法第 1020 條之一分為二項：

a. 第一項：「夫或妻於婚姻關係存續中就其婚後財產所為之無償行為，有害及法定財產制關係消滅後他方之剩餘財產分配請求權者，他方得聲請法院撤銷之。但為履行道德上義務所為之相當贈與，不在此限」。

b. 第二項：「夫或妻於婚姻關係存續中就其婚後財產所為之有償行為，於行為時明知有損於法定財產制關係消滅後他方之剩餘財產分配請求權者，以受益人受益時亦知其情事者為限，他方得聲請法院撤銷之」。

因訂定此撤銷權，又增訂民法第 1020 條之二有關行使撤銷短期之時效期間：「前條撤銷權，自夫或妻之一方知有撤銷原因時起，六個月間不行使，或自行為時起經過一年而消滅」。

依此保全措施的規定，惡意處分之行為，分為無償行為與有償行為。即夫或妻之一方無償處分其剩餘財產，而有害及他方日後之剩餘財產分配之權利即足，並不問惡意處分行為之人是否為剩餘財產較多或較少之一方，

受害人均得聲請該處分行為之撤銷。但有償行為之詐害，受害之一方行使撤銷權之要件，較無償處分行為嚴格。此對詐害之一方要求明知該有償行為有損於日後剩餘財產之分配，同時也要求行為相對之受益人，於受益時亦知該情事者為限，受害之一方始得聲請法院撤銷之。

(三)提供分配剩餘財產之財產範圍

1.外國立法例

(1)德國法

德國法對淨益財產之分配，採兩種不同之方法，一為因夫妻一方之先死亡所為之淨益分配，此依繼承法之特別規定為之，原則上不問生存配偶實際淨益之情形，而提高配偶之法定應繼分從原法定應繼分再增加四分之一（德民 1371 條）；一為其他情形之淨益分配，此依親屬法上之規定為之。此指夫妻之離婚、婚姻之撤銷、改用其他財產制之情形。依德國親屬法之規定，夫妻有財產之淨益，始能分配其財產。茲所謂淨益係指夫妻一方之終結財產超過開始財產者，其超過額為淨益（德民 1373 條）。開始財產係夫妻於財產制開始時，扣除債務後所剩餘之財產；債務以扣盡財產總額為限，有如前述（德民 1374 條）。終結財產係夫妻於法定財產制終了時，扣除債務後所剩餘之財產，及依德國民法第 1375 條第二項所規定有關不當處分而應算入終結財產之財產，有如前述。

(2)瑞士法

①瑞士民法上之所得分配財產制，為盈餘所得財產之分配。即將夫或妻之財產分為固有財產與有償取得之財產。前者不為盈餘財產之分配，而僅於法定財產制存續期間之有償取得之財產，始作為盈餘分配之對象。依瑞士法之規定，固有財產採列舉之規定（瑞民 198 條），而所得財產採例示概括之規定（瑞民 197 條），有如前述。此種立法有限縮固有財產，而擴張所得財產之意。因為此法定財產制以盈餘之分配為核心，期能促進婚姻共同生活之和諧。

②瑞士民法為防止夫妻之一方不當處分所得財產，以減少對他方盈餘

財產之分配,於第 208 條規定所得財產追加計算之機制 (Hinzurechnung)。此追加計算分為無償讓與財產與有償讓與財產兩種,此規定相當於我國於民國 91 年新增訂之民法第 1030 條之三所規定之內容。

a. 無償讓與財產: 在夫妻財產制消滅前五年內,夫妻之一方未得他方之同意,無償讓與其所得之財產者,該讓與財產之價值應計入所得財產之內,但經常性之贈與,不在此限 (瑞民 208 條一項)。此處所稱無償讓與財產,包括普通債法上之贈與、捐助行為、生前特種贈與或履行道德上義務之贈與。又所得分配義務之一方,因無償處分其所得財產,致其所得財產與固有財產不足以分配他方權利人時,受讓之第三人有返還不足額之義務❶❺。

b. 夫妻之一方為減少對他方盈餘之分配,於夫妻財產制關係存續期間,移轉其所得財產者,該財產於盈餘分配時,應計入其所得財產 (瑞民 208 條二項)。

2.我國法定財產制

⑴聯合財產制

依我國舊法定財產制之民法第 1030 條之一有關剩餘財產分配請求權之規定,其夫妻財產之種類分為原有財產與特有財產,而特有財產因適用分別財產制,由夫妻各自對該財產有完全支配權,故該財產不為剩餘財產之分配。至於原有財產分為結婚前與結婚後之原有財產。僅後者提供為分配剩餘財產之財產。民法第 1030 條之一第一項規定:「法定財產制關係消滅時,夫或妻於婚姻關係存續中所取得而現存之原有財產,扣除婚姻關係存續中所負之債務後,如有剩餘,其雙方剩餘之差額,應平均分配,但因繼承或其他無償取得之財產,不在此限」。依此規定,所謂法定財產制關係消滅,包括夫妻之一方先死亡或同時死亡、離婚、婚姻無效或被撤銷 (民 999 條之一)、夫妻改用其他夫妻財產制等。關於債務之扣除,限於因婚姻關係存續中,為取得原有財產所負債務之清償。至於以婚後所取得之原有財產清償為取得婚前財產或特有財產所負之債務時,得請求補償。但婚前

---

❶❺　戴東雄,《民法親屬編修正後之法律疑問》,205 頁。

原有財產所負之債務以特有財產清償時，並無補償之問題。本條第一項但
書之規定，雖為婚姻關係存續中所取得之財產，但如其取得係基於繼承或
其他無償時，因該取得與婚姻共同生活之協力無關，故不為剩餘財產分配
之財產。

　　例如甲男與乙女於民國 78 年 1 月 20 日結為夫妻。結婚時甲男已有銀
行存款 80 萬元，乙女有其母贈與之嫁妝現金 20 萬元。二人並未約定夫妻
財產制。二人結婚 10 年後，因性格不合，依法於民國 88 年 1 月 8 日兩願
離婚。在婚姻關係存續中，甲男向丙銀行貸款購買一棟房屋，於離婚時，
值 800 萬元，但尚欠丙銀行 60 萬元。乙女在婚姻關係存續中，從其舅父受
遺贈一筆土地，值 320 萬元，但其贈與稅應由乙女繳納 40 萬元。因乙女無
如此多之現金，而由甲男以婚後之薪水所得代為繳納。甲男為乙女代繳 40
萬元之贈與稅後，其銀行存款從婚前之 80 萬元，增加至 420 萬元。乙女於
離婚時，因婚後有些寫作而有所得，故其銀行存款由 20 萬元增加至 30 萬
元。甲男與乙女離婚時，有如下之財產關係：

　　①甲男：婚前之原有財產為銀行存款 80 萬元，此不加入剩餘財產。婚
後之原有財產有銀行存款 340 萬元、房屋一棟 800 萬元，但應扣除丙銀行
貸款債務 60 萬元，且曾為乙女之贈與稅代付 40 萬元得補償 40 萬元。甲男
之剩餘財產有 1120 萬元。乙女之婚前原有財產為 20 萬元，婚後原有財產
為 10 萬元，又婚後遺贈所得之財產不必加入剩餘財產之分配，但應扣減甲
男為其代繳之 40 萬元稅款。甲男與乙女依民法第 1030 條之一第一項之規
定，二人剩餘財產之分配數額為 565 萬元。甲男尚有婚前之原有財產 80 萬
元，共 645 萬元。乙女尚有不加入剩餘財產分配之原有財產 300 萬元，共
有財產 865 萬元。

　　②民法第 1030 條之一第二項規定：「依前項規定，平均分配顯失公平
者，法院得酌減其分配額」。剩餘財產分配請求權係以夫妻婚姻生活之正常
與和諧為前提，但夫妻婚姻生活違背此原則時，如令其仍履行剩餘財產之
分配，必違反公平正義之原則。故本條項之規定在因應配偶一方有不顧家
務、育幼或不負擔家庭生活費用時，法院得依夫妻一方或其繼承人之請求，

對剩餘財產之分配予以酌減，但不得完全免除。例如甲夫不顧臺灣乙妻及未成年子女之生活，到大陸經商失敗，甚至包二奶時，妻之剩餘財產對夫之分配數額，法院得予以酌減。又如家庭主婦乙如不顧家務及育幼，而白天一大早去跳土風舞，晚上玩四色牌時，夫之剩餘財產對妻之分配數額，法院得予以酌減。

③因婚姻生活之法定財產制關係消滅而生之債權請求權，因身分關係已消滅，不應適用一般消滅時效之規定，故特別以明文規定應適用短期之消滅時效：「第一項剩餘財產差額之分配請求權，自請求權人知有剩餘財產之差額時起，二年間不行使而消滅。自聯合財產制關係消滅時起，逾五年者亦同」。

⑵修正後之法定財產制

1.依修正後之法定財產制，夫或妻之財產分為婚前財產與婚後財產。在剩餘財產之分配上，不再區分為原有財產與特有財產，而原有財產更不區分為結婚前與結婚後之原有財產。新法提供剩餘財產分配之財產僅限於婚後財產，而婚前財產與此無關。因此新、舊法定財產制就夫妻剩餘財產之範圍來說，新法之剩餘財產較舊法為多，因為舊法之婚後取得之特有財產，不為剩餘財產之範圍，但在新法仍為婚後財產，而應加入為剩餘財產之分配。此意味新法定財產制更重視夫妻婚姻生活之協力關係，擴張婚後剩餘財產取得之來源，值得肯定。

惟並非所有之婚後財產均提供為剩餘財產分配的對象，依民法第1030條之一第一項但書之規定，應當將婚後因繼承、無償取得及慰撫金之所得財產除外。因為此財產之取得與婚姻共同生活之協力無關。至於因繼承、無償取得之財產或非財產上損害賠償所得之慰撫金所生之孳息，是否為婚後所得之剩餘財產，因法條無明文規定，在解釋上難免發生爭議。惟依民法第1017條第二項之規定，夫或妻婚前財產，於婚姻關係存續中所生之孳息，視為婚後財產。依此規定之立法意旨，在於擴張婚後剩餘財產之來源，期能對婚姻共同生活之美滿有所貢獻，故民法第1030條之一第一項但書之財產所生之孳息，也應列入婚後剩餘之財產內，對他方有分配之義務。

　　本條第一項之但書與舊法之規定比較，除因繼承或其他無償取得之財產不為剩餘財產分配之對象相同外，慰撫金之財產也加以除外，此乃新法所增訂。按慰撫金之財產又稱為非財產上之損害賠償金，其係人格權或身分權遭受不法侵害，而所獲得之賠償金額，例如民法第 194 條侵害生命權、第 195 條侵害身體、健康、名譽等之非財產上之損害賠償或民法第 977 條第二項、第 979 條違反婚約或民法第 1056 條第二項離婚時之非財產上之損害賠償。此慰撫金之財產，乃是基於人格權或身分權受到侵害所獲得之財產，具有一身專屬之特性，與夫妻婚姻生活之協力無關，故新法定財產制將其列為不必加入剩餘財產之分配。準此以解，如夫妻之一方因受他人之侵權行為而同時獲有財產上與非財產上之損害賠償時，前者所取得之賠償金應認為婚後有剩餘財產分配義務之財產；反之，後者所取得之賠償金不必提供作為剩餘財產之分配。

　　2.剩餘財產分配對象之婚後財產，如負有債務時，在剩餘財產分配前，夫或妻應對該債務先行清償（民 1030 條之一第一項）。

　　3.夫或妻之一方以其婚後財產清償其婚前所負債務，或以其婚前財產清償婚姻關係存續中所負債務，除已補償者外，於法定財產制關係消滅時，應分別納入現存之婚後財產或婚姻關係存續中所負債務計算（民 1030 條之二第一項）。

　　4.夫或妻之一方以其前條第一項但書之財產清償婚姻關係存續中其所負債務者，適用前項之規定（民 1030 條之二第二項）。

　　由以上法條之規定，婚後財產在剩餘財產請求分配以前，應將各種財產及其所負債務相互為清償或補償，其關係甚為複雜。⑴首先，夫妻各自因婚後財產所負債務應先行以各自婚後財產清償。例如甲男與乙女為夫妻，結婚後採用法定財產制。結婚後甲男購買一棟房屋，於剩餘財產分配時，尚有 20 萬元之房屋稅與地價稅尚未繳納，故應先從其剩餘財產中扣除 20 萬元。⑵夫妻各自以婚後財產清償婚前財產所負債務時，以婚後財產清償婚前財產所負之債務數額應先補償回入婚後財產內。例如前例乙妻於婚後將娘家嫁妝之一筆土地出賣得 800 萬元，此財產為乙女婚前財產，其增值

稅應繳納 60 萬元，乙女係以婚後所得之財產繳納時，於剩餘財產分配時，應將該 60 萬元補回其剩餘財產中。(3)夫或妻以其婚前財產對妻或夫婚後財產所負債務為清償或是夫或妻以婚後財產對妻或夫婚前所負債務為清償時，也應一併補償。例如前例甲男以其婚後薪資所得清償乙女於婚前購買首飾所欠價款 80 萬元時，於剩餘財產分配時，應從妻婚前財產補回其剩餘財產中。

㈣剩餘財產分配之實施

1.外國立法例

⑴德國法

①依德國民法之規定，淨益共同財產制之淨益財產分配，分為兩種情形。夫妻一方先死亡而分配淨益財產時，適用德國繼承法上之規定，而以提高生存配偶之法定應繼分為之❶。依德國繼承法之規定，生存配偶得與任何血親繼承人共同繼承，且自始以遺產之一定比例計算其法定應繼分。配偶與第一順序之直系血親卑親屬共同繼承時，配偶獨得遺產之 1/4，其餘 3/4 由直系血親卑親屬按人數平分；配偶與第二順序以下之血親繼承人共同繼承時，配偶之應繼分為遺產之 1/2，其餘 1/2 由同一順序之血親繼承人按人數平均繼承（德民 1931 條）。夫妻一方先死亡，而未約定夫妻財產制時，二人當然適用淨益共同財產制（德民 1363 條）。此時淨益財產之分配，依德國民法第 1371 條第一項之規定，不問夫或妻實際有無淨益，其生存之一方應增加法定應繼分之 1/4，以為淨益財產之分配數額。因此生存配偶與子女或孫、孫女共同繼承時，其獨得遺產之 1/2，其無直系血親卑親屬，而與其他順序之血親繼承人共同繼承時，生存配偶獨得遺產之 3/4。

②法定財產制非因配偶一方先死亡，卻是因離婚、婚姻之廢棄、婚姻無效或改用其他夫妻財產制而終止時，應適用德國民法第 1372 條以下所規定法定財產制淨益財產之分配。夫妻於財產制廢止時，夫妻之一方有淨益財產後，始有履行淨益財產分配之可能，如雙方之淨益財產為負數時，不

❶ Schlüter, *BGB-Familienrecht*, S. 104–106.

發生淨益財產之分配❶。

③淨益財產計算之方法：淨益財產係夫妻各自終結財產超過開始財產之差額。惟夫妻在法定財產制關係存續中，取得財產之種類與時間均有不同，其計算財產之價值，應有一定之標準，始能公平。為此，德國民法於第 1376 條明定各類財產計算價值之方法：a. 開始財產之計算：夫或妻計算開始財產係以二人採用淨益共同財產制時起，其各自現存之財產種類，以市價計算該價值。如在法定財產制期間，有因死因處分、繼承等原因取得應計入開始財產之財產時，以其取得時財產之市價計算。b. 終結財產之計算：在計算夫或妻之終結財產時，以法定財產制關係消滅時，扣除債務後，以現存財產種類依市價計算。如有故意減少終結財產，而所處分之財產應計入終結財產者，依不當處分財產時之市價計算。c. 夫或妻各自債務之計算，準用開始財產或終結財產之計算方法。

④淨益財產分配之數額：德國法上，夫妻間在分配淨益財產時，分配之方法多面向而有彈性。a. 平衡債權：夫妻一方之淨益超過他方之淨益財產者，其超過差額之半數稱為平衡債權，歸屬於他方（德民 1378 條一項）。此平衡債權於法定財產制消滅時起，始發生該請求權，但一旦發生時，因其不具一身專屬權之性質，得為繼承或讓與之標的 ❶。b. 淨益財產分配之減少或免除：夫妻婚姻生活不和諧，淨益較多之一方履行給付平衡債權給他方，將造成不公平時，法院得依情形減少給付數額及延長給付期間 ❶，甚至免除淨益之分配（德民 1381 條）。c. 淨益財產分配之延緩：夫妻一方如有農作物尚未收成或商業資金尚未回收，而發生資金周轉之問題，若是令淨益債權即時給付，將造成困難者，得對淨益債權人提供一定擔保品，並支付利息，請求法院為緩期清償（德民 1382 條）❷。d. 淨益財產分配請求權之時效：平衡債權請求權之時效期間為三年，該期間自夫妻一方之權

---

❶　Schlüter, *BGB-Familienrecht*, S. 89f.

❶　Schlüter, *BGB-Familienrecht*, S. 101.

❶　Schlüter, *BGB-Familienrecht*, S. 100.

❷　Schlüter, *BGB-Familienrecht*, S. 103.

利人知悉夫妻財產制消滅時起算，但夫妻財產制消滅時起已逾三十年者，該債權請求權即罹於時效而消滅（德民 1378 條四項）。

(2)瑞士法

瑞士民法上之所得分配財產制就盈餘財產之分配，與德國立法例不同，並無繼承法或是親屬法上之盈餘分配的區別，不論夫妻一方先死亡或其他法定財產制關係消滅時，均依親屬法上盈餘財產之分配方法。

①夫妻財產之計算標準：依瑞士民法，加入盈餘財產分配之財產，限於法定財產制期間有償取得之財產，而計算有償取得之財產之價值，以夫妻財產制清算之時期為準（瑞民 210 條一項）。此法條之內容在表示，夫妻為參加對方盈餘財產之分配，於法定財產制消滅時，以共同財產之特別形態，維持盈餘財產之關係，但該關係不具有物權之性質，而僅有債權之性質❷❶。此債權之共同關係，一如繼承法上之公同共有，於夫妻財產制清算時，因分割所得財產之盈餘分配而消滅❷❷。又依瑞士民法第 208 條規定，對追加計算不當處分財產之價值，以移轉財產時之價值計算。至於計算財產之價值，一如德國法，以市價為準（瑞民 211 條）。

②盈餘財產分配之數額：夫或妻之所得財產，連同因不當處分應追加計算之財產，於扣除所得財產之債務後，如有盈餘，應為盈餘財產之分配，如無盈餘而成負數時，不必予以分配（瑞民 211 條）。所得分配制之盈餘分配有兩種方法，即約定之盈餘分配與法定之盈餘分配，以前者優先於後者分配。約定之盈餘分配乃夫妻得以契約訂定以一定比例分配各自所得財產之盈餘，即使全部盈餘歸屬於夫妻之一方，亦為法之所允許（瑞民 216 條一項）。但瑞士民法對約定盈餘之分配作二點限制❷❸：其一，夫妻之一方因死亡而以約定盈餘財產分配時，該約定不得侵害非共同子女及其直系血親

---

❷❶ Botschaft über die Änderung des Schweizerischen Zivilgesetzbuches, S. 131; 戴東雄，《民法親屬編修正後之法律疑問》，207 頁。

❷❷ 戴東雄，《民法親屬編修正後之法律疑問》，131 頁。

❷❸ Tuor/Schnyder/Schmid/Rumo-Jungo, *Das schweizerische Zivilgesetzbuch*, S. 321, 322.

卑親屬之法定特留分，如有侵害時，權利人得行使扣減權（瑞民 216 條二項）。其二，法定財產制之消滅係因離婚、分居、婚姻宣告無效或改用分別財產制時，約定盈餘之分配，應在契約內特別明示，並予以登記，始能對抗第三人（瑞民 217 條）。至於法定盈餘之分配乃夫妻未以契約訂立盈餘之分配時，應依法定盈餘之分配方法為之（瑞民 215 條一項）。此分配之方法乃夫妻之一方或其繼承人，各得對他方請求其盈餘之半數，且該數額得相互抵銷（瑞民 215 條二項）。

③追加計入所得財產之返還請求權：盈餘財產分配義務之一方，因不當處分其所得財產，致使分配他方之盈餘財產不足時，盈餘分配權利人之一方或其繼承人，得對無償受讓財產之受益人，向法院請求返還盈餘分配之不足數額（瑞民 220 條一項）。該訴權之行使，自權利人或其繼承人知悉其權利受侵害之時起一年間不行使而消滅；自夫妻財產制消滅時起逾十年亦同（瑞民 220 條二項）。

④盈餘財產請求權之延緩：夫妻之一方即時請求盈餘財產之分配時，有使他方陷入嚴重之經濟困難者，其得支付利息而為分期清償，且有正當理由時，得令義務人提供相當之擔保（瑞民 218 條）。

2.我國法定財產制

⑴我國法定財產制有關剩餘財產分配請求權，發生於法定財產制關係消滅時。而法定財產制之消滅，有夫妻一方之先死亡、婚姻之無效、撤銷（民 999 條之一第一項、第二項）、夫妻之兩願離婚或裁判離婚（民 1058 條）及夫妻改用共同財產制或分別財產制等原因。又剩餘財產分配之實施，係依民法第 1030 條之一第一項之規定，係剩餘財產較少之一方對剩餘財產較多之他方，請求剩餘財產差額之一半，但法院認為平均分配顯失公平時，法院得酌減或免除其分配。可見剩餘財產之分配為基於法律的規定，而排除當事人約定的可能。舊聯合財產制在剩餘財產之分配顯失公平時，法院只能酌減分配數額，而不能免除；但新法定財產制上，在同樣情形時，法院得酌減分配數額或甚至不予以分配，其彈性較大，較能因應各種具體個案不同之情形，顯然較舊法之規定為優。

(2)惟在剩餘財產之計算時，應注意債務之清償：①應先依民法第1023條之規定，夫妻之一方以自己財產清算清償他方債務時，雖於婚姻關係存續中，亦得請求清償。②其次，依民法第1030條之二有關婚前或婚姻關係存續中所負債務之清償，即夫或妻之一方以其婚後財產清償其婚前所負債務，或以其婚前財產清償婚姻關係存續中所負債務，除已補償者外，於法定財產制關係消滅時，應分別納入現存之婚後財產或婚姻關係存續中所負債務計算（第一項）。③夫或妻之一方以其前條第一項但書不加入剩餘財產分配之財產清償婚姻關係存續中其所負債務者，適用前項之規定予以計算（第二項）。

(3)我國法定財產制於91年修正時，參酌德國民法第1375條及瑞士民法第 208 條之不當處分或惡意處分之追加計算剩餘財產分配之財產的精神，於民法第1030條之三第一項與第二項分別規定惡意無償與有償處分剩餘財產之追加計算，與對受讓人在受益範圍之內請求返還之權利。此新增之追加計算與對受讓人之追償權，另於下面詳述。

(五)剩餘財產分配請求權之一身專屬性

1.依舊聯合財產制之規定,不認為剩餘財產分配請求權為一身專屬權，故夫妻之一方先死亡時，該死亡人之繼承人得向生存配偶請求剩餘財產之分配。反之，依民國91年6月26日修正後之法定財產制，於第1030條之一第三項規定:「第一項請求權不得讓與或繼承。但已依契約承諾，或已起訴者，不在此限」。依民國91年修訂之法定財產制就剩餘財產之分配請求權規定為一身專屬性，而與聯合財產制上之規定不同。此規定是否妥當，值得檢討。

(1)因一身專屬性發生不公平之現象：依現行法，剩餘財產較少之一方配偶先死亡時，因該請求權有專屬性，其法定繼承人不得對生存之配偶請求剩餘財產之差額，死亡配偶之債權人亦不能代位而請求剩餘財產之分配。反之，剩餘財產較多之一方配偶先死亡時，生存之他方可向其繼承人請求剩餘財產差額之一半，然後又以法定繼承人之身分，與其他血親繼承人共

同繼承已死亡配偶之遺產（民 1138 條、1144 條）。此造成死亡配偶之繼承人及債權人利益受到侵害。

(2)從比較法之立場來說，德國與瑞士立法例均不認為剩餘財產分配請求權有專屬性，而得為其繼承人繼承之對象。①依瑞士民法第 215 條第一項之規定，夫妻之一方或其繼承人對他方得請求其剩餘財產之 1/2。②德國民法就淨益財產之分配分為兩種：一為夫妻一方之先死亡；一為離婚、婚姻之撤銷或改用其他之夫妻財產制。a. 依德國民法第 1371 條之規定，生存配偶為法定繼承人時，對於死亡配偶財產之繼承，能增加其法定應繼分 1/4，此不問死亡配偶實際有無淨益財產。b. 夫妻離婚或改用其他夫妻財產制之淨益財產之分配規定於德國民法第 1372 條至第 1390 條。依德國民法第 1373 條第一項之規定，淨益財產較少之一方配偶對於較多之他方，得請求淨益財產差額之 1/2。其同條第三項明定：法定財產制關係消滅時，配偶一方之淨益財產分配請求權開始發生，並從此時期，該請求權得為繼承或轉讓之標的。

(3)我國民法第 244 條有關債權詐害之撤銷權，不論其為有償或無償，旨在保護交易之安全；民法第 1020 條之一有關剩餘財產分配請求權之保全措施亦同，但因民法第 1030 條之一第三項規定剩餘財產分配請求權為一身專屬權，而使死亡配偶一方之繼承人無法請求該權利，從而死亡配偶之繼承人受到損失，而且剩餘財產分配權利人之債權人或其繼承人之債權人也受到不利之後果。因此，剩餘財產分配請求權改為一身專屬權，不但造成夫妻間之不公平，而且也對交易安全發生不利之影響❷❹。

---

❷❹ 我國現行法定財產制之剩餘財產分配請求權改為一身專屬權後，因其發生不公平之處，而受到學者甚多之批評。此不公平也在現行德國法定財產制之淨益共同財產制出現。依德國民法之規定，有關淨益財產之分配分為夫妻一方之先死亡與夫妻離婚或改用其他夫妻財產制而不同。前者依繼承法上之規定，由生存配偶對死亡配偶之遺產，增加其法定應繼分 1/4，不問其淨益財產較多或較少（德民 1371 條）。後者與我國剩餘財產之分配請求權相同，淨益較少之一方對淨益較多之一方得請求淨益差額之一半（德民 1378 條）。因此在夫妻一方先死亡，而在分配淨益時，淨益較多之一方不但不必將其淨益之差額給他方之繼承

　　例如甲男與乙女於民國 91 年國慶日完婚，二人採用法定財產制。結婚時，乙女從其父獲贈一棟房屋當嫁妝。乙女為家庭主婦，婚後將其房屋出租給第三人收取租金。婚前甲男已有工作之薪水 240 萬元，乙女婚前無工作之收入。二人婚姻生活維持到民國 95 年 6 月 10 日，乙女因病死亡。乙女死亡時，二人無子女，但乙女尚有兄丙及弟丁之血親。於婚姻關係存續中，乙女因他人之不法侵害其身體，而獲得財產損害賠償與非財產損害賠償之請求權各為 40 萬元與 100 萬元，但加害人尚未賠償。又乙女從其母繼承 200 萬元之財產，但有 20 萬元之遺產稅，由乙女房屋之租金所得代為繳納。乙女死亡時，其嫁妝之房屋，值 600 萬元，又乙女租金之收入尚有 60 萬元在銀行戶頭中。此時甲男除以其婚後薪資所得繳納乙女房屋稅及地價稅共 20 萬元外，在其銀行戶頭中有婚前之 240 萬元及婚後薪資所得 420 萬元，共 640 萬元。甲男於乙女死亡時，究竟有多少財產？

　　這個問題的解答涉及有關親屬法上剩餘財產之分配請求權與繼承法上被繼承人財產之繼承。民法第 1030 條之一有關剩餘財產之分配，依新法定財產制之規定，只限於夫妻婚後財產，始有可能參加分配，婚前財產不在分配之範圍。甲男婚前財產為 240 萬元，乙女婚前財產有嫁妝之房屋 600 萬元。甲男婚後財產有婚後薪資收入 420 萬元及為乙女代繳婚前財產所生 20 萬元稅賦之補償（民 1023 條二項、1030 條之二第一項），共有 440 萬元。乙女婚後財產有繼承財產 200 萬元、婚前財產之房屋 600 萬元於婚後所生之孳息 60 萬元、乙女之財產上損害賠償之 40 萬元債權及非財產上損害賠償之 100 萬元債權。惟並非所有婚後財產均應加入剩餘財產之分配財產，如該婚後財產與夫妻婚姻生活之協力無關時，也有如婚前財產，不加入剩餘財產之分配（民 1030 條之一第一項但書）。

　　因此乙女婚後因繼承取得之 200 萬元財產及因身體被侵害所得非財產上損害賠償之 100 萬元慰撫金之債權，不加入剩餘財產之分配。乙女加入剩餘財產分配之婚後財產有 60 萬元租金收入（民 1017 條二項）及身體受

人，而且以配偶繼承人之身分繼承其原應繼分外，尚能另外增加 1/4 之應繼分。此造成對其他共同繼承人之不公平，而受德國學者激烈之批評。

侵害之 40 萬元財產上損害賠償之債權（民 1030 條第一項但書）。又乙女在婚姻關係存續中曾以婚後財產之租金收入 20 萬元繳納其婚前財產繼承取得財產之遺產稅，因此在剩餘財產分配時，依民法第 1030 條之三第二項之規定，必須予以補回，而計入於婚後剩餘財產之內。從而乙女應加入剩餘財產分配之婚後財產有：租金 60 萬元，加上補回後之 20 萬元租金及財產上損害賠償之債權 40 萬元，共為 120 萬元。甲男應加入剩餘財產分配之婚後之財產有：440 萬元。二人剩餘財產之差額為 320 萬元。依舊聯合財產制第 1030 條之一第一項之規定，乙女之繼承人得繼承剩餘財產分配請求權，而請求剩餘財產差額之一半，即向甲男請求 160 萬元，加入乙女之遺產之內。

惟民國 91 年修正後之民法第 1030 條之一第三項已將剩餘財產分配請求權改為一身專屬權，該請求權不得讓與或繼承。乙女死亡後，其繼承人有乙女之配偶甲男、兄丙及弟丁三人（民 1138 條三款）。兄丙與弟丁無法向甲男請求 160 萬元之剩餘財產請求分配數額加入乙女之遺產總額內。乙女死亡後，其留下之財產有不加入剩餘財產分配之財產 200 萬元之繼承財產、100 萬元慰撫金債權請求權及加入剩餘財產之 120 萬元，共為 420 萬元。乙女之遺產由甲男、兄丙及弟丁三人共同繼承，甲男獨得遺產之 1/2，即 210 萬元，其餘 210 萬元由兄丙、弟丁平分，各得 105 萬元（民 1144 條二款）。

總之，甲男之財產有：婚前財產 240 萬元、婚後財產 440 萬元及從乙女繼承取得 210 萬元，共有 890 萬元。由以上例子可知，民法第 1030 條之一第三項從舊法聯合財產制之剩餘財產分配請求權不為一身專屬權，得為繼承之客體，而於民國 91 年改為一身專屬權，不得再繼承，此修正似乎失去公平性與正當性，甚為不妥。

2.有鑑於剩餘財產之分配請求權修正後之一身專屬權，其缺失甚多，而受各方面之批評不少，於民國 96 年 5 月 23 日再度修正親屬法時，將民法第 1030 條之一第三項有關剩餘財產分配請求權刪除，又回復其得為繼承之標的。

㈥剩餘財產惡意處分之追加計算與追償請求權

舊聯合財產制關係即將消滅前，夫妻之一方惡意處分其剩餘財產，使他方之剩餘財產請求數額減少時，舊法並無救濟之道。修正後之法定財產制為補救此不足，參考德國民法第 1375 條與瑞士民法第 208 條，增訂民法第 1030 條之三有關追加計算與追償請求權之配套措施，期能落實民法第 1030 條之一之剩餘財產分配請求權。

1. 追加計算

德國民法第 1375 條第二項規定：「配偶之一方於夫妻財產制開始後，有下列情形之一，致終結財產減少時，該減少數額應算入終結財產之內：⑴非履行道德上之義務，或於禮儀上顯不相當，而為無償給與者；⑵浪費財產者；⑶故意以損害他方為目的而為之行為」。

瑞士民法第 208 條第一項亦規定：「下列情形之一之財產，於計算婚後所得財產時，應加入配偶一方之所得財產：⑴在法定財產制消滅前五年內，夫妻一方未得他方之同意，無償處分其婚後所得之財產，但通常禮儀上之贈與，不在此限；⑵夫妻之一方在法定財產制存續期間，故意減少他方所得分配為目的，而為財產之處分者」。

我國民法參酌德、瑞立法例，於民法第 1030 條之三第一項規定：「夫或妻為減少他方對於剩餘財產之分配，而於法定財產制關係消滅前五年內處分其婚後財產者，應將該財產追加計算，視為現存之婚後財產。但為履行道德上義務所為之相當贈與，不在此限」。此項之規定，等於限制夫或妻於法定財產制關係消滅前不得惡意處分其財產，即不論剩餘財產較多之一方或剩餘財產較少之一方，如有惡意處分應分配剩餘財產分配之婚後財產時，均應適用追加計算之規定，將已處分之財產價值計入現存之婚後財產，而參加分配。但該處分行為在履行道德上之義務時，則不必追加計算。例如甲男與乙女為夫妻，於民國 91 年 10 月 20 日結婚。結婚時因未約定夫妻財產制，而採用法定財產制。乙女有一筆娘家嫁妝之土地，值 600 萬元。乙女婚後第三年將其出賣，得價金 800 萬元，但應繳增值稅及其他規費 60

萬元，因乙女生病住院，由甲男以其婚後工作收入之財產代為繳納。甲男與乙女於民國 95 年 10 月 5 日協議離婚，於離婚時，甲男有婚後工作收入 140 萬元現金及股票 40 萬元，乙妻也有婚後工作所得 60 萬元。二人離婚前兩年，甲男為減少其婚後財產，惡意出賣其股票 40 萬元，前往國外旅遊，悉數花盡。二人於法定財產制消滅時，其剩餘財產之分配之情形如下：甲男婚後財產有婚後工作收入 140 萬元及代乙女繳納土地增值稅、規費 60 萬元，共為 200 萬元。又因甲男在離婚前兩年惡意處分其婚後財產 40 萬元，將其全部花用，故依民法第 1030 條之三第一項之規定，應追加計算 40 萬元為其剩餘財產分配之數額，故甲男剩餘財產分配之數額為 240 萬元，乙女之剩餘財產分配之數額為 60 萬元。二人剩餘財產之差額為 180 萬元，乙女得向甲男請求 180 萬元之一半，即 90 萬元。

2. 追償請求權

我國法定財產制有關剩餘財產之分配請求權行使時，如遇前述追加計算仍不足以保護他方配偶之剩餘財產分配者，更以受讓人之追償請求權予以補救。此種落實剩餘財產分配請求權之配套措施，在德國民法已有先例[25]。德國民法第 1390 條第一項規定：「配偶之一方意圖損害他方，對第三人為無償之給與，致他方不能依第 1378 條第二項之規定取得平衡債權者，該第三人應依不當得利返還之規定，返還其所受領之利益，以補償他方配偶所損失之平衡債權；第三人得就他方所受損失，支付金錢以代原利益之返還」。同條第二項規定：「前項規定，於其他法律行為，第三人明知配偶之一方有故意損害他方之情事者，亦適用之」。德國民法第 1390 條之第一項為配偶一方惡意無償處分淨益財產之情形；同條第二項係惡意有償處分淨益財產之情形。我國於民國 91 年修正法定財產制時，參酌此德國立法例，於民法第 1030 條之三第二項新規定：「前項情形，分配權利人於義務人不足清償其應得之分配額時，得就其不足額，對受領之第三人於其所受利益內請求返還。但受領為有償者，以顯不相當對價取得者為限」。此項之請求要件，除應具備追加計算之條件外，再分為無償與有償之處分行為。

---

[25] Schlüter, *BGB-Familienrecht*, S. 92.

前者以受害之配偶一方對應受剩餘財產分配額不足時，即能對行為之相對人請求其不足部分，但後者尚須具備該處分行為，於行為之相對人取得財產時，以顯不相當之對價取得始可，且其請求之數額以受讓人所得之利益範圍內為限❷。

　　例如甲男與乙女於民國 91 年 9 月 1 日結婚，結婚時未約定夫妻財產制，故二人應採用法定財產制。結婚時甲男之婚前財產只有 40 萬元之銀行存款，乙女有一批首飾，值 80 萬元。二人婚姻維持到民國 95 年 7 月 30 日，而以兩願離婚告終。離婚時，甲男剩餘財產分配之婚後財產為 180 萬元，乙女之剩餘財產分配之婚後財產有 20 萬元。惟甲男於離婚前三年，為減少對乙女之剩餘財產之分配，曾對其女祕書丙女無償贈與一枚昂貴的鑽戒，值 360 萬元。在此情形，甲男與乙女離婚，即法定財產制關係消滅時，應將甲男之婚後財產追加其惡意處分之 360 萬元，共有 540 萬元。又乙女之婚後財產有 20 萬元。因此乙女得對甲男請求剩餘財產差額 520 萬元之一半，即 260 萬元。但甲男婚後實存之剩餘財產只有 180 萬元，加上婚前財產 40 萬元，共為 220 萬元。此數額不足給乙女 260 萬元之剩餘財產之分配數額達 40 萬元之多。因此乙女得向丙女追回 40 萬元。

(七)計算婚後財產之時點

　　於舊聯合財產制時期，計算關於婚姻關係存續中取得原有財產之總數，以聯合財產制關係消滅時為準。故裁判離婚時，以確定判決之時點為準。但從裁判離婚之起訴至判決確定有一段相當長之期間，而使夫妻之一方有機會對婚後財產作出不利於他方剩餘財產分配的行為。因此修正後之法定財產制為補救此弊，增訂民法第 1030 條之四：「夫妻現存之婚後財產，其價值計算以法定財產制關係消滅時為準。但夫妻因判決而離婚者，以起訴時為準（第一項）。依前條應追加計算之婚後財產，其價值計算以處分時為準（第二項）」。

---

❷　戴合著，《親屬法》，191 頁。

㈧夫妻一方之剩餘財產為負數時剩餘財產之分配

不論舊聯合財產制或現行法定財產制，夫妻一方於法定財產制關係消滅時，其一方之剩餘財產為因負債而成負數，而他方有剩餘財產時，應如何為剩餘財產之分配，因法條均無明文規定，故引起解釋上之爭議[27]。

1.我國剩餘財產分配之立法意旨在於夫妻於婚姻關係存續中，二人同心協力，同甘共苦，充分表現全面合夥之精神。因此在婚姻關係存續之中，雙方因有償取得之財產，於法定財產制關係消滅時，應平均分配。惟此時夫妻之一方不但無剩餘財產，而且負有債務，而他方有剩餘財產時，應如何為剩餘財產之分配？

2.依法理解釋，此法律上疑義之解決，有二種方法[28]：

⑴由有剩餘財產之一方夫妻對他方先補償其所負之債務後，再由無剩餘財產之一方請求其補償債務後所留下剩餘財產之半數。

⑵有剩餘財產之一方夫妻，對他方之債務無補償之義務。僅由負債務之一方對他方之剩餘財產請求一半。

例如甲男與乙女為採用法定財產制之夫妻，結婚時甲男無婚前財產，乙女有婚前財產 40 萬元。於婚姻關係存續之中，甲男本來經營事業順利，但其後投資股票失敗，負債頗多。乙女婚後就業，其薪資所得甚佳。甲男唯恐婚姻關係存續中連累乙女之財產，得乙女之同意後，二人協議離婚。離婚時，甲男不但無婚後財產，而且對銀行負債 240 萬元，乙女之婚後財產有 320 萬元。

①依第一說,乙女先以其 320 萬元婚後財產補償甲男對銀行 240 萬元之債務後，其剩餘財產為 80 萬元。此 80 萬元剩餘財產之差額，始由甲男與乙女平分，各得 40 萬元。其結果，離婚後甲男不再負債，並有剩餘財產分配額 40 萬元，乙女則只有婚前財產 40 萬元與婚後剩餘財產分配額 40 萬元。

②依第二說，乙女無補償甲男對銀行負 240 萬元債務之義務，故甲男

---

[27]　戴東雄，《親屬法實例解說》，自版，民國 89 年，170 頁。

[28]　戴東雄，《民法親屬編修正後之法律疑問》，221 頁。

對乙女 320 萬元之婚後財產請求一半，即 160 萬元。其結果，離婚後甲男得剩餘財產分配額 160 萬元，但對銀行尚負債 240 萬元，故其清償後，仍負債 80 萬元。乙女則有剩餘財產分配額 160 萬元及婚前財產 40 萬元。

③比較此二說，誠如例題所顯示，在第一說上，夫妻一方在法定財產制關係消滅時無剩餘財產，而仍負有債務時，他方須先補償該債務，然後始能分配剩餘財產，則有剩餘財產之一方所分得剩餘財產之數額反而少於他方，有違反公平正義之原則，故採第二說較為妥當。

從比較法之立場來說，瑞士民法就法定財產制之所得分配財產制上，於第 201 條第二項明文規定：「夫妻之一方在婚姻關係存續中無剩餘財產時，他方不負補償之義務。負債一方之剩餘財產，以零計算」。又德國民法就法定財產制之淨益共同財產制上，於第 1374 條第一項規定：「開始財產係配偶於法定財產制開始時，扣除債務後所剩餘之財產，而債務以扣盡財產總額為限。依此規定，如開始財產不足其所負之債務時，以零計算」。即終結財產不負開始財產之債務，以表示淨益財產分配之公平❷。有鑑於德、瑞立法例之明文，我國剩餘財產之分配請求權，如一方配偶之剩餘財產為負數時，有剩餘財產之他方無先補償之義務，而直接從剩餘財產一方之剩餘財產平分即可，以示雙方之公平。

㈨夫妻間有贈與財產時之剩餘財產分配

依我國民法第 1030 條之一第一項第一款之規定，因繼承或其他無償取得之財產，雖為婚後取得之財產，仍不為剩餘財產分配之財產。此立法意旨在於夫妻之一方對該財產之取得，與婚姻共同生活之協力無關，不應由二人共同享受。惟夫妻之一方於婚姻關係存續中，對他方有相當之贈與時，該贈與之價值於法定財產制關係消滅時，有無影響雙方剩餘財產之計算或分配？就此法律疑難，我國民法並無明文規定，但此法律問題涉及夫妻間之男女平等原則及對債權人保護之交易安全，故值得在此檢討。

夫妻間為相當之贈與是否影響法定財產制關係消滅時剩餘財產之分

---

❷ Schlüter, *BGB-Familienrecht*, S. 89.

配，其解釋之方法有二種❸：

1.不加入剩餘財產分配說：從民法第 1030 條之一第一項第一款之法條內容來說，該條只規定夫妻之一方因繼承或其他無償取得之財產，即不必加入剩餘財產之分配。至於贈與人為何人？贈與人與受贈與人有無身分關係？贈與人贈與之目的為何？因法條並無特別明文，應遵守法條之文義，不能擴張解釋。因此應有利於受贈人之解釋，期能保護受贈人之既得權之利益。從而夫妻間所為之相當贈與，不必加入剩餘財產之分配，而視為婚前財產。

2.加入剩餘財產分配說：從民法第 1030 條之一第一項第一款之規定，其立法意旨之目的在於，剩餘財產之分配乃以肯認夫妻婚姻共同生活有協力扶持之義務為前提，但因繼承或其他無償取得之財產或基於血統連繫，或因基於個人喜愛所為之贈與則與該協力扶持之義務無關。但夫妻間之贈與乃基於婚姻共同生活之協力或扶持，故在剩餘財產之分配上，應與對一般第三人之贈與有所區隔，而應加入分配為妥。

此兩種解釋均有法理之依據，讓人頗難取捨。惟從男女平等之原則及保護交易之安全來說，以第二說較為妥當。查男女一旦結婚後，即發生極為複雜的身分關係，夫妻互負同居義務、貞操義務、扶養義務、家庭生活費用連帶負責之責任以及共同適用特定之夫妻財產制。因此夫妻不僅在財產方面，而且在情感方面，有如全面之合夥精神，同甘共苦，通力合作，共同為婚姻之美滿生活而努力。因此夫妻間之贈與或基於感激，或基於感情之恩愛，或基於提攜、扶持等，不一而足。從而夫妻間之財產贈與，於法定財產制關係消滅時，在剩餘財產分配之情形，不宜全然無視，而應加以斟酌為是。此與夫妻之一方對第三人單純無償之贈與有所不同。

如採第二說有關夫妻間之贈與應加入剩餘財產之分配時，其如何加入剩餘財產之分配，又產生兩種不同之解釋❸：

---

❸ 戴東雄，《民法親屬編修正後之法律疑問》，222 頁指出：此法律之問題可能解釋之方法有文義解釋與目的解釋，其結果，在法定財產制關係消滅時，計算剩餘財產之分配數額不同。

　(1)夫妻間之贈與視為有償取得之財產：夫妻之一方對他方有相當之贈與財產時，其係出於酬謝他方對婚姻生活之貢獻。反過來說，受贈與之他方取得該財產乃基於其對婚姻共同生活之犧牲所付出之代價。因此受贈之財產於剩餘財產分配時，如有剩餘，應加入為剩餘財產之分配數額內，而夫妻各得一半。

　(2)夫妻間之贈與視為將來剩餘財產分配數額之預付：夫妻一方對他方之財產贈與係因將來於法定財產制關係消滅時，剩餘財產較多之一方對剩餘財產較少之一方給與雙方剩餘差額之一半。因此剩餘財產較多之一方將來給與剩餘差額半數時，可扣除已贈與財產之數額。

　例如甲男與乙女為採用法定財產制之夫妻。婚姻關係存續中，甲男於乙女 50 歲之生日，曾贈送乙女一枚 40 萬元之鑽戒。二人結婚 20 年後改用分別財產制。此時甲男加入剩餘財產之婚後財產有 240 萬元，乙女也有剩餘財產之婚後財產 60 萬元。

　①依第一說，甲男給乙女 40 萬元之財產贈與，視為有償取得之財產，故依民法第 1030 條之一之規定，甲男之婚後財產為 240 萬元，而乙女之婚後財產為 60 萬元加上從甲受贈與之 40 萬元，共有 100 萬元。二人剩餘財產之差額為 140 萬元，乙女對甲男請求 140 萬元之一半，即 70 萬元為剩餘財產分配數額。

　②依第二說，甲男之婚後剩餘財產為 240 萬元，而乙女之婚後剩餘財產為 60 萬元。二人剩餘財產之差額為 180 萬元，依民法第 1030 條之一第一項之規定，乙女對甲男請求 180 萬元之一半，即 90 萬元。但乙女已從甲男受贈與財產 40 萬元之鑽戒，故扣除後，乙女只能向甲男請求 50 萬元。

　③此二說何者較優，因均有法理的依據，不能說孰對孰錯，要看立法者的衡量來決定。從保護經濟上弱者一方來說，以採第一說較優，因為經濟上強者一方所給之財產贈與，經濟上弱者一方尚能保留其中之一半；反之，從保護經濟上強者之立場來說，以採第二說較優，因為其所贈與之財產，視為剩餘財產分配數額之前付，將來剩餘財產實際分配時，其可全部

❸❶　戴東雄，《民法親屬編修正後之法律疑問》，223 頁。

扣回。

3.**依本人見解**：採第一說保護經濟上弱者較為妥當。本人之理由有以下兩點：其一，從比較法之立場來說，依德國民法第 1380 條第一項之規定，計算夫妻一方之平衡債權時，如該配偶曾由他方因生前處分行為而有所獲得，並經指定該數額應算入平衡債權之內者，應算入之。配偶一方所為之無償給與，如其價值超出夫妻通常之贈與，且無指定而發生疑義時，推定亦應算入平衡債權之內。又依同條第二項之規定，給與之價值，於計算平衡債權時，應加算於為給與一方配偶之淨益內❸。其二，民國 91 年修正法定財產制時，其修正之主要立法政策在貫徹男女平等及保護經濟上弱者一方。

㈩缺少婚前財產目錄之製定

我國法定財產制之規定，係以民法第 1030 條之一有關剩餘財產分配請求權為核心，夫妻在法定財產制消滅時，能請求他方剩餘財產一半，以示婚姻共同生活之全面合夥精神。而剩餘財產分配之落實，除於民國 91 年增訂婚姻共同生活存續期間之惡意處分剩餘財產之撤銷權，及法定財產制關係消滅前 5 年內惡意處分剩餘財產之追加計算與追償權外，婚前財產目錄之製定頗為重要。因為婚前財產與婚後財產為日後剩餘財產分配之基礎。而通常夫妻之婚姻生活維持甚久，長達三、四十年頗為平常。剩餘財產之分配請求權通常發生在夫妻之一方先死亡或離婚。此時要追溯三、四十年以前，夫或妻之婚前財產究有多少，不但舉證困難，而且容易引起爭議。尤其在離婚時，夫妻感情惡劣，必斤斤計較其利害得失，致計算彼此之剩餘財產有多少，勢必曠日費時，且無效率。

從比較法之觀點，德、瑞立法例之法定財產制均以明文規定財產目錄之製定，以利計算婚姻關係存續中所獲得財產之分配。德國民法第 1377 條第一項規定：「配偶一方之開始財產，及應算入開始財產之財產，其數量及價值，經雙方同意登載於目錄內者，於配偶內部關係，推定該清冊為正確」。同條第二項規定：「配偶一方作財產目錄時，得請求他方協助」。同條第三

❸ Schlüter, *BGB-Familienrecht*, S. 97f.

項規定：「配偶一方未作財產目錄時，推定其終結財產即為其淨益財產」。由此可知，夫或妻雖不被強制製作財產目錄，但經他方同意所作成之財產目錄有正確之證據力。如未作財產目錄之一方配偶，必須承擔所有終結財產成為其淨益財產之風險。又瑞士民法第 195 條之 a 第一項規定：「夫或妻得對他方隨時請求就所得財產價值，以公證書編製財產目錄」。同條第二項規定：「所得財產價值於結婚一年內編入財產目錄者，推定其財產為正確」。依此規定，財產目錄之功用，於法定財產制關係消滅時，在於計算夫或妻之所得財產數額之證據力。我國對國家之公務員已實施財產申報制度有多年之經驗，為落實法定財產制上夫妻間剩餘財產之分配請求權，宜引進德、瑞立法例財產目錄編製之立法政策，對採用法定財產制之夫妻，應鼓勵其製定婚前或改用法定財產制時之財產目錄，期能在法定財產制關係消滅，而計算剩餘財產時，能順利區分何者為婚前財產，何者為婚後財產。

七、修正後之法定財產制與聯合財產制之比較

民國 91 年所修正之夫妻財產制，乃以法定財產制為核心。從舊法定財產制改成現行之法定財產制，其內容修正之處甚多。茲以下表將新、舊法定財產制作一比較，期能了解二者之內容有何不同，各自之特色在何處。

舊聯合財產制與新法定財產制之比較

比較項目	法定財產制（新制）	聯合財產制（舊制）
財產種類	一、婚前財產。 二、婚後財產。	一、原有財產。 二、特有財產（法定及約定）。 三、聯合財產（夫及妻之原有財產之組成）。
所有權	各自所有。	各自所有。
管理權與費用負擔	各自管理，各自負責。	一、聯合財產：原則由夫管理；例外得約定由妻管理。由管理權一方負擔管理費。 二、特有財產：各自管理，各自負責。
使用及收益權	各自使用、收益。	管理權之一方對他方之原有財產有使用、收益之權，但收益權以支付管理費用及家庭生活費用為限。
處分權	各自處分其財產。	管理權之一方經他方同意，始得處分他方之原有財產。但管理上所必要之處分，不在此限。
債務清償責任	各自對其債務負清償責任。	夫以全部財產清償其所負債務；妻分原有財產之債務與特有財產之債務，而規定不同之清償責任。
保全措施	婚姻關係存續中夫妻一方所為詐害他方剩餘財產分配請求權之行為，他方得聲請法院撤銷。	無規定。
剩餘財產分配請求權	一、法定財產制關係消滅時，夫或妻現存之婚後財產，扣除債務後，應平均分配。 二、不列入分配之財產：因繼承或其他無償取得之財產及慰撫金。 三、法定財產制關係消滅前五年內，夫或妻惡意處分婚後財產之價額，得追加計算。 四、夫妻應受分配之一方，得就不足部分，向惡意處分而受益之第三人請求返還。	一、聯合財產關係消滅時，夫或妻於婚姻關係存續中所取得而現存之原有財產，扣除債務後，應平均分配。 二、不列入分配之財產：因繼承或其他無償取得之財產。 三、無規定。 四、無規定。
家庭生活費用負擔	除法律或契約另有約定外，由夫妻各依其經濟能力、家事勞動或其他情事分擔之。	夫無支付能力時，由妻就原有財產及特有財產負擔。
自由處分金	夫妻於家庭生活費用外，得協議一定數額之金錢，供夫或妻自由處分。	無規定。

資料來源：此表引自戴合著《親屬法》，頁193。

第三節 約定財產制之內容

一、概　說

　　我國夫妻財產制係採用約定財產制與法定財產制併用之制度。夫妻雙方得優先依契約自由之原則，選擇民法所規定夫妻財產制之種類。為維護交易之安全，約定之內容採用類型的約定財產制。在民國74年親屬編修正以前，當事人能選擇之夫妻財產制之類型有四種，即普通共同財產制、所得共同財產制、分別財產制及統一財產制。但統一財產制在民國74年修正親屬編時，以違反男女平等為由，予以刪除，因此依現行法僅有三種類型可以選擇。

(一)共同財產制之種類與特色

　　依各國立法例，共同財產制作為法定財產制者較少，但採用為約定財產制者，甚為普遍。影響我國夫妻財產制最深之德、瑞立法例，均以共同財產制為約定財產制之種類。德國民法之共同財產制分為二種，即普通共同財產制（德民1415條以下）與延續共同財產（德民1483條以下）。瑞士民法之共同財產制種類更多，有普通共同財產制（瑞民221條以下）、勞力所得共同財產制（瑞民223條）、限制共同財產制 (beschänkte Gütergemeinschaft)（瑞民224條）。我國共同財產制之種類分為普通共同財產制（民1031條以下）與勞力所得共同財產制（民1041條）。

　　共同財產制的特質，係以道義之理想主義為基礎，且兼顧實際之經濟生活。男女因結婚而創設身分上的共同生活關係，相互間有扶持與協力之責任，同時互負同居、扶養、貞操等義務及日常家務代理之權，關係極為密切。為適應此身分上的共同生活，夫妻在經濟上亦應合而為一，始能成為名副其實的婚姻生活。有鑑於此，夫妻在婚姻關係存續期間，捨棄各自財產獨立之機能，並排除個人經濟利益，而將夫妻財產結合成能統籌支配

之單一財產，為求婚姻共同生活之美滿，靈活運用，以符合婚姻道義的理想生活❸。

共同財產制之優點，有如上述，夫妻個人的財產組成公同共有的一體財產，在婚姻關係存續中之共同生活，產生同進退不可分之關係。因此夫妻之任何一方為婚姻生活之美滿，要有以自己全部財產為他方犧牲之心理準備。如此一來，夫妻對外之債務關係不但簡化，而且債權之擔保，因財產之增加，債權人有較大之保障，對交易之安全亦有幫助。

惟共同財產制不是沒有缺失，在共同財產制，除特有財產外，夫與妻之財產結合成公同共有之財產關係，該財產原則上由夫妻共同管理，而處分共同財產又應得他方之同意，他方如不同意時，有礙手礙腳之感。尤其第三人在夫妻一方處分共同財產時，判斷其有無得到他方配偶之同意，甚為困難，致與之從事法律行為，有裹足不前之感。其次，共同財產制係以夫與妻之全部財產為雙方各自債權人，供債務清償之總擔保，因此夫妻有一方負債過多時，他方之財產也會受到牽連，風險甚大。

㈡分別財產制之特色

約定財產制另一種類是分別財產制，此制通常又為特別法定財產制採用之對象。德國民法僅以單一條文規定於第 1414 條。瑞士民法規定於第 247 條以下。我國民法規定於第 1044 條以下。按分別財產制之類型，非夫妻財產制之否定，而是夫妻財產結合之否定，也就是夫妻之財產受婚姻身分關係及婚姻生活影響最少之夫妻財產制。分別財產制之特性，顧名思義，夫妻各人所有之財產，即使婚姻關係存續中所取得之財產，於結婚之後，仍然維持與婚前相同的狀態，不會因結婚後，使各自財產之管理、使用、收益及處分權，引起仟何的改變。因此夫妻各自之財產，不論其為婚前財產或婚姻關係存續中所取得之財產，均各自獨立，於財產制關係消滅後，也無剩餘財產分配之問題，其內容甚為單純。分別財產制之優點在於夫妻各自之財產，於婚後仍自己完全支配，表現夫妻在婚姻關係存續中經濟生

---

❸　戴東雄，《親屬法論文集》，157 頁。

活上之獨立自主性，一方不易受他方之抑壓，此較其他夫妻財產制顯示男女之平等精神。在夫妻雙雙就業而高薪之婚姻生活中，此制度最能表現其彰顯經濟獨立自主性之優點❸。

　　惟分別財產制並非無缺點，夫妻財產制適用於夫妻之婚姻生活上，而夫妻因創造身分關係，彼此有扶持之責任，相互有協力之義務。分別財產制將夫妻各自之財產徹底分開，在經濟生活上，夫妻之一方將他方視為毫無相干之第三人，此與婚姻生活本質有違背❸，更何況夫妻於共同生活中，欲將彼此之支出完全分開，在技術上亦有困難。其次，目前各國之婚姻生活，女性之就業率雖愈來愈高，但仍然多以夫為家庭經濟來源之主要提供者，妻即使工作通常薪水亦較低，並仍為主要承擔家務者。因此若於財產關係消滅時，無剩餘財產分配之請求權，則對夫妻間於雙方分工不均時，對於妻多從事育幼與家務之辛勞，無法受到應有的補償❸。是以在此情形下，分別財產制之約定財產制反而不如法定財產制。

二、普通共同財產制

㈠外國立法例

1.德國法

　　德國法上之共同財產制，分為普通共同財產制與延續共同財產制兩種。

⑴普通共同財產制

　　德國民法上之普通共同財產制規定得極為詳盡，自第 1415 條至第 1482 條，共有數十條之多，與我國民法上共同財產制僅有七條之規定，可謂在體例上與內容均相去甚遠。為比較起見，現以我國共同財產制相關之規定，簡要檢討德國法上規定之內容❸。

---

❸　戴東雄，《親屬法論文集》，173 頁。
❸　戴東雄，《親屬法論文集》，174 頁。
❸　戴東雄，《親屬法論文集》，175 頁。
❸　Schlüter, *BGB-Familienrecht*, S. 111f.

①夫妻財產之關係：德國普通共同財產制之財產分為夫妻公同共有之財產 (Gesamtgut) 與夫妻各自完全支配之特有財產及保留財產。a. 共同財產：夫之財產及妻之財產，因採用共同財產制而成夫妻雙方之共同財產；夫妻於共同財產制關係存續中取得之財產，亦屬於共同財產。夫或妻之每一所得，均屬夫妻所共有，無須以法律行為轉讓（德民 1416 條一項、二項）。b. 特有財產：夫或妻之特有財產應由二人之共同財產分開，而凡不得以法律行為移轉之財產為特有財產，例如用益權、禁止扣押之債權等。夫或妻應各自管理其特有財產，且夫妻應為共同財產之計算，管理其特有財產（德民 1417 條）。c. 保留財產：保留財產，一如特有財產，應由二人之共同財產分離之。此財產包括：(a)夫妻財產制契約中聲明其為夫或妻之保留財產；(b)夫妻之一方因死因處分所取得之財產，或從第三人無償受領之財產；(c)夫妻之一方因屬於保留財產之權利所取得之物，或因屬於保留財產之物受毀損、公用徵收所取得之補償物，或因保留財產有關之法律行為所取得之物。夫妻各自管理其保留財產，且為自己之計算，管理保留財產（德民 1418 條）。此點與特有財產之管理方法不同。

②共同財產制之權限：a. 夫妻應於其訂立之共同財產制契約中，明定共同財產由夫或由妻或共同管理；如未約定時，由夫妻共同管理（德民 1421 條）。b. 夫妻之一方就共同財產及其所屬各個標的物之應有部分，均不得處分，也不得請求分割（德民 1419 條）。c. 約定由夫妻一方管理共同財產時，其非經他方配偶之同意，不負擔處分全部財產之義務，如未經他方之同意負擔處分全部財產之義務者，須經他方之同意，始得履行其義務（德民 1423 條）。又未經他方之同意，也不得處分屬於共同財產之不動產（德民 1424 條）。

③債務之清償責任：a. 夫妻共同管理財產時債務之清償：(a)夫妻之一方於共同財產制關係存續中，因法律行為所生之債務，由共同財產負清償責任；但以該法律行為曾經他方配偶之同意，或縱未經其同意，對共同財產亦生效力者為限（德民 1460 條）。(b)夫妻之一方在共同財產制關係存續中，因屬於保留財產或特有財產之權利，或屬於此等財產之物而生之債務，共同財產不負責任（德民 1461 條）。(c)夫妻之一方將共同財產移用於自己

之保留財產或特有財產時，應將移用財產之價值補償於共同財產；反之，亦同（德民 1467 條）。⑷夫妻之一方對共同財產，或對他方配偶之保留財產或特有財產負有債務者，於共同財產制終了之後，始應給付之；但債務人之保留財產或特有財產足夠清償時，應在財產制終了前，清償之（德民 1468 條）。b. 夫妻一方管理共同財產時債務之清償：⑴管理共同財產之夫妻一方之債權人，就其債權得請求由共同財產清償之；他方配偶之債權人，如其為共同財產之債務者，亦得請求由共同財產清償（德民 1437 條一項）。⑵其次，共同財產對於共同財產制關係存續中所生之法律行為，應負責任；但以法律行為係由管理共同財產之配偶所為或經其同意，或雖未經其同意而對共同財產亦發生效力者為限（德民 1438 條）。⑶共同財產制關係存續中，其不管理共同財產之一方，因屬於保留財產或特有財產之權利，或因占有屬於此財產之物所生之債務，共同財產不負清償之責任（德民 1440 條）。⑷管理共同財產之夫妻一方，以共同財產移用於保留財產或特有財產時，應將移用財產之價值補償於共同財產；反之，管理共同財產之夫妻一方，以保留財產或特有財產移用於共同財產時，得就共同財產請求補償（德民 1445 條）。⑸管理共同財產之夫妻一方，對共同財產負有債務者，在共同財產制終了後，始應給付；其對共同財產有請求權者，共同財產制關係終了後，始得請求；反之，不管理共同財產之夫妻一方，對共同財產或他方配偶之保留財產或特有財產負有債務者，在共同財產制終了後，始應給付；但保留財產或特有財產足夠清償時，應於財產制終了前，清償其債務（德民 1446 條）。

　　④共同財產之分割：德國普通共同財產制剩餘財產之分配，應於清償共同財產之債務後所剩餘之財產，由配偶平均分配；夫妻之一方應補償於共同財產者，應由其分配額中扣還之（德民 1476 條）。婚姻因夫妻一方之死亡而解消者，死亡配偶就共同財產之應有部分，應歸屬於遺產；而關於死亡配偶之繼承，依一般繼承法上之規定繼承之（德民 1482 條）。

　　⑵延續共同財產制

　　此財產制為普通共同財產制之特殊型態，此乃原採用普通共同財產制

之夫妻，於夫妻一方先死亡時，不讓共同財產制關係立即消滅，而使夫妻共同之直系血親卑親屬與生存配偶繼續維持共同財產制。此財產制須以夫妻財產制契約有特別訂定時，始能成立（德民1483條），否則夫妻財產制因配偶一方之死亡而終止。由於此財產制來自於普通共同財產制，如法條無明文特別規定時，原則上適用或準用普通共同財產制之規定。①死亡配偶對共同財產之應有部分，不歸屬於遺產；但關於死亡配偶之其他遺產，其依繼承法上之一般規定繼承。②生存配偶因他方配偶之死亡所取得之遺產，或於延續共同財產制開始後所取得之財產，均為延續共同財產制之共同財產；但共同之直系血親卑親屬在延續共同財產制開始時已存在或嗣後取得之財產，不屬於共同財產（德民1485條）。③生存配偶得隨時廢止延續共同財產制，也可由生存配偶與有共有權之直系血親卑親屬以契約廢止之（德民1492條）。④其次，因生存配偶之再婚或生存配偶之死亡而終止延續共同財產制（德民1493條、1494條）。

2. 瑞士法

⑴瑞士民法上之共同財產制，以契約訂立普通共同財產制，但也可以限制共同財產僅以勞力所得為限，或約定一定財產從共同財產除外，例如約定夫或妻之特定不動產不加入共同財產之內。

⑵在瑞士普通共同財產制上，應注意之處如下❸：

①夫與妻在採用共同財產制前所有之財產與採用共同財產開始起之所得，均為夫妻公同共有之財產，但各自之法定固有財產除外。此處所稱法定固有財產乃指夫或妻個人專用之物或其所得之慰撫金（瑞民225條一項）。夫或妻主張特定財產為其固有財產時，應負舉證責任，在未證明以前，應先推定為共同財產。夫或妻之一方不得處分共同財產之應有部分（瑞民222條）。

②在共同財產的管理下，區分為一般性的管理與特殊性的管理❸，前者指的是日常生活所需之財產變動，後者則為會重大影響財產狀況的處分。

---

❸　Tuor/Schnyder/Schmid/Rumo-Jungo, *Das schweizerische Zivilgesetzbuch*, S. 324f.

❸　Tuor/Schnyder/Schmid/Rumo-Jungo, *Das schweizerische Zivilgesetzbuch*, S. 328.

夫妻為共同婚姻生活之利益而為財產一般性的管理時，夫妻任何一方皆得就該共同財產處分之（瑞民 227 條）。對共同財產為特別管理時，則應共同為之，或一方應得他方之同意，始能為之；在第三人不知或不可得知其允許之欠缺時，為第三人之利益，視為已有允許（瑞民 228 條）。夫妻之一方未得他方之同意，不得拋棄其繼承權，也不得繼承債務（瑞民 230 條）。至於固有財產，夫妻各自管理之，並各自使用、收益及處分。如固有財產所生之孳息，因屬於其固有財產，故其所生之管理費用，亦由固有財產負擔（瑞民 232 條）。

　　③有關債務之清償❹，夫或妻對債權人就以下債務，以自己之固有財產及共同財產負清償之責任：a. 夫妻之一方為婚姻共同生活之利益而從事職業所負之債務，或管理共同財產所負之債務。b. 夫妻之一方因從事職業或營業所負之債務，而該債務係利用共同財產或其孳息而加入共同財產者。夫妻之一方所負之債務，他方亦應負清償之責任。c. 夫妻共同與第三人約定，除個人固有財產外，共同財產亦應負清償之債務責任（瑞民 233 條）。d. 夫妻之一方對他方所負之債務，以自己固有財產及共同財產之半數負清償之責任。e. 夫妻之一方以自己之固有財產，清償共同財產之債務或他方固有財產之債務，得請求補償；或以共同財產清償夫妻任何一方之固有財產之債務時，亦負有補償給共同財產之義務（瑞民 235 條）。

　　④共同財產制關係因夫妻之一方先死亡，約定其他財產制或夫妻之一方因受破產宣告而終止。如因離婚、分居、宣告婚姻無效或宣告改用分別財產制時，共同財產制溯及至向法院提出訴訟時起消滅。

　　⑤共同財產制因夫妻一方之先死亡或約定改用其他夫妻財產制時，夫妻或其繼承人各得共同財產之半數；但夫妻另有約定分割之數額時，從其約定。此約定不得侵害法定繼承人之特留分數額（瑞民 241 條）。又為顧及債權人之利益及保護交易之安全，夫妻另以契約訂立共同財產之分割方法時，應在契約內容上特別記明，始能對抗第三人（瑞民 242 條三項）。共同

---

❹ Tuor/Schnyder/Schmid/Rumo-Jungo, *Das schweizerische Zivilgesetzbuch*, S. 329–331.

財產制關係因其他原因而消滅時，例如離婚、分居、婚姻之判決無效或法院宣告改用分別財產制時，夫妻各自先取回採用共同財產制開始時加入共同財產之所有財產，然後有剩餘時，各得該剩餘財產之半數（瑞民 242 條一項、二項）❹。

⑥在瑞士民法之共同財產制上，夫妻一方先死亡而消滅財產制時，為保護生存配偶之權益，有保護措施之規定，值得肯定（瑞民 243 條以下）❷。a. 生存配偶在其他繼承人分割被繼承人之財產時，就其應得之半數共同財產中，可先取回原先採用共同財產制時之固有財產。b. 夫妻所居住之房屋或家具，如屬於共同財產時，生存配偶得對其他共同繼承人要求其應得之半數共同財產中，優先分配該房屋或家具。c. 如合於公平原則時，生存配偶或其他繼承人在其應得共同財產之數額上，得要求不分配所有權，而分配用益權或房屋租賃權。

㈡我國民法上之共同財產制

我國民法之共同財產制乃參酌德、瑞立法例所制定。因此原則性之規定，與德、瑞民法上之規定大同小異。我國共同財產制分為普通共同財產制與勞力所得共同財產制。在勞力所得共同財產制沒有特別規定時，當然適用普通共同財產制之規定。

1.普通共同財產制

⑴夫妻財產關係：在普通共同財產制上，夫與妻之財產分為共同財產與特有財產二種。

①夫妻公同共有之財產：普通共同財產制又稱為一般共同財產制，此財產制之特色為夫妻結婚時或改用此共同財產制時所有財產，及婚姻關係存續中或改用此共同財產制之後所取得之財產，除法定特有財產外，合併為共同財產，屬於夫妻公同共有，此為民法第 1031 條所明定。

②法定特有財產：民國 91 年修正夫妻財產制後，在法定財產制上，已

---

❹ Tuor/Schnyder/Schmid/Rumo-Jungo, *Das schweizerische Zivilgesetzbuch*, S. 333f.

❷ Tuor/Schnyder/Schmid/Rumo-Jungo, *Das schweizerische Zivilgesetzbuch*, S. 335.

無法定特有財產，因此將法定特有財產移列到共同財產制之下的民法第1031條之一。

依民法第1031條之一第一項之規定，法定特有財產有三種：a.專供夫或妻個人使用之物。例如夫之西裝、高爾夫球具等；妻之高跟鞋、網球拍等。b.夫或妻職業上必需之物。例如夫為大學教授時，其教材、教學用之手提電腦等。妻為醫師時，其使用之種種醫療器材或設備等。c.夫或妻所受之贈物，經贈與人以書面聲明為其特有財產者。又依同條第二項，前項所定之特有財產，適用關於分別財產制之規定。

由上面之說明，可知一般共同財產制有關夫妻之財產關係之種類有兩種，即夫妻公同共有之財產，與夫或妻各自所有之特有財產。前者之財產，除親屬法有特別規定外，適用物權法上公同共有之規定，即民法第827條以下之規定。至於後者，夫或妻對自己之特有財產有完全支配之權利，各自管理、使用、收益及處分，其與分別財產制之財產權限相同。

(2)夫妻對公同共有財產之權限：①共同財產由夫妻共同管理，但得約定由其中一方管理時，從其約定（民1032條）。民國91年未修正前，基於夫權優先之原則，共同財產由夫管理，現行法已改成以共同管理為原則，以示夫妻平等之地位。②夫妻之一方對於共同財產為處分時，應得他方之同意（民1033條一項）；該同意有欠缺時，為維護交易之安全，不得對抗第三人，但第三人已知或可得而知其欠缺，或依情形，可認為該財產屬於共同財產者，不在此限（民1033條二項）。此但書之規定旨在保護夫妻共同之利益。

(3)債務清償之責任：夫妻對債務之清償責任，依民法第1034條之規定，夫或妻於結婚前或婚姻關係存續中所負之債務，應由共同財產，並各就其特有財產負清償之責任。此規定表示：立法者重視外部對債權人之保護，由債權人任意選擇從共同財產、夫之特有財產或妻之特有財產求償。夫妻就外部債權人之債權先滿足後，始解決內部債務如何分擔之問題，即處理共同財產與特有財產間清償後之補償：共同財產所負之債務，而以共同財產清償者，不生補償請求權（民1038條一項）。共同財產之債務，而以特

有財產清償，或特有財產之債務，而以共同財產清償者，有補償請求權，且雖於婚姻關係存續中，亦得請求之（民 1038 條二項）。

　　(4)共同財產制關係消滅時共同財產盈餘之分配：共同財產制關係消滅時，夫妻有關共同財產應如何為盈餘之分配，依民法之規定可分為三種情形：

　　①夫妻之一方先死亡時，共同財產全部之半數，歸屬於死亡者之繼承人，其他半數歸屬於生存之他方（民 1039 條一項）。依此規定，夫妻間之一方，如正常死亡時，相互間不計較採用一般共同財產制開始時夫妻各自加入於共同財產之多寡，以該財產制關係消滅時，共同財產之全部之半數歸給生存配偶，其餘半數歸給死亡者一方之繼承人，依繼承法之規定繼承。因此生存之配偶尚能以繼承人之地位與其他血親共同繼承人，共同繼承死亡配偶所留下之財產。

　　②共同財產盈餘之分割，其數額夫妻事先如另有約定時，從其約定（民 1039 條二項）。此項規定屬於夫妻財產制契約之約定，故夫妻當事人應以書面為之，始能成立（民 1007 條），同時非經法院夫妻財產制登記處之登記，不得對抗第三人（民 1008 條一項）。

　　③夫妻一方先死亡之情形，如該生存之他方，依法不得為繼承人時，其對於共同財產得請求之數額，不得超過於離婚時應得之數額（民 1039 條三項）。此條之立法意旨在於維護夫妻間之公平正義。此處所稱生存之配偶依法不能為繼承人，係指生存配偶有民法第 1145 條第一項規定有關繼承權喪失各款事由之一種情形。例如生存配偶對他方或對其他共同繼承人有故意致死，或雖未致死因而受刑之宣告。又如生存配偶有偽造、變造死亡配偶之遺囑之情形。有本項之情形之一時，生存配偶就共同財產所能分配之數額，不能超過若是離婚時所能得之數額。依民法第 1058 條之規定，夫妻離婚時，除採用分別財產制者外，各自取回其結婚或變更夫妻財產制時之財產。如有剩餘，各依其夫妻財產制之規定分配之。因此採用普通共同財產制之夫妻於離婚時，夫妻應先將結婚或改用共同財產制時所有之財產，不必分配，先由所有權人先行取回（民 1040 條一項），然後將採用一般共同財產制存續期間所得之共同財產，夫妻兩人平分，各得一半（民 1040 條

二項)。因此，在此情形所分配共同財產之盈餘，最多僅能與離婚時相等，但法院尚能酌減而判給比離婚時還少之數額❸。

2.勞力所得共同財產制

夫妻在約定財產制時，在共同財產制上，不採用普通共同財產制，而得另選擇勞力所得共同財產制。所謂勞力所得共同財產制，係指夫妻以契約約定共同財產僅以自適用共同財產制開始後之期間所獲得之財產為限（民1041條一項）。此處所稱勞力所得，解釋上應包括勞心與勞力所得。

民國91年修正夫妻財產制後，增訂民法第1041條第二項規定，以例示方法明定勞力所得乃夫或妻於婚姻關係存續中所取得之薪資、工資、紅利、獎金及其他與勞力所得有關財產之收入。又勞力所得之孳息及其代替利益亦為勞力所得之範圍。

勞力所得與非勞力所得，攸關是否為夫妻共同財產或個人特有財產，而影響日後剩餘財產之分配。因此民法第1041條第三項規定：不能證明為勞力所得或勞力所得以外財產時，推定為勞力所得之財產，使增加共同財產之所得分配，以保護婚姻弱勢一方之權益。至於非勞力所得之財產，屬於夫或妻個人所有之財產，故應適用分別財產制之規定（民1041條四項）。

三、分別財產制

㈠外國立法例

1.德國民法之規定

依德國民法上之分別財產制之規定，分別財產制之內容極為簡單。依德國民法第1414條單一條文之規定，夫妻如排除或廢止法定財產制者，應即適用分別財產制；但於夫妻財產制契約另有訂定者，不在此限；前段規定，於排除淨益平衡或廢止共同財產制時，亦適用之❹。

2.瑞士民法之規定

---

❸　戴合著，《親屬法》，200頁。

❹　Schlüter, *BGB-Familienrecht*, S. 107f.

瑞士民法上之分別財產制比德國法規定得較為詳細❹。夫或妻在法律規定之範圍內對其自己之財產有管理、使用，並處分之權（瑞民 247 條）。夫妻之一方就特定財產主張屬於他自己之財產者，應負舉證責任；如其無法舉證時，該財產應屬於夫妻共有（瑞民 248 條）。至於債務之清償，各自對其債務負責（瑞民 249 條）。夫妻亦能依約定選擇分別財產制為婚姻關係存續中的財產制；換言之，瑞士法之分別財產制與我國之規定相同，有雙重性格，一為約定財產制之一種類型，一為法律強制規定之特別法定財產制。

㈡我國民法之規定

我國民法之分別財產制係參酌瑞士法之規定，但比瑞士法之內容簡單。分別財產制之特色為夫妻財產採絕對分離主義，夫妻財產不但自始分開，而且也無剩餘財產分配之情形。換言之，夫妻各保有其財產之所有權，各自管理、使用、收益及處分自己之財產（民 1044 條），因此在分別財產上也無特有財產之適用。夫妻也各自對其債務負清償之責任，且因適用法定財產制之民法第 1023 條之規定，故夫妻之一方以自己財產清償他方之債務時，雖於婚姻關係存續中，亦得請求清償（民 1046 條）。由此可知採用分別財產制之夫妻，結婚前之財產狀況與婚姻關係存續中之財產狀況並無改變。此財產制之最大優點，在於夫與妻之財產完全獨立，在夫與妻雙雙就業上班，且均為高所得時，極為適合。但此制也有缺失，即夫與妻之財產關係，於結婚前與結婚後沒有兩樣，違反婚姻本質之生活，因為婚姻生活在於力求夫妻之同心協力，尤其對無就業而為家務管理之一方而言，因無剩餘財產分配之規定，極為不公平。

---

❹ Tuor/Schnyder/Schmid/Rumo-Jungo, *Das schweizerische Zivilgesetzbuch*, S. 336–338.

第 **5** 章

實例解說

♡ 第一節　家庭生活費用之負擔與夫妻財產制契約之訂立

例題一　夫妻財產制之適用與家庭生活費用之負擔

事實關係

　　甲男與乙女為夫妻，結婚時二人因毫無積蓄，而未約定夫妻財產制。婚姻關係存續中，二人喜歡出國旅遊，二人收入大部分用在旅費之支出上。因此結婚五年後，甲男存下工作收入僅 15 萬元，而乙女因顧及家事與育幼，以兼差方法工作賺錢，故只有工作收入 8 萬元及購買耳環、項鍊等共值 3 萬元。平常乙女在傳統市場有固定之菜攤與肉攤買菜類與肉類。因乙女為老主顧，得以積欠丙男肉商 15 萬元及丁女菜販 6 萬元。

▲圖一

(一)**法律問題**

▶ 問一：　民國 91 年修正夫妻財產制以前，丙男與丁女應如何請求其 15 萬元與 6 萬元之債權？

▶ 問二：　民國 91 年修正夫妻財產制以後，丙男與丁女如何請求其 15 萬元與 6 萬元之債權？

(二)**問題解說**

▶ 問一：

　　本問一討論之重點乃在於民國 91 年 6 月 26 日親屬編有關夫妻財產制未修正以前，夫妻之一方就日常家務代理權所發生家庭生活費用之債務對外之債權人應如何清償之問題。

　　民國 91 年 6 月 26 日立法院修正夫妻財產制時，鑑於家庭生活費用應與日常家務代理權發生密切關係，故對於家庭生活費用之負擔作一突破性之修正。即未修正前之舊法將家庭生活費用之負擔，依夫妻所採用之夫妻財產制種類，作不同的規定。即採聯合財產制之夫妻，規定於民法第 1026 條，採共同財產制者，規定於民法第 1037 條，採分別財產制者，規定於民法第 1048 條。修正後之新法將家庭生活費用之負擔從夫妻財產制之規定移出，而置於婚姻普通效力上之日常家務代理權之民法第 1003 條之後，而增訂民法第 1003 條之一，以示日常家務代理權與家庭生活費用之負擔有密切不可分之關係。惟依修正前之舊法，日常家務之代理權規定於婚姻之普通效力上，即依民法第 1003 條之規定，夫妻於日常家務互為代理人（第一項）。夫妻之一方濫用前項代理權時，他方得限制之，但不得對抗善意第三人（第二項）。但家庭生活費用之負擔規定於夫妻財產制上，且視夫與妻所採用之夫妻財產制，而異其不同之負擔。即採聯合財產制之夫妻，適用舊民法第 1026 條規定：「家庭生活費用，夫無支付能力時，由妻就其財產之全部負擔之」。依此規定，此法定財產制之家庭生活費用所生之債務，先由夫負擔之，於夫破產或其他無法支付該債務能力之情形時，始由妻就其原有財產及特有財產負擔。採普通共同財產制之夫妻，適用舊民法第 1037 條規定：「家庭生活費用，於共同財產不足負擔時，妻個人亦應負責」。依此規定，普通共同財產制之家庭生活費用所生之債務，先由共同財產負擔，如不足時，再由夫之特有財產清償，最後始由妻之特有財產負擔。採分別財產制之夫妻，適用舊民法第 1048 條規定：「夫得請求妻對於家庭生活費用為相當之負擔」。依此規定，分別財產制之家庭生活費用所生之債務，應由夫負擔之，但夫也有權請求妻負擔一半之費用。以上舊法對家庭生活費用負擔之規定乃夫妻內部分擔費用之規定。但家庭生活費用之負擔與民法第 1003 條第一項所規定之日常家務代理權行使而所生之債務有密切關係。

日常家務代理所生債務之範圍與家庭生活費用所生債務之範圍，在學說上與實務上是否一致，雖有爭議❶，但二者之重疊性甚大，有時二者很難區分❷。

有鑑於此，在民國 91 年夫妻財產制未修正以前，夫妻日常家務代理權所生之債務，其債權人應如何對夫或妻之財產請求清償？依舊法規定，因家庭生活費所生之債務，對債權人應如何負責，並無明文，致引起學說上與實務上相當之爭議。此依民法第 1003 條夫妻就日常家務互為代理人之規定觀之，訂立契約之夫或妻一方，具有雙重身分。一為本人，一為代理人。夫或妻一方訂立契約時，契約之相對人不易立即了解其是否為已結婚而有配偶之人，即使知其有配偶，也無法即刻了解其係以本人或代理人之身分訂定契約。如因此而夫或妻一方負債務時，通常該相對人未行使同時履行抗辯權，而使夫妻一方先享受負債之利益，允許其日後清償。尤其日常家務所生之債務乃婚姻共同生活所必需，且為經常性發生之債務。因此為公平起見，夫或妻一方為日常家務所為之法律行為，應由債權人之立場選擇訂約人為本人或代理人，以保護債權人之權益與交易之安全。債權人可選擇法律行為之夫或妻一方為代理人，而使他方以本人負清償之責任。債權人也可選擇法律行為之夫或妻一方為本人，而令其直接負清償債務之責任。但如先受請求之一方已完全清償時，不能再對另一方請求清償。此債權人之請求權，對夫妻債務人來說，乃負不真正之連帶責任❸。

本問一之事實關係上，甲男與乙女因未約定夫妻財產制，故民國 91 年夫妻財產制未修正以前，二人所適用之財產制為聯合財產制（舊民 1005條）。債權人丙男與丁女行使 15 萬元與 6 萬元之債權時，甲男僅有 15 萬元

❶ 高鳳仙，《親屬法——理論與實務》，142 頁指出，家庭生活費用之範圍比日常家務之範圍更為廣泛：家庭生活費用係以夫妻及子女之生活費用為根本，生活費用之負擔，為生活保障義務之具體實現。家庭生活費用，包括一切家計所需之費用，比日常家務之範圍更廣，舉凡購買食品、衣物、日常用品等費用，房屋整修費用、傭人之薪資、醫療費、交通費等均屬之……。

❷ 戴合著，《親屬法》，129 頁。

❸ 戴東雄，《親屬法實例解說》，123 頁。

財產，而乙女只有 8 萬元財產。因甲男與乙女對於因日常家務代理權所發
生之債務負不真正之連帶責任，丙男可對甲男 15 萬元之財產請求 15 萬元
之債權；而丁女之 6 萬元債權得對乙女所有之 8 萬元求償。至於甲男與乙
女對因日常家務代理權所生之家庭生活費用之債務，依民法第 1026 條之規
定，先由甲男之全部財產負擔，但因甲男之財產僅有 15 萬元，而債務共有
21 萬元，乙女亦有 8 萬元財產，故其應負擔 6 萬元之債務（參考圖一）。

▶ 問二：

　　本問二討論之重點乃在於民國 91 年修正有關夫妻財產制夫妻之一方
因日常家務代理權所生家庭生活費用之債務，對外債權人應如何負清償責
任之問題。民國 91 年修正夫妻財產制時，立法者認為家庭生活費用之負擔
與日常家務代理權所生之債務有密切關係，尤其對外因日常家務代理權所
生家庭生活費之債務，夫妻更應以連帶責任清償，以保護交易之安全。影
響我國立法甚深之德國民法第 1357 條、瑞士民法第 166 條及日本民法第
761 條均明文規定日常家務所生之債務，夫妻應負連帶責任，以優先保護
其債權人之利益。因此夫妻財產制修正後，將舊法之家庭生活費用之負擔，
從婚姻章之第四節「夫妻財產制」移出，而規定於婚姻章第三節「婚姻之
普通效力」之第 1003 條之一：「家庭生活費用，除法律或契約另有約定外，
由夫妻各依其經濟能力、家事勞動或其他情事分擔之（第一項）。因前項費
用所生之債務，由夫妻負連帶責任（第二項）」。依此規定，本問二之事實
關係上，甲男與乙女就日常家務代理權所生家庭生活費用之債務，即對丙
男之 15 萬元與對丁女之 6 萬元，應負連帶清償責任。至於甲男與乙女內部
家庭生活費用所生債務之分擔方法，不再視夫妻所採用之夫妻財產制而不
同。新法對於其分擔之方法不以資力為限，而採多元之經濟能力、家事勞
動及其他情事決定之。本事實關係上，乙女之工作非全職，仍撥出時間照
顧家務工作。故甲男與乙女 21 萬元債務之分擔額，非每人一半，而乙女得
視其對家事之操勞與對撫育幼小之辛苦而得為酌減（參考圖一）。

例題二　夫妻財產制契約之訂立與其效力

事實關係

　　甲男年滿 21 歲，乙女僅年滿 17 歲，於民國 92 年 3 月 1 日舉行訂婚。同年 10 月 5 日依民法第 982 條第二項之規定，乙女得其父丙男之同意，為結婚之戶籍登記，但未舉行任何公開儀式之婚禮。之後甲男

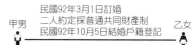

民國92年3月1日訂婚
二人約定採普通共同財產制
民國92年10月5日結婚戶籍登記

甲男　　　　　　　　　　　　乙女

21歲，結婚戶籍登記前有60萬元，該登記被推翻時，全部財產共有320萬元

17歲，結婚戶籍登記前有20萬元，該登記被推翻時，全部財產共有120萬元

▲圖二

乙女以書面約定採用普通共同財產制，並到法院為夫妻財產制之登記。但丙男對於乙女與甲男所約定共同財產制契約，認為對乙女負擔過重，不予以同意，而表示撤銷。結婚登記時，甲男已有銀行存款 60 萬元，乙女也有 20 萬元之儲蓄。二人結婚三年後，於民國 95 年 10 月 12 日被第三人舉證甲男與乙女未舉行公開儀式之婚禮，使其婚姻推定之效力被推翻。此時甲男於結婚登記後連同婚前財產共有 320 萬元，乙女也有連同婚前財產共為 120 萬元。

㈠法律問題

▶ 問一：甲男與乙女所約定之普通共同財產制是否發生效力？

▶ 問二：甲男與乙女被第三人舉證推翻未舉行公開婚禮儀式時，甲男與乙女各有多少財產？

㈡問題解說

▶ 問一：

　　本問一之討論重點乃在於未成年人結婚時，訂立夫妻財產制之契約是否應得其法定代理人之同意之問題。

　　㈠甲男與乙女於民國 92 年 3 月 1 日舉行訂婚，訂婚時雖同時訂立書面之夫妻財產制契約，並經法院夫妻財產制之登記，但因夫妻財產制契約之訂立，應以結婚後創設夫妻身分關係，始能開始適用。因此該夫妻財產制之訂立係以二人結婚為停止條件之契約。甲男與乙女於民國 92 年 10 月 5 日依民法第 982 條第二項為結婚之戶籍登記，但未舉行同條第一項結婚之形式要件。

㈡甲男與乙女之結婚戶籍登記，是否創設夫妻之身分關係? 民國 20 年 5 月 5 日實施親屬編時，民法第 982 條之結婚形式要件僅規定結婚應有公開之儀式及二人以上之證人。民國 74 年 6 月 3 日修正親屬編時，鑑於該形式要件係採禮俗婚主義，而非法律婚主義，不以結婚登記為婚姻成立之要件。但夫妻結婚多年後，當事人一方或利害關係人提出婚姻欠缺公開儀式或違反二人證人之資格，而主張該婚姻無效者，當事人要舉證當時結婚之形式要件有具備時，極為困難，且相當不公平。因此該次修法時，於第 982 條原規定改列為第一項，而增訂第二項:「經依戶籍法為結婚之登記者，推定其已結婚」。依民法第 988 條第一款之規定，結婚不具備第 982 條第一項之方式者，其結婚無效。此條項規定之立法意旨乃僅僅為舉證責任之倒置，而不是結婚之戶籍登記可代替公開儀式及二人以上結婚證人之形式要件。但是只要有結婚之戶籍登記，因其有推定其已結婚之效果，應該解釋其推定已具備民法第 982 條第一項形式要件之效果。在利害關係人或第三人未提出證據，而推翻結婚之推定效力以前，結婚登記之男女已創設夫妻之身分。但有人推翻該推定之效力成功時，該被推定之婚姻，自婚姻之登記時起溯及無效❹。

本問一之事實關係上，甲男與乙女之結婚所為之戶籍登記於民國 95 年 10 月 12 日以前，尚未被第三人舉證推翻。因此在此期間，甲男與乙女創設了夫妻之身分關係。二人約定之普通共同財產制，自甲男與乙女戶籍登記開始時發生效力。

㈢甲男與乙女訂立共同財產制契約時，乙女尚未成年。因民國 19 年制定的親屬法，將夫妻財產制契約之訂立認為是身分法上的契約，故依民法第 13 條第三項有關結婚取得行為能力之規定，在此情形不能適用，而應得法定代理人之同意始可，否則法定代理人得撤銷該訂立之財產制契約。舊民法第 1006 條規定:「夫妻財產制契約之訂立、變更或廢止，當事人如為未成年人或為禁治產人時，應得法定代理人之同意」。違反此規定時，法定代理人得撤銷之。惟在民國 91 年修正夫妻財產制時，我國之夫妻財產制契

❹　戴合著，《親屬法》，92 頁、93 頁。

約之訂立，僅能為類型之選擇，不能自由約定其內容，其夫或妻之權利義務，法律早已明定，不得任意變更。可見夫妻財產制契約之訂立與一般財產契約之訂立比較，後者比前者困難甚多。未成年人一旦結婚後，因已取得行為能力，只要不違反法律之強制禁止規定或不違背公序良俗，可任意訂立財產法上的契約，但不准訂立選擇種類之夫妻財產制契約，有輕重失衡之處。有鑑於此，民國 91 年修正夫妻財產制時，將民法第 1006 條刪除，使未成年人因結婚而取得行為能力後，其訂立夫妻財產制契約，不必得法定代理人之同意。本例題之問一上，甲男與乙女訂立之共同財產制契約，乙女雖尚未成年，但其已因結婚而取得行為能力，無須法定代理人的同意，而可獨立訂立夫妻財產制契約，故其法定代理人丙男之行使撤銷權不能成功，二人之共同財產制契約發生效力（參考圖二）。

▶ 問二：

本問二之討論重點乃在於結婚無效時，民法第 1030 條之一有關剩餘財產之分配請求權有無適用之可能？

㈠本問二之事實關係上，甲男與乙女並未舉行民法第 982 條第一項公開儀式，而只到戶政事務所為結婚之戶籍登記。該登記僅有推定之效力，但因第三人之舉證而推翻該推定成功，致使甲男與乙女之夫妻身分關係溯及到結婚登記時無效。

結婚之無效是否能適用夫妻財產制有關民法第 1030 條之一剩餘財產分配請求權之規定？夫妻財產制之適用係以有夫妻身分關係為前提，故依民國 19 年制定親屬法時，婚姻無效之效力乃當然無效、自始無效及絕對無效，故不能適用夫妻財產制。惟為保護在未有人主張無效以前夫妻事實之共同生活，在民國 74 年 6 月 3 日修正親屬編時，增訂民法第 999 條之一規定：「第 1057 條及第 1058 條之規定，結婚無效時準用之」。準此以解，結婚之無效應適用民法第 1058 條有關離婚時財產取回之規定：「夫妻離婚時，除採用分別財產制者外，各自取回其結婚或變更夫妻財產制時之財產；如有剩餘，各依其夫妻財產制之規定分配之」。

㈡本問二之事實關係上，甲男與乙女依法訂立共同財產制契約，其財

產制之適用，自二人於戶政事務所為結婚之戶籍登記時開始。結婚戶籍登記之際，甲男有婚前之固有財產60萬元，而乙女有婚前之固有財產20萬元。二人結婚戶籍登記之推定效力，因第三人之舉證二人並未舉行公開之婚禮儀式而被推翻。此時甲男與乙女之共同財產共為440萬元。甲男先取回其固有財產60萬元，乙女也取回其固有財產20萬元。二人在實際共同生活中之剩餘財產為360萬元。依民法第1040條第二項之規定，由甲男與乙女各得360萬元之半數，即180萬元。因此甲男之財產有60萬元之固有財產與180萬元之共同財產之盈餘分配數額，共有240萬元。乙女之財產有20萬元之固有財產與180萬元共同財產之盈餘分配數額，有200萬元（參考圖二）。

例題三　特別法定財產制與自由處分金之約定

事實關係

　　甲男與乙女為夫妻，結婚時特以書面契約約定法定財產制為其適用之夫妻財產制。甲男婚後雖努力工作，且收入亦不少，但因交友不慎，揮霍無度。乙女為一職業婦女，薪資收入可觀，將來法定財產制關係消滅時，必須為剩餘財產之分配，乙女甚為不放心，故要求甲男改約定分別財產制，但甲男不同意。又丙男與丁女為夫妻，結婚時未約定夫妻財產制，丁女婚前在銀行上班，婚後為育幼與做家事，辭去工作。丙男為感激丁女為家事而辭去工作，以書面答應丁女每月從丙男之薪資給與2萬元之費用，供丁女自由使用。

㈠法律問題

▶ 問一：乙女在何種情形之下，得不經甲男之同意，而改適用分別財產制？

▶ 問二：丙男所答應每月給丁女2萬元之費用是否有效？

▶ 問三：丁女為慎重起見，對丙男2萬元之給與，請求丙男一同至法院夫妻財產制登記處登記，如丙男事後反悔，而不履行2萬元之給與時，乙女能否訴請法院強制履行？

⼆問題解說

▶ 問一：

本問一之重點乃在於分別財產制除為約定財產制之一種外，尚能在一定事由發生時，依法不得不成為夫妻財產制之強制適用，此稱為特別法定財產制。夫妻一旦結婚，應依法適用一種夫妻財產制，期以規範夫妻相互間之財產關係及對外債務清償之責任。我國民法規定之分別財產制有兩種性格，一為約定財產制，即夫妻當事人得依契約訂立之財產制契約；一為特別法定財產制，即夫妻在婚姻關係存續中，一旦發生法定事由時，被迫不得不改用分別財產制。

此種強制夫妻改用分別財產制之事由有下列各種情形：

㈠當然改用分別財產制：民法第 1009 條規定：「夫妻之一方受破產宣告時，其夫妻財產制，當然成為分別財產制」。依此規定，只要夫或妻之一方宣告破產時，不待任何人之聲請，即刻由法院依職權改為分別財產制，期能使債權人容易區別夫或妻個人所有之財產，而利其債權之行使。

㈡夫或妻一方之聲請：依民法第 1010 條第一項之規定，夫妻之一方有下列各款情形之一時，法院因他方之請求，得宣告改用分別財產制：

1.依法應給付家庭生活費用而不給付（參照民 1003 條之一第一項）。

2.夫或妻之財產不足清償其債務。

3.依法應得他方同意所為之財產處分，他方無正當理由拒絕同意（參照民 1033 條）。

4.有管理權之一方，對於共同財產之管理顯有不當，經他方請求改善而不改善（參照民 1032 條）。

5.因不當減少其婚後財產,而對他方剩餘財產分配請求有侵害之虞(參照民 1020 條之一)。

6.有其他類似重大事由，影響夫妻財產關係或婚姻之共同生活。

㈢夫妻之總財產不足清償總債務或夫妻難於維持共同生活，不同居已達六個月以上（民 1010 條二項）。

㈣債權人之聲請：依民法第 1011 條之規定，債權人對於夫妻一方之財

產已為扣押，而未得清償時，法院因債權人之聲請，得宣告改用分別財產制。

在本問一之事實關係上，甲男在婚姻關
係存續中浪費金錢之生活情形，令乙女失去
信任，而不欲再維持法定財產制，同時甲男
不願與乙女以契約改定分別財產制。因此如

▲圖三

有上述法定原因之一發生時，乙女始得與甲男改用分別財產制❺（參考
圖三）。

▶ 問二：

　　民國 91 年修正夫妻財產制時，有關家庭生活費用之負擔，從舊法視妻
所採用之夫妻財產制之種類而不同，同時僅以資力為其負擔之唯一方法。
此種規定可能造成從事家務管理之一方不公平。故新法修正後，增訂民法
第 1003 條之一第一項：「家庭生活費用，除法律或契約另有訂定外，由夫
妻各依其經濟能力、家事勞動或其他情事分擔」。依此規定，新法就家庭生
活費用之分擔採多元化之分擔方法，而不以資力為限。以提供家事勞動來
分擔家庭生活費用亦為其中之一種。除此之外，為使負責家事勞動之一方
配偶，也能在婚姻關係存續中有可自由使用之金錢，新法於民法第 1018 條
之一增訂：「夫妻於家庭生活費用外，得協議一定數額之金錢，供夫或妻自
由處分」。此費用在學理上稱為自由處分金❻。本問二之事實關係上，乙女
因為顧慮家務要有人負責，於婚後不再出外工作，而由甲男與乙女以書面
約定，每月由前者支付 2 萬元給後者，使其在婚姻關係存續中自由花用。
按民法第 1018 條之一有關自由處分金之約定，規定於第四節夫妻財產制之
內，而在夫妻財產制內之夫妻以契約之約定，應適用民法第 1008 條之一之
規定。民法第 1007 條規定：「夫妻財產制契約之訂立、變更或廢止，應以
書面為之」。依民法第 1008 條之一規定：「前二條之規定，於有關夫妻財產
之其他約定準用之」。民法第 1018 條之一有關自由處分金之約定乃夫妻財

---

❺　高鳳仙，《親屬法──理論與實務》，五南圖書出版公司，民國 91 年，104 頁。

❻　此自由處分金類似舊聯合財產制時所約定之「約定特有財產」，有關此參閱戴
　　合著，《親屬法》，181 頁。

產之其他約定。現甲男與乙女以書面約定每
月 2 萬元之自由處分金，故其約定在夫妻之
間已經發生法律上之效力，但因尚未在法院
為夫妻財產制登記，依民法第 1008 條第
一項之規定，夫妻財產制契約之訂立、變更

▲圖四

或廢止，非經登記不得對抗第三人。因此甲男與乙女尚未為夫妻財產制契
約之登記，故其約定不能對抗夫或妻之債權人（參考圖四）。

▶問三：

　　如問二之事實關係改為甲男與乙女已以書面約定每月 2 萬元之自由使
用之金錢，而甲男於事後反悔，不履行每月支付 2 萬元給乙女時，乙女能
否訴請法院強制履行？民國 91 年修正夫妻財產制而增訂民法第 1018 條之
一時，在立法院之該條立法理由上，說明自由處分金約定之債務人，如不
履行其自由處分金之約定，權利人得訴請法院強制履行。但從事實務審判
之法官，並不同意該理由書之見解。因為法院之介入審判，必須法條有明
文規定，始有法院審判之依據。例如民法第 1055 條第一項規定：「夫妻離
婚者，對於未成年子女權利義務之行使或負擔，依協議……，未為協議或
協議不成者，法院得依夫妻之一方……之請求，或依職權酌定之」。但可惜
在民法第 1018 條之一之規定上，並無法院介入之明文。故本問三之事實關
係上，乙女在甲男不履行其所約定之債務時，是否能訴請法院強制履行，
仍有爭議。

　　依本人之見解，自由處分金依法約定後，義務人之一方不履行時，權
利人之一方應得訴請法院強制履行，始符合公平正義之原則。為避免發生
爭議，應再修法明定為是（參考圖四）。

例題四　夫妻財產制契約改訂後對債權人債務清償之責任

事實關係

　　乙女年滿 18 歲，與年滿 22 歲之甲男，同居一段時間後懷孕，二人唯
恐乙女之父母知悉，先以書面約定婚後採用普通共同財產制為其適用之夫

妻財產制,其後於民國 91 年 8 月 10 日前往戶政事務所為結婚之戶籍登記,並在法院為普通共同財產制之登記,但未舉行公開之結婚儀式。結婚登記時,乙女已有受遺贈之套房一間,價值 200 萬元,甲男有銀行存款 240 萬元。結婚登記五年後,乙女之套房從 200 萬元增值至 300 萬元,甲男銀行之存款也從 240 萬元增加至 540 萬元,同時也購買一筆山坡地,價值 200 萬元。但乙女婚後因投資股票失利,積欠丙銀行 640 萬元。甲男見苗頭不對,與乙女至法院改以書面約定分別財產制,並辦妥夫妻財產契約之登記。

㈠法律問題

▶ 問一: 甲男與乙女之結婚之戶籍登記是否發生夫妻之身分關係?

▶ 問二: 甲男與乙女所約定之共同財產制契約是否成立?

▶ 問三: 丙銀行對乙女 640 萬元之債權,應如何請求清償?

㈡問題解說

▶ 問一:

　　本問一之核心問題乃於夫妻間之適用夫妻財產制,而其適用夫妻財產制之前提,必須男女當事人之婚姻有效成立為原則。

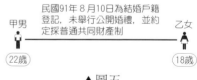

▲圖五

結婚之成立應具備實質要件與形式要件:

㈠就實質要件來說,乙女年滿 18 歲,其雖達法定結婚年齡,但尚未成年。依民法第 981 條之規定,未成年人結婚,應得法定代理人之同意。又依民法第 990 條之規定,結婚違反第 981 條之規定者,法定代理人得向法院請求撤銷之,但已懷胎者,不得請求撤銷。乙女因與甲男同居而懷胎後,二人依戶籍法為結婚之登記而創設民法第 982 條第二項夫妻身分關係之推定。故乙女法定代理人之婚姻撤銷權喪失,除非法定代理人能舉證二人未舉行公開婚禮而推翻該推定之效力。㈡就形式要件來說,在民國 19 年制定的親屬法,依民法第 982 條第一項之規定,結婚非具備公開儀式及二人以上的證人不可,否則結婚無法成立。但在民國 74 年親屬法全面修正時,民法第 982 條增加第二項規定:「經依戶籍法為結婚之登記者,推定其已結

婚」。此第二項之規定乃舉證責任之倒置，只要結婚當事人有結婚之戶籍登記，法律先推定其已具備第 982 條第一項所規定之公開儀式及二人以上之證人；但第三人得隨時提出反證推翻該推定，而溯及至結婚登記時，自始無效。惟如未有人提出反證以前，結婚登記之男女仍能成立夫妻身分關係。本問一之事實關係上，結婚之戶籍登記尚未有人提反證，故二人仍繼續維持夫妻之身分關係（參考圖五）。

▶ 問二：

本問二討論之重點乃在於訂立夫妻財產制時，如有未成年人，應如何訂立始能有效成立？本問一之事實關係上，甲男與乙女為夫妻，在婚姻關係存續中，應適用一種夫妻財產制，期以規律夫妻間之財產關係及對債權人債務之清償責任，同時在此範圍內排除民法其他財產法之規定（民 1004 條）。我國採用之夫妻財產制，約定財產制優先適用於法定財產制。甲男與乙女在未結婚以前，先以書面約定普通法定財產制為其婚後所適用之財產制，且於結婚戶籍登記後，即時前往法院為夫妻財產制契約之登記，以便對抗第三人（民 1007 條、1008 條）。

甲男與乙女訂立之普通共同財產制，是否因乙女之未成年，而影響其夫妻財產制契約之效力？民國 91 年 6 月 26 日在親屬編之夫妻財產制未修正以前，民法第 1006 條將夫妻財產制契約之約定視為身分法上之契約，而與總則編第 13 條第三項有不同之規定：「夫妻財產制契約之訂立、變更或廢止，當事人如為未成年人或為禁治產人時，應得其法定代理人之同意」。依此舊民法第 1006 條之規定，夫妻雖已結婚，但如未成年而欲約定或改定夫妻財產制時，仍需得法定代理人之同意。反之，依民法第 13 條第三項之規定，未成年人已結婚者，有行為能力，其訂定任何財產法上之契約，不必得法定代理人之同意。

民國 91 年修正親屬編夫妻財產制時，鑑於我國夫妻財產制契約之訂立或改定，通常僅為財產制種類之選擇，較一般財產法契約之訂立單純，且與身分行為無多大關係，沒有必要採取嚴格之訂約標準，因此將民法第 1006 條刪除❼。在本問一事實關係上，甲男與乙女以書面訂立之普通共同

財產制契約，依新法之規定乙女雖為未成年，但因其已有行為能力，其與甲男所訂立之財產制契約並無瑕疵，而有效成立（參考圖五）。

▶ 問三：

本問三討論之重點乃在於婚姻關係存續中，如改訂夫妻財產制時，對其已發生之債務，應如何負清償責任？本問三之事實關係上，甲男與乙女於結婚登記時，因採普通共同財產制，乙女於結

▲圖六

婚時所有之套房一間，值 200 萬元及甲所有之銀行存款 240 萬元，均成為二人公同共有之財產。同時在婚姻關係存續中二人繼續所得之財產，除法定特有財產外（民 1031 條之一），亦屬於二人所公同共有。

甲男與乙女於婚後五年，因乙女之投資股市失利，積欠丙銀行 640 萬元之多，故改以書面約定採用分別財產制，並辦妥財產制契約之登記。依我國民法第 1004 條之規定，夫妻得於結婚前或結婚後，以契約就本法所規定之約定財產制中，選擇其一，為其夫妻財產制。因此甲男與乙女在婚姻關係存續中，從普通共同財產制改約定為分別財產制乃為法之所許可。但為保護債權人之利益及交易之安全，在民國 91 年夫妻財產制未修正前，於我國舊非訟事件法第 45 條第四項有特別規定：「前三項夫妻財產制契約之登記，對於登記前夫或妻所負債務之債權人不生效力，亦不影響依其他法律所為財產權登記之效力」。此法條之內容，不單單在保護債權人對債務人已登記物權財產之求償，而且也在保護債權人對債務人債權之求償，否則夫妻在婚姻存續中，任意訂立或改廢夫妻財產制時，將對改廢前已登記之物權或已發生債權之求償，均有受詐害之可能。

民國 91 年修正夫妻財產制時，將舊非訟事件法第 45 條第四項有關保護債權人權益之規定，改列於實體法上民法親屬編體系內之第 1008 條：即民法第 1008 條之第一項未變更，但增訂第二項規定：「前項夫妻財產制契約之登記，不影響依其他法律所為財產權登記之效力」。原第 1008 條之第

❼　高鳳仙，《親屬法——理論與實務》，108 頁。

二項，未變更內容，移至該條第三項。民法第 1008 條第二項對債權人權益之保護，與非訟事件法第 45 條第四項比較，似有不足之處。因為前者之第二項並未將後者第四項前段之規定，即「對於登記前夫或妻所負債務之債權人不生效力」一併移列。從而夫妻一旦變更夫妻財產制契約而在法院為夫妻財產制之登記時，登記前夫或妻已發生之未有物權擔保之普通債務有解釋為不溯及既往之可能，而其債權人將受到詐害。

在本問三上，丙銀行債權人對乙女 640 萬元之債權，如依舊非訟事件法第 45 條第四項之規定，夫妻財產制契約雖變更登記，但登記前已發生之債權請求權及財產權登記均不受影響，此時甲男與乙女仍應以改用分別財產制以前之普通共同財產制對其債權人負責。依民法第 1034 條之規定，夫或妻結婚前或婚姻關係存續中所負之債務，應由共同財產，並各就其特有財產負清償責任。甲男與乙女在改用分別財產制時，有共同財產 1040 萬元，即乙女已登記之不動產 300 萬元，甲男已登記之不動產 200 萬元及現金存款 540 萬元。二人以 1040 萬元對丙銀行債權人負連帶清償之責任。

惟依現行民法第 1008 條第二項之規定，夫妻間夫妻財產制契約之變更登記，雖不影響依其他法律所為財產權登記之效力，但未規定對於「登記前夫或妻所負債務之債權人不生效力」。因此丙銀行對甲男與乙女已登記之不動產 300 萬元與 200 萬元之求償，不因二人財產契約之變更登記而受影響。但其剩下之 140 萬元，能否對甲男在改為分別財產制以前已有之銀行存款 540 萬元求償，仍不得不發生疑問。因此民法第 1008 條第二項應一併修正規定為：「登記前夫或妻所負債務之債權人不生效力」較為妥當，以杜絕本問三在婚姻關係存續中因夫妻改變夫妻財產制契約之登記而所發生債務清償之爭議（參考圖六）。

第二節 法定財產制之新規定

例題五 舊法定財產制之聯合財產制過渡到現行新法定財產制之適用

事實關係

甲男年滿 25 歲與年滿 22 歲之乙女，於民國 88 年 6 月 1 日，依民法第 982 條之規定結婚。結婚時，二人未約定夫妻財產制契約，而當時甲男已購買一筆土地，值 300 萬元及銀行已有存款 100 萬元。乙女當時也有鑽戒、手鐲等

民國88年6月1日結婚，未約定
甲男　夫妻財產制　　　　　　　乙女
民國95年2月10日離婚

醫師, 25歲，結婚時有300萬元土地、存款100萬元；婚後有醫療器材240萬元、高爾夫球具10萬元及開業收入1200萬元

歌星, 22歲，結婚時有30萬元之首飾；婚後有音樂器材80萬元及演唱收入800萬元

▲圖七

個人使用之飾物，值 30 萬元。甲男為一開業醫師，於婚姻關係存續中，在民國 93 年 10 月間購買一批昂貴之醫療器材及一高級高爾夫球具。一個月後，因乙女在歌壇發展甚有成就，也購買一批精密的音樂器材。不久二人因職業之不同，感情逐漸惡化，終於 95 年 2 月 10 日辦妥兩願離婚。離婚時，甲男之財產有： 1.婚前值 300 萬元之土地，已增值至 400 萬元。 2.婚前 100 萬元銀行存款，連同利息有 160 萬元。3.婚後購買之醫療器材值 240 萬元，及高爾夫球具值 10 萬元。 4.婚後開業收入，現金 1200 萬元。此時乙女之財產有： 1.婚前個人首飾 30 萬元。 2.婚後購買之 80 萬元音樂器材及歌星收入現金 800 萬元。

㈠**法律問題**

▶ 問一： 過渡時期之法定財產制應如何適用法條？

▶ 問二： 甲男與乙女兩願離婚時，各有多少財產？

㈡**問題解說**

▶ 問一：

　　本問一之討論重點乃在於夫妻正在適用舊聯合財產制，民國 91 年修法時，夫妻無改變其財產制，但因修法之故，從舊法過渡到新法之法定財產制時，應如何為剩餘財產之分配請求權之問題。民國 91 年 6 月 26 日修正夫妻財產制時，法定財產制修正之幅度甚大，甚至連名稱也改變，舊法稱為聯合財產制，修正後改稱為法定財產制。

　　惟修正前與修正後之法定財產制之內容有相當多的變動，但法定財產制關係消滅時，夫妻就雙方剩餘財產得請求分配之權利，除有小部分修正外，二者原則性的內容相差不大。

　　依舊聯合財產制之規定，夫或妻之財產分為原有財產與特有財產。原有財產又分為結婚時已有之財產及婚姻關係存續中所取得之財產（特有財產除外）（舊民 1017 條）。結婚時已有之原有財產不為民法第 1030 條之一有關剩餘財產之分配財產；反之，婚後取得之原有財產，除繼承或其他無償取得之財產外，依民法第 1030 條之一之規定，夫妻間應予以剩餘財產之分配。特有財產又分為法定特有財產（舊民 1013 條）與約定特有財產（舊民 1014 條）。此兩種特有財產因適用分別財產制之規定，夫或妻對該財產得各自為完全之支配（舊民 1015 條），故也不為剩餘財產分配之對象❽。

　　民國 91 年 6 月 26 日修正法定財產制之內容後，夫或妻之財產分為婚前財產與婚後財產（民 1017 條一項）。至於特有財產，無論為法定特有財產或為約定特有財產，於修正後，在法定財產制完全被刪除，而其僅以法定特有財產存在於普通共有財產制上（民 1031 條之一）。因此婚前之特有財產屬於婚前財產，婚後之特有財產屬於婚後財產。其次，夫或妻之婚前財產，於婚姻關係存續中所生之孳息，視為婚後財產（民 1017 條二項）。夫或妻婚前財產不為民法第 1030 條之一有關剩餘財產分配之對象，只有婚後財產在一定之條件下，始能為剩餘財產分配之對象。

　　本問一之事實關係上，甲男與乙女於民國 88 年 6 月 1 日結婚時，並未約定夫妻財產制。因當時夫妻財產制尚未修正，二人應適用舊聯合財產制之法定財產制。民國 91 年 6 月 26 日修正法定財產制時，甲男與乙女未改

---

❽　戴合著，《親屬法》，185 頁。

定其他之約定財產制，故二人依然適用新的法定財產制。惟新的法定財產制對舊聯合財產制來說，其規定之內容多少有不同之處。為因應此過渡時期，民法親屬編施行法第 6 條之二就此規定：「中華民國 91 年民法親屬編修正前適用聯合財產制之夫妻，其特有財產或結婚時之原有財產，於修正施行後視為夫或妻之婚前財產；婚姻關係存續中取得之原有財產，於修正施行後視為夫或妻之婚後財產」。此條之立法內容在解決舊聯合財產制有關特有財產、婚前已有之原有財產及婚後所取得之原有財產與修正後新法定財產制有關婚前已有之財產及婚後所取得財產間之關係，如何轉換之問題。甲男與乙女轉換為新法定財產制後，依下面所述問二之解說，依民法第 1030 條之一規定，由甲男與乙女分配剩餘財產（參考圖七）。

▶ 問二：

　　本問二之討論重點，在於甲男與乙女依新修正後之法定財產制，如何分配剩餘財產之問題。本問二之事實關係上，甲男與乙女於結婚時，先採用聯合財產制之法定財產制。而其適用之法定財產制，因民國 91 年修法之故，前後跨越了兩種不同內容之法定財產制。修正後之法定財產制不再有「特有財產」之規定，而夫或妻之財產只分為婚前財產與婚後財產。只有婚後財產原則上成為剩餘財產分配之對象，而婚前財產則否。依民法親屬編施行法第 6 條之二之規定，適用聯合財產制之夫或妻，其特有財產或結婚時之原有財產，於修正施行後視為夫或妻之婚前財產；婚姻關係存續中取得之原有財產，於修正施行後視為夫或妻之婚後財產。

　　適用親屬編施行法第 6 條之二之過渡條款後，甲男婚前財產為一筆土地，值 400 萬元及婚前銀行存款 100 萬元。甲婚後財產有婚前財產而婚後之利息收入 60 萬元（民 1017 條二項）。又甲男婚後購入之 240 萬元醫療器材及 10 萬元之高爾夫球具，雖為舊法第 1013 條所稱之職業上所必需之物與個人使用之物，屬於特有財產，但新法定財產制已無法定特有財產之規定，故二者均為甲男婚後所取得之財產。此外甲男開業收入之 1200 萬元亦為婚後之財產。乙女婚前已有之首飾 30 萬元為婚前財產（親屬編施行法 6 條之二）。乙女婚後購入之 80 萬元音樂器材，有如前述，因婚後無特有財

產之規定，故屬於婚後財產。又乙女當歌星 800 萬元之收入亦為婚後財產。甲男婚後財產共有 1510 萬元；乙女婚後財產共有 880 萬元。依民法第 1030 條之一第一項之規定，法定財產制關係消滅時，夫或妻現存之婚後財產，扣除婚姻關係存續中所負債務後，如有剩餘，其雙方剩餘財產之差額，應平均分配。依此規定，二人剩餘財產平均分配後，夫與妻各有分配後之剩餘財產為 1195 萬元。

甲男尚有婚前財產之不動產 400 萬元及現金 100 萬元，共為 500 萬元。甲男離婚時，婚前財產有 500 萬元與婚後財產之 1195 萬元，總共有 1695 萬元。乙女離婚時，尚有婚前財產首飾 30 萬元與婚後財產 1195 萬元，總共有財產 1225 萬元（參考圖七）。

例題六 婚後財產加入剩餘財產分配之財產種類

事實關係

甲男與乙女於民國 92 年 2 月 1 日結為夫妻，結婚時未約定夫妻財產制。結婚時，甲男已有銀行存款 240 萬元，乙女也有娘家嫁妝一棟值 480 萬元之房屋。婚後不久，適逢乙女之 25 歲生日，甲男以結婚時之銀行存款 100 萬元買一枚鑽戒送給乙女作為生日禮物，乙女之舅父丙男亦買 40 萬元之一對手鐲

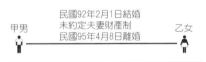

民國92年2月1日結婚
未約定夫妻財產制
民國95年4月8日離婚

甲男 —————— 乙女

結婚時有240萬元存款，以該存款購買100萬元鑽戒送給乙女。婚後受贈名畫價值30萬元。繼承其父420萬元遺產，以婚後財產繳納40萬元遺產稅，薪資收入600萬元

結婚時有嫁妝房屋一棟480萬元，離婚時增值至540萬元。婚後受甲男贈與100萬元鑽戒，受丙男贈與40萬元手鐲及受丁男贈與60萬元名畫。婚後將婚前房屋出租之租金30萬元。因他人侵權行為獲醫藥費賠償金20萬元及慰撫金30萬元

▲圖八

贈送給乙女。二人於結婚週年之紀念日上，又收到由其結婚時雙方家庭世交之證婚人丁男所贈送 60 萬元之一幅名畫。但甲男與乙女結婚三年後，因甲男之外遇，於民國 95 年 4 月 8 日二人辦妥兩願離婚。離婚時，甲男在婚姻存續中所得之財產可觀。其婚後薪資收入，除以 40 萬元繳納遺產稅外，尚有 600 萬元存款及繼承其父遺產 420 萬元。此時乙女之財產有其嫁妝房屋從 480 萬元已增值至 540 萬元及該屋於婚後出租之租金所得 30 萬元。又乙女因戊男對其身體之侵害，獲得 20 萬元醫藥費及 30 萬元慰撫金之賠償金。

㈠法律問題

▶ 問一： 夫妻之一方對他方贈與財產時，在法定財產制下，是為有償取得之財產，抑或為無償取得之財產？

▶ 問二： 甲男與乙女離婚後，如何為剩餘財產之分配？

▶ 問三： 甲男與乙女離婚後，各有多少財產？

㈡問題解說

▶ 問一：

本問一之討論重點乃在於適用法定財產制時，夫妻間之贈與究為有償之婚後財產或無償之婚後財產之問題。

㈠本問一之事實關係上，甲男與乙女於民國 92 年後結婚時，並未約定夫妻財產制。因二人在婚姻關係存續中所採用之夫妻財產制為新修正後之法定財產制。二人於法定財產制關係因兩願離婚而消滅時，應適用民法第 1030 條之一有關剩餘財產分配之規定。本問一之事實關係上，首先應討論之法律問題是夫妻間有贈與財產時，該贈與財產究為民法第 1030 條之一第一項第一款之「其他無償取得之財產」，抑或為「有償取得之婚後財產」，而應加入剩餘財產之分配？

㈡就此法律疑問，有兩種可能解決之方法：

1.**文義解釋**：從民法第 1030 條之一第一項第一款之文義觀察，其只規定夫妻之一方如有無償取得之財產，即不必加入剩餘財產之分配。至於贈與人為何人，因條文內無特別規定，故應有利於受贈人之解釋，期以保護受贈人之既得利益。

2.**目的解釋**：從民法第 1030 條之一第一項第一款之目的解釋，該條立法意旨在於夫或妻之一方因繼承或其他無償取得之財產，其與婚姻共同生活無關，也就是夫妻一方對他方財產之取得，並無協力之功勞。但夫妻之間之贈與，與第三人之贈與仍有差異，因為夫妻間有互負同居、扶養、貞操等義務，不但在感情上，而且在經濟上均發生密切之關係，因此雙方有相互扶持與協助之責任，故夫妻間之贈與解釋為有償取得為宜。

3.**依本人見解**： 此兩種解釋方法均有法理之依據，甚難取捨。惟從公

平觀點來說，宜採目的解釋較為妥當。所持之理由有二❾：

(1)夫妻相互間之贈與，因夫妻互負同居義務，通常為婚姻生活之美滿而須同甘共苦，充分合作。其與第三人單純之無償贈與有甚大的差異。通常夫對妻之贈與，或許感激其持家之辛勞，或酬勞對其情感的慰藉或事業的協助。因此夫妻間之贈與和第三人之贈與相同看待時，不僅有違民法第1030 條之一第一項但書之立法意旨，而且對贈與之一方將造成不公平。

(2)我國民法第 1030 條之一有關剩餘財產之分配乃仿效德國民法淨益共同財產制所規定的。從比較法之立場來說，德國淨益共同財產制之淨益分配之方法上，有關夫妻間之贈與財產，似採目的解釋。依德國民法第1380條第一項之規定，配偶一方對他方所為之無償給與，如其價值是否超出夫妻通常贈與額，而發生疑義時，推定其價值應算入淨益財產之平衡債權內（剩餘財產）。又依同條第二項之規定，給與之價值，於計算平衡債權時，應加算於為給與之配偶之淨益內。

(3)在本問一之事實關係上，甲男以婚前財產，於婚後購買 100 萬元之鑽戒一枚給乙女，宜認為非第三人無償之給與，而應為配偶一方對他方酬勞之對價，故日後在法定財產制關係消滅時，受贈與之乙女應將該鑽戒視為婚後有償取得之財產，而加入剩餘財產之分配（參考圖八）。

▶ 問二：

㈠為適用民法第 1030 條之一第一項所規定婚後財產之剩餘財產分配請求權，首先應將夫或妻之財產分為婚前財產與婚後財產。其次，本問二要討論之重點，在於婚後財產應加入剩餘財產分配之財產範圍，也就是何種婚後財產不屬於剩餘財產分配之範圍。本問一之事實關係上，甲男與乙女因採用法定財產制，於法定財產制關係消滅後，應為剩餘財產之分配，而甲男與乙女之兩願離婚也是法定財產制關係消滅之一種。法定財產制上有關剩餘財產之分配只有婚後財產，而婚前財產與此無關。因此為計算夫與妻有關婚後財產之剩餘財產之分配，應先將夫與妻之婚前財產與婚後財產加以分開。甲男與乙女結婚時，甲男之婚前財產為 240 萬元銀行存款，

❾ 戴東雄，《親屬法實例解說》，172 頁。

乙女之婚前財產為一棟 480 萬元之房屋，於離婚時已增值至 540 萬元。甲男之婚後財產則有薪資收入存款 600 萬元、繼承其父遺產 420 萬元，但以薪資所得繳納 40 萬元之遺產稅。乙女婚後財產有婚前財產之房屋，於婚後出租所得之租金 30 萬元（民 1017 條二項）；婚後受他人侵權行為所得之醫藥賠償費 20 萬元及慰撫金 30 萬元（民 1017 條一項）及從舅父受贈之 40 萬元手鐲。

㈡在本問二之事實關係上，甲男與乙女從丁男於婚後所無償受贈與之 60 萬元之名畫，因丁男為甲男與乙女兩家之世交，無法證明其對甲男或乙女之贈與。依民法第 1017 條第一項後段之規定，應推定為甲男與乙女共有之婚後財產。因此甲男與乙女對 60 萬元之名畫，各得 30 萬元，但因其為無償取得之財產，故屬不加入剩餘財產分配之財產（民 1030 條之一第一項但書）。

㈢在法定財產制上，非所有之婚後財產均為剩餘財產分配之對象。依民法第 1030 條之一第一項規定，法定財產制關係消滅時，夫或妻現存之婚後財產，扣除婚姻關係存續中所負債務後，如有剩餘，其雙方剩餘財產之差額，應平均分配，但下列財產不在此限：1.因繼承或其他無償取得之財產；2.慰撫金。依此規定，在本問二之事實關係上，甲男婚後財產中，繼承其父之遺產 420 萬元，不加入剩餘財產之分配；乙女從其舅父受贈 40 萬元之手鐲也不加入剩餘財產分配之財產。甲男與乙女從丁男於婚後所無償受贈之 60 萬元之名畫，因丁男為甲男與乙女兩家之世交，無法證明其對甲男或乙女之贈與。依民法第 1017 條第一項後段之規定，應推定為甲男與乙女共有之婚後財產。甲男與乙女對 60 萬元之名畫，各得 30 萬元，但因其無償取得之財產，故也不加入剩餘財產之分配。又乙女因戊男之侵權行為所得之慰撫金 30 萬元也不為剩餘財產分配之對象。但乙女因財產上 20 萬元之損害賠償金應為加入剩餘財產分配之財產。

㈣依民法第 1030 條之二第二項之規定，夫或妻之一方以其民法第 1030 條之一第一項但書之財產清償婚姻關係存續中其所負債務者，適用民法第 1030 條之二第一項有關債務補償之規定。依此規定之反面解釋，以負

有剩餘財產分配義務之婚後財產，清償不必以剩餘財產分配之婚後財產所負之債務者，如婚前所負債務或因繼承或無償取得財產而負債務之情形，其於計算剩餘財產分配額時，應先行補償。在本問二之事實關係上，甲男以其婚後之薪資收入替婚後繼承所得之遺產稅繳納 40 萬元，應補償為剩餘財產分配之財產。

　　甲男婚後應為剩餘財產分配之財產有銀行存款 600 萬元與補償遺產稅之 40 萬元，共為 640 萬元。乙女婚後應為剩餘財產分配之財產，有婚後由婚前財產之租金所得 30 萬元、婚後醫藥賠償費 20 萬元及從甲男於婚後所受 100 萬元之一枚鑽戒，共為 150 萬元。依民法第 1030 條之一第一項之規定，甲男從乙女之剩餘財產分配額得 150 萬元之 1/2，即 75 萬元。同理，乙女從甲男之剩餘財產分配額得 640 萬元之 1/2，即 320 萬元。因此甲男與乙女就婚後財產之剩餘財產分配額各為 75 萬元加 320 萬元，即 395 萬元（參考圖八）。

▶ 問三：

　　本問三討論之重點乃在於夫妻在法定財產制為剩餘財產之分配後，尚須將剩餘財產之分配額與婚前財產與不加入剩餘分配之婚後財產加在一起，始為夫妻離婚後所有之財產。本問三之事實關係上，甲男與乙女於離婚後，其各自財產為其婚前財產、婚後不為剩餘財產分配之財產及二人所分到之剩餘財產分配額之總和。甲男之婚前財產為：240 萬元減去購買 100 萬元鑽戒，即 140 萬元。甲男之婚後財產不加入剩餘財產分配之財產為繼承其父遺產之 420 萬元減去 40 萬元之遺產稅，加上 30 萬元無償受贈之名畫，即 550 萬元。甲男剩餘財產分配額為 395 萬元。二者加上後，甲男離婚時之財產總共有 945 萬元。乙女婚前財產有房屋一棟 540 萬元。婚後財產不加入剩餘財產分配之財產有他人侵權行為所獲之 30 萬元之慰撫金及 30 萬元受贈之名畫與 40 萬元受贈之手鐲。乙女因剩餘財產之分配額而得之 395 萬元。四者加上後，乙女離婚時之財產總共有 1035 萬元（參考圖八）。

例題七　剩餘財產負數時之剩餘財產分配與剩餘財產分配請求權之專屬性

事實關係

甲男與乙女為夫妻，結婚時未約定夫妻財產制。此時甲男已有銀行存款 120 萬元及一棟值 240 萬元之房屋。乙女也有娘家之嫁妝一筆土地 360 萬元。其婚後生下丙男與丁女。不久甲男與其女祕書戊女發生姦情，而生下己女，但為戊女之夫庚男所不知。甲男偷偷接濟己女之生活費，並以自書遺囑對己女贈與 20 萬元，以表示對己女負起父親之責任。甲男與乙女結婚十五年後，甲男遇車禍死亡。甲男死亡時，其婚後薪資收入有 640 萬元，婚前存款之利息為 20 萬元，婚前 240 萬元之房屋已增值至 310 萬元，且婚後將其出租而有租金收入 40 萬元。乙女於甲男死亡時，除婚前土地已從 360 萬元增值至 460 萬元外，於婚後又繼承其父一棟 600 萬元之房屋。乙女婚後雖也有工作之收入，但因投資事業失敗，除以婚後收入繳納遺產稅 40 萬元外，婚後所得只剩下 60 萬元，並對辛銀行負債 120 萬元。

㈠**法律問題**

▶ 問一：甲男死亡時，甲男與乙女應如何為剩餘財產之分配？

▶ 問二：甲男死亡時，何人為甲男之繼承人，其應繼分各有多少？

▶ 問三：本例題之事實關係中，如改為車禍死亡之人為乙女，而不是甲男時，乙女之繼承人應如何繼承？

㈡**問題解說**

▶ 問一：

　　本問一之討論重點乃在於適用法定財產制之夫妻一方，於剩餘財產分配時，不但無剩餘財產，而且為負數時，應如何分配他方剩餘財產之問題。

　　㈠本例題之事實關係未說明甲男與乙女何時結婚，故應依民國 91 年新修正之法定財產制解說為當。二人結婚時，因未約定財產制，因此其適用法定財產制（民 1005 條）。在法定財產制上，因甲男遇車禍死亡，其法定

財產制關係消滅。但在甲男之繼
承人繼承其留下之財產以前，應
先解決夫妻財產制有關財產之清
算及剩餘財產之分配問題。在法
定財產制上，夫或妻之財產分為
婚前財產與婚後財產（民 1017 條
一項）。依民法第 1030 條之一第
一項之規定，法定財產制關係消

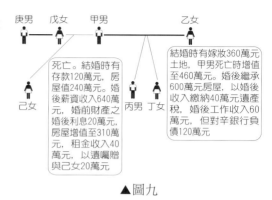

庚男　戊女　甲男　　　　乙女

死亡。結婚時有
存款120萬元，房
屋值240萬元。婚
後薪資收入640萬
元，婚前財產之
婚後利息20萬元，
房屋增值至310萬
元，租金收入40
萬元，以遺囑贈
與己女20萬元

己女

結婚時有嫁妝360萬元
土地，甲男死亡時增值
至460萬元。婚後繼承
600萬元房屋，以婚後
收入繳納40萬元遺產
稅，婚後工作收入60
萬元，但對辛銀行負
債120萬元

丙男　丁女

▲圖九

滅時，夫或妻現存之婚後財產，扣除婚姻關係存續中所負債務後，如有剩
餘，其雙方剩餘財產之差額，應平均分配。但因繼承或其他無償取得之財
產，不在此限。依此規定，甲男或乙女之婚前財產不為剩餘財產分配之對
象。只有婚後財產應為剩餘財產之分配，但必須將婚後所負之債務及繼承
取得之財產扣除或除外。準此以解，本問一之事實關係上，甲男對己女遺
贈之 20 萬元為甲男婚後所負之債務，應從其婚後 640 萬元之薪資所得扣
除，而剩下 620 萬元。

　　甲男之婚前財產有銀行存款 120 萬元及增值至 310 萬元之房屋一棟，
共為 430 萬元。乙女之婚前財產有增值至 460 萬元之一棟房屋。甲男婚後
之財產有薪資所得 620 萬元及婚前財產於婚後所得之孳息有現金利息 20
萬元及房屋租金 40 萬元，共為 680 萬元。乙女婚後財產有繼承取得之 600
萬元之房屋一棟、代繳 40 萬元遺產稅之補償及剩餘 60 萬元之工作所得。
因婚後繼承取得之財產不必加入剩餘財產之分配，乙女婚後加入剩餘財產
分配之財產為 100 萬元，而繼承取得之財產 600 萬元應扣除 40 萬元之遺產
稅，故繼承之財產為 560 萬元（民 1030 條之二第二項）。

　　乙女婚後加入剩餘財產分配之財產只有 100 萬元，但婚後對辛銀行尚
負債 120 萬元，此表示乙女之婚後應加入剩餘財產分配之財產為負 20 萬
元，而甲男婚後加入剩餘財產分配之財產為 680 萬元。

　　㈡此時甲男與乙女依民法第 1030 條之一第一項之規定，應如何為剩餘
財產之分配？依我國法定財產制有關夫妻剩餘財產之分配，如其中一方並無

剩餘財產，尚且對外負債時，應如何解決，我民法無明文規定，值得討論。

依據法理，此法律疑問之解決方法可能有以下兩種：

1.由有剩餘財產之夫妻一方，先補償他方之債務後，再由無剩餘財產之他方，對有剩餘財產一方，請求其剩餘財產全部之一半。

2.有剩餘財產之夫妻一方對他方並無補償其債務之義務。由後者請求未補償前全部剩餘財產之一半。

3.此兩種解釋方法均有法理之根據，惟從公平正義之立場觀察，以第二說較為妥當：⑴夫妻一方在婚姻關係存續中負債時，他方須先補償其債務後，方能以所剩下之剩餘財產加以分配，則有剩餘財產之一方所得之剩餘財產分配額，反而少於他方。如此結果有鼓勵人人不必努力工作，甚至負債也有他方代為補償之嫌，而違反公平正義之原則。⑵從比較法之觀點來說，德國民法第 1374 條第一項有關法定財產制之淨益共同財產制上，所稱開始財產係配偶於夫妻財產制開始時，扣除債務後所剩餘之財產，而其債務以扣盡淨益財產之總額為限。開始財產如為負數，以零計算，即終結財產不必負開始財產之債務，期以表示淨益財產分配之公平性。又依瑞士民法第 210 條第二項之規定，夫妻之一方在婚姻存續中，無剩餘財產時，他方不負補償之義務。負債一方所得之財產以零計算。

從以上之分析，可知甲男對乙女婚後所負 20 萬元之債務無補償之義務，因此乙女婚後之剩餘財產數額，解釋以零計算為是，而甲男有 680 萬元之剩餘財產，故乙女得向甲男請求剩餘財產之分配額為 680 萬元之一半，即 340 萬元 ❿（參考圖九）。

▶ 問二：

本問二討論之重點乃在於夫妻一方先死亡，於計算被繼承人之遺產時，應先計算夫妻剩餘財產之分配後，將被繼承人之剩餘財產分配額與其婚前財產之總額為其應繼承之財產，其次檢討非婚生子女是否有繼承權之問題。

㈠在本問一事實關係上，依其繼承順序先解出甲男死亡時，何人為其法定繼承人？甲男所留下之應繼財產有多少？其繼承人之法定應繼分各有多少？

❿　戴東雄，《親屬法實例解說》，171 頁、172 頁。

甲男死亡時，繼承即開始（民 1147 條）。其繼承人為婚生子女丙與丁及配偶乙女（民 1138 條一款）。己女是否為甲男之直系血親卑親屬，應先予以說明。戊女與甲男發生姦情而生己女，故己女為甲男之非婚生子女。甲男提供己女之生活費，依民法第 1065 條第一項之規定，非婚生子女經生父認領者，視為婚生子女，其經生父撫育者，視為認領。甲男提供己女之生活費，理當視為認領，但己女受胎時，戊女與庚男有婚姻關係。因此己女出生時，應受庚男婚生子女之推定（民 1063 條一項）。因戊女與庚男均未依民法第 1065 條第二項之規定，提出婚生否認之訴，故己女為庚男之婚生子女，甲男撫育己女，不能視為認領，己女非甲男之直系血親卑親屬，己女對甲男無繼承權。

㈡甲男死亡時，其應繼承財產為其婚前財產 430 萬元及如問一所述，婚後剩餘財產之分配額 340 萬元，共為 770 萬元。依民法第 1144 條第一款之規定，乙女、丙男與丁女，平均繼承，各得 770 萬元之 1/3（參考圖九）。

▶ 問三：

本問三討論之重點乃在於民法第 1030 條之一有關剩餘財產分配請求權規定為一身專屬權是否妥當之檢討，因為於民國 96 年 5 月 23 日修法時，將剩餘財產分配請求權不再認為一身專屬權，而改回其得為繼承之標的。

㈠此法律問題，依本問三之事實關係，乙女因車禍死亡，而甲男為生存配偶。乙女死亡時，其剩餘財產為負 20 萬元，故有如前述，應以零計算。甲男之剩餘財產為 680 萬元。民國 91 年修正夫妻財產

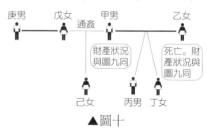

▲圖十

制之法定財產制時，因增訂民法第 1030 條之一第三項：「第一項請求權，不得讓與或繼承，但已依契約承諾，或已起訴者，不在此限」。依此規定，剩餘財產分配請求權有一身專屬權之特性，而成為不得繼承之標的。民法第 1148 條規定：「繼承人自繼承開始時，除本法另有規定外，承受被繼承人財產上之一切權利、義務。但權利、義務專屬於被繼承人本身者，不在此限」。依本例題之事實關係，現乙女已死亡，該請求權因具有一身專屬權

之故，非乙女自己行使不可，而不能由甲男之直系血親卑親屬繼承丙男與丁女對甲男請求分配剩餘財產。其結果甲男不但不必將其剩餘較多之財產分配出去，而且尚能以被繼承人之配偶身分與其他最前順序之血親繼承人共同繼承，此將造成一定程度之不公平❶。因此民國96年5月23日新修正之民法第1030條之一第二項有關剩餘財產分配請求權規定為一身專屬權有失公平性，故將該規定刪除，又回復得為繼承之標的，值得肯定❷。

　　㈡乙女先死亡時，其留下之應繼財產為其婚前所有土地460萬元及婚後繼承房屋之560萬元，其應繼財產共為1020萬元。又剩餘財產之分配請求權已不為一身專屬權，乙女之繼承人丙男與丁女得向甲男請求340萬元剩餘財產之分配數額。因此乙女死亡後其所留下之遺產為1360萬元，其繼承人有配偶甲男、子女丙男、丁女。依民法第1144條第一款之規定，每人各得1360萬元之1/3（參考圖十）。

例題八　繼承取得財產所生孳息之性質與不加入剩餘財產分配之婚後財產

事實關係

　　甲男與乙女為夫妻，結婚時未約定夫妻財產制。乙女於結婚前二星期，從其母繼承一棟330萬元之小套房，但有10萬元之遺產稅。因乙女臨時無現金，由甲男婚後二個月，以其婚後之剩餘財產代為繳納。甲男在婚前已有存款80萬元。二人結婚十年後，甲男於婚姻關係存續中，繼承其父之遺產820萬元之一棟房屋，出租給第三人。其後甲男因病死亡。甲男死亡時，其存款從80萬元增至360萬元，其中包

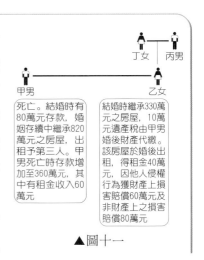

▲圖十一

---

❶　剩餘財產分配請求權於民國91年改為一身專屬權後，其所發生不公平之現象，參閱戴合著，《親屬法》，190頁。

❷　高鳳仙，《親屬法——理論與實務》，150頁、151頁。

括 60 萬元之租金收入。甲男死亡時，乙女將其繼承取得 330 萬元之房屋出租，而有租金收入 40 萬元。又乙女的身體因受他人加害，而有 60 萬元財產上及 80 萬元非財產上之損害賠償請求權。

㈠**法律問題**

▶ 問一：甲男死亡時，甲男與乙女各有多少財產？

▶ 問二：本問一之事實關係，如改為甲男未死亡，而是乙女先死亡，且乙女尚有父丙、母丁健在，其他事實關係不變時，甲男之財產有多少？由何人繼承？

㈡**問題解說**

▶ 問一：

本問一討論之重點乃在於結婚後因繼承取得財產所生之孳息應否為剩餘財產分配之對象。

㈠依本問一之事實關係，甲男與乙女結婚時，因未約定夫妻財產制契約，故應當然採用法定財產制。因甲男先於乙女死亡，而死亡為法定財產制消滅原因之一種，二人應適用民法第 1030 條之一有關剩餘財產之分配請求權。在法定財產制適用剩餘財產分配時，有四點必須注意： 1.先將夫或妻之婚前財產與婚後財產分開，因為婚前財產不為剩餘財產之分配。 2.其次，應將夫或妻婚後取得之財產再分為加入剩餘財產分配與不加入剩餘財產分配之財產。 3.夫或妻因取得剩餘財產而所負之債務，應各自從其剩餘財產扣除。 4.應釐清婚姻共同生活存續期間，夫或妻以何種財產曾清償何種債務之責任，期能履行補償之義務：⑴夫妻之一方以自己財產清償他方之債務時，於婚姻關係存續中或法定財產制關係消滅時，請求償還（民 1023 條、1030 條之二第一項）。⑵夫或妻之一方以其婚後財產清償其婚前所負債務，或以其婚前財產清償婚姻關係存續中所負債務，除已補償者外，於法定財產制關係消滅時，應分別納入現存之婚後財產或婚姻關係存續中所負之債務計算（民 1030 條之二第一項）。⑶夫或妻之一方以其不加入剩餘財產分配之婚後財產清償婚姻關係存續中其所負債務者，除已補償者外，

於法定財產關係消滅時，也應分別納入現存之婚後財產或婚姻關係存續中所負債務計算（民 1030 條之二第二項）。

㈡本問一之另一討論重點乃在於區分為加入剩餘財產分配之財產與不加入剩餘財產分配之婚後財產。甲男之婚前財產有 80 萬元銀行存款及不加入剩餘財產分配之繼承房屋 820 萬元。該房屋出租所得租金 60 萬元，究為加入剩餘財產分配之財產或不加入剩餘財產分配之財產，因法條無明文規定，在解釋上不無疑問。但民法第 1017 條第二項明定：夫或妻婚前財產，於婚姻關係存續中所生之孳息，視為婚後之財產，應加入剩餘財產之分配。婚後取得之繼承財產，雖不加入剩餘財產之分配，但由該財產所生之孳息，與婚前財產所生之孳息比較，性質非常接近。因此依論理解釋，宜認為應加入剩餘財產分配之財產，使其符合婚姻共同生活之本質精神。甲男婚後財產為 360 萬元減去 80 萬元之婚前財產，即 280 萬元。甲男為乙女婚前財產所負之 10 萬元債務，故其剩餘財產為 290 萬元。乙女剩餘財產為 40 萬元婚前財產之租金收入及 60 萬元身體被侵害所得之財產上之損害賠償請求權。至於非財產上 80 萬元之損害賠償請求權，不為剩餘財產分配之財產。

乙女之剩餘財產共有 100 萬元。二人剩餘財產之差額為 190 萬元。乙女得向甲男請求剩餘財產差額之一半，即 95 萬元。甲男之全部財產有婚前財產 80 萬元、婚後因繼承財產 820 萬元及剩餘財產分配額 195 萬，總共為 1095 萬元。乙女全部財產有婚前繼承之財產 320 萬元、婚後不加入剩餘財產之 80 萬元非財產上之損害賠償請求權及剩餘財產分配額 195 萬元，總共為 595 萬元（參考圖十一）。

▶ 問二：

本問二之討論重點在於剩餘財產請求權不再為一身專屬權，故其繼承人得對生存配偶請求之。

㈠本例題之事實關係改為乙女先死亡，而甲男為生存之配偶。如上所述，乙女為剩餘財產較少之一方，因民國 96 年 5 月 23 日修法時，已將剩餘財產分配請求權為一身專屬權之規定刪除，故乙女之繼承人得向甲男請求剩餘財產差額之一半，即 95 萬元。因此乙女死亡後，其財產有婚前所繼

承之財產 320 萬元、婚後不加入剩餘財產分配之 80 萬元之非財產上之損害賠償金及 40 萬元婚後租金所得與 60 萬元婚後所得財產上之損害賠償金。

　㈢乙女死亡後，依民法第 1138 條之規定，其繼承人有配偶甲男及第二順序之血親繼承人乙女之父丙男及母丁女。乙女死亡後，其應繼財產有婚前繼承之財產 320 萬元、婚後不加入剩餘財產分配之 80 萬元非財產上之損害賠償請求權及婚後加入剩餘財產分配之 100 萬元（40 萬元之租金所得與 60 萬元身體受侵害之財產上之損害賠償請求權）及剩餘財產分配數額 95 萬元，總共為 595 萬元。依民法第 1144 條第二款之規定，甲男獨得乙女 595 萬元遺產之 1/2，其餘 1/2，由丙男與丁女平分，各得 595 萬元之 1/4（參考圖十一）。

例題九　剩餘財產惡意處分之追加計算及對受益人無償處分之追償權

事實關係

　　甲男與乙女為夫妻，結婚時未約定夫妻財產制，此時甲男已有銀行存款 50 萬元，乙女也有受遺贈之現金 60 萬元。其於婚後五年，二人因感情不睦，依法兩願離婚。兩人離婚前三年，甲男為減少其剩餘財產之分配額，以婚後之工作收入，購買一棟 600 萬元之套房無償送給其情婦丙女，並為其稅賦前後共已繳納 40 萬元。離婚時，甲男除婚前 50 萬元之存款外，尚有由該存款所生之利息 10 萬元及婚後所購之股票

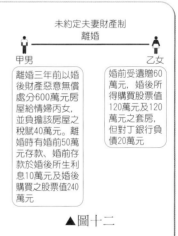

未約定夫妻財產制 離婚

甲男：離婚三年前以婚後財產惡意無償處分 600 萬元房屋給情婦丙女，並負擔該房屋之稅賦 40 萬元。離婚時有婚前 50 萬元存款、婚前存款於婚後所生利息 10 萬元及婚後購買之股票值 240 萬元

乙女：婚前受遺贈 60 萬元，婚後所得購買股票值 120 萬元及 120 萬元之套房，但對丁銀行負債 20 萬元

▲圖十二

值 240 萬元。乙女此時除婚前 60 萬元現金外，婚後所得有股票 120 萬元及一間 120 萬元之套房，但對丁銀行負已屆清償期之債務 20 萬元尚未付清。

㈠法律問題

▶ 問一：甲男與乙女應如何為剩餘財產之分配？

▶ 問二： 乙女對丙女受甲男無償贈與之財產有無請求權？

(二)問題解說

▶ 問一：

本問一討論之重點乃在於適用法定財產制之夫妻，於法定財產制關係消滅以前五年內，為減少他方將來之剩餘財產分配之請求權，對剩餘財產為惡意無償處分時，應如何保護他方配偶之剩餘財產分配請求權之問題，此規定不論剩餘財產較多之一方配偶或較少之一方配偶，均能適用。

本問一之事實關係上，甲男與乙女結婚時未約定夫妻財產制，故二人所適用之夫妻財產制為法定財產制。適用法定財產制之夫妻，於該財產制關係消滅時，應為民法第 1030 條之一有關剩餘財產之分配。為剩餘財產之分配，夫與妻應先將各自婚前財產與婚後財產分開，以利計算。甲男之婚前財產有銀行存款 50 萬元，其婚後財產有婚前銀行存款所得 10 萬元之利息（民 1017 條二項）及值 240 萬元之股票。乙女婚前財產為受遺贈之 60 萬元，其婚後財產為股票 120 萬元及扣除丁銀行貸款債務之 20 萬元之 100 萬元小套房，共有 220 萬元。

民國 91 年修正法定財產制時，為落實法定財產制之剩餘財產之分配，於民法第 1030 條之三第一項增訂追加計算之規定：「夫或妻為減少他方對於剩餘財產之分配，而於法定財產制關係消滅前五年內處分其婚後財產者，應將該財產追加計算，視為現存之婚後財產。但為履行道德上義務所為之相當贈與，不在此限」❸。依此規定，本問一之事實關係上，甲男之婚前財產為 50 萬元之銀行存款，乙女之婚前財產為受遺贈之 60 萬元。甲男婚後財產為婚前財產於婚後所生之利息 10 萬元及股票 240 萬元，共有 250 萬元。乙女之婚後財產為 220 萬元。

因甲男婚後為減少將來剩餘財產之分配，以婚後財產在離婚前三年購買一棟 600 萬元房屋，連同 40 萬元對該房屋所支出之稅負，於計算甲男之剩餘財產時，應依民法第 1030 條之三第一項之規定，應將其惡意處分婚後之財產追加計算。因此甲男之剩餘財產為 250 萬元加 640 萬元，共為 890 萬

---

❸ 戴合著，《親屬法》，191 頁；高鳳仙，《親屬法——理論與實務》，152 頁。

元，二人剩餘財產之差額 670 萬元。甲男與乙女對於他方之剩餘財產各得一半，甲男與乙女之剩餘財產之分配額相等，各得 555 萬元，也就是乙女得對甲男請求二人剩餘財產差額 670 萬元之一半，即 335 萬元之分配額（參考圖十二）。

▶ 問二：

本問二之討論重點乃在於法定財產制適用之夫妻一方有惡意處分剩餘財產上，因甲男手上實際存在之財產沒有 335 萬元，而僅有婚前銀行存款 50 萬元及婚後購買之 240 萬元之股票，與婚前存款所生利息 10 萬元，共為 300 萬元。甲男因僅有 300 萬元，對乙女無法支付 335 萬元，而不足 35 萬元，故對於受甲男惡意處分而受益之丙女，能否請求 35 萬元不足之數額？依民法第 1030 條之三第二項之規定，夫妻之一方惡意處分剩餘財產之情形，分配權利人於義務人不足清償其應得之分配額時，得就其不足額，對受領之第三人於其所受利益內請求返還。但受領為有償者，以顯不相當對價取得者為限。丙女從甲男所得之房屋為無償之贈與，故乙女得對丙女得請求 35 萬元應得之剩餘財產分配數額（參考圖十二）。

例題十　剩餘財產惡意處分之追加計算及對受益人有償處分之追償權

事實關係

甲男與乙女為夫妻，結婚時採用法定財產制。此時甲男已有銀行存款 180 萬元，乙女也有受遺贈之 80 萬元現金。甲男於婚後不到一星期，將其 180 萬元存款全部贈送給其姪女丙當留學美國之學費。婚後十年夫妻二人因感情不睦，依法兩願離婚。甲男於離婚二年前，為減少剩餘財產之分配，購買一棟 800 萬元之房屋，以 200 萬元之低價轉賣給其情婦丁女，並為該房屋之稅賦前後代繳 40 萬元。乙女不甘示弱，於離婚前一

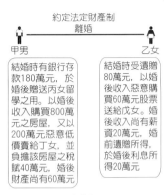

約定法定財產制
離婚

甲男　　　　　　乙女

結婚時有銀行存款180萬元，於婚後贈送丙女留學之用。以婚後收入購買800萬元之房屋，又以200萬元惡意低價賣給丁女，並負擔該房屋之稅賦40萬元，婚後財產尚有60萬元

結婚時受遺贈80萬元，以婚後收入惡意購買60萬元股票送給戊女。婚後收入尚有薪資20萬元，婚前遺贈所得，於婚後利息所得20萬元

▲圖十三

年內，也為減少其剩餘財產，將其婚後工作所得值 60 萬元之股票，贈送給其舅媽戊女。甲男於離婚時，手上尚有婚後工作所得 60 萬元，而乙女有婚後之薪資 20 萬元，婚前受遺贈財產於婚後所生利息 20 萬元及婚前受遺贈之財產 80 萬元。

(一)法律問題

▶ 問一： 甲男與乙女如何為法定財產制剩餘財產之分配？
▶ 問二： 乙女對丙女受甲男有償之惡意處分其剩餘財產能否行使其權利？

(二)問題解說

▶ 問一：

　　本例題與上面例題九均為法定財產制中，夫或妻之一方就其婚後財產為惡意處分剩餘財產之情形。惟前一例題為惡意無償之處分，而本例題為惡意有償之處分，以便區別二者不同之所在。即除追加計算夫或妻一方惡意處分之婚後所得財產，二者相同外，受害之夫妻一方對受處分而受益之相對人有無求償之權？ 應如何求償？ 二者有何不同之情形？

　　(一)依本問一之事實關係，甲男與乙女因結婚時採用法定財產制，故於夫妻財產制關係消滅時，應將夫與妻婚前財產與婚後財產分開，以便依民法第 1030 條之一為剩餘財產之分配。二人離婚為法定財產制消滅之一種，因此應先了解何種財產為夫或妻之婚前財產，何種財產為夫或妻之婚後財產？

　　(二)甲男之婚前財產 180 萬元，因無償贈送給丙女為其留美之學費，故該婚前財產已不存在，因該財產為婚前財產，與剩餘財產之惡意處分無關。甲男婚後為剩餘財產分配之財產有 60 萬元之股票及 200 萬元轉賣丁女房屋之價金。又甲男為減少對乙女剩餘財產之分配，其以婚後工作所取得之財產，在離婚前二年內，購買一棟 800 萬元之房屋，以 200 萬元之賤價轉賣給丁女。依民法第 1030 條之三第一項之規定，應追加計算為惡意有償處分其剩餘財產之差額 800 萬元加 40 萬元代繳納之稅賦。甲男之剩餘財產共有 840 萬元加上 60 萬元之股票，共 900 萬元。乙女之婚前財產為受遺贈之 80 萬元。乙女婚後為剩餘財產分配之財產有婚前財產於婚後所生孳息 20

萬元及薪資所得 20 萬元，共 40 萬元。又乙女在離婚前一年內，也為減少對甲男之剩餘財產之分配，無償處分其婚後財產，依民法第 1030 條之一第一項之規定，該條不限於剩餘財產較多一方之惡意處分剩餘財產，乙女雖為剩餘財產較少之一方，但因也有惡意處分剩餘財產，故仍適用該條項之規定，乙女對其舅媽無償贈送婚後其所取得 60 萬元之股票，應追加計算。有鑑於此，乙女為剩餘財產分配之財產有追加之 60 萬元與 40 萬元婚後所取得之財產，共為 100 萬元。

㈢甲男與乙女依民法第 1030 條之一第一項之規定，剩餘財產之分配為二人剩餘財產差額之一半，即 900 萬元與 100 萬元差額之一半。因此甲男與乙女剩餘財產之分配數額為 500 萬元。甲男實際現有之財產僅為婚後所取得之 60 萬元財產（參考圖十三）。

▶ 問二：

本問二應討論之重點乃適用法定財產制之夫妻在法定財產制關係消滅以前五年內有惡意有償處分剩餘財產分配請求之財產時，受害之一方應如何受保護之問題。依民法第 1030 條之三第二項之規定，第一項追加計算之情形，分配權利人於義務人不足清償其應得之分配額時，得就其不足額對受領之第三人於其受利益內請求返還，但受領為有償者，以顯不相當之對價取得者為限。本問二之事實關係上，乙女得對甲男有 400 萬元剩餘財產之分配請求權，但甲男僅有 60 萬元財產，尚不足 340 萬元。甲男以婚後所得之財產，購買價值 800 萬元之房屋後，以 200 萬元低價轉賣給丁女，顯然為不相當之對價所為惡意之處分，故不但要追加計算 800 萬元惡意處分之價額，而且在丁女受領 600 萬元利益內，乙女得對丁女請求甲男無法償還之 340 萬元（參考圖十三）。

第三節　約定財產制之共同財產制

例題十一　勞力所得共同財產制共同財產盈餘之分配

事實關係

　　甲男與乙女為夫妻，二人結婚時，依法約定採用勞力所得共同財產制為其適用之夫妻財產制。此時甲男已有銀行存款180萬元及股票值260萬元；乙女亦有嫁妝房屋一棟值360萬元。兩人結婚二十年後，甲男因病死亡。甲男死亡時，甲男於婚姻關係存續中，有薪資收入600萬元，而乙女有工作所得240萬元。甲男另外有一筆婚後從其父繼承之土地，值600萬元，但有60萬元之遺產稅尚未繳納。又

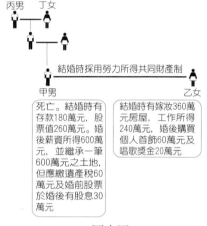

丙男　丁女

結婚時採用勞力所得共同財產制

甲男　　　　　　　　　　乙女

死亡。結婚時有存款180萬元，股票值260萬元。婚後薪資所得600萬元，並繼承一筆600萬元之土地，但應繳遺產稅60萬元及婚前股票於婚後有股息30萬元

結婚時有嫁妝360萬元房屋，工作所得240萬元，婚後購買個人首飾60萬元及唱歌獎金20萬元

▲圖十四

甲男尚有婚前股票所增加孳息之股息，值30萬元。此時乙女也有婚後購買之耳環、項鍊等首飾，值60萬元及乙女參加臺灣電視公司五燈獎節目而獲得一筆20萬元之獎金。甲男死亡時，其血親只有祖父丙與祖母丁。

㈠**法律問題**

▶ 問一：甲男死亡時，留下多少財產？

▶ 問二：乙女有多少財產，可供其日後生活？

㈡**問題解說**

▶ 問一：

　　本問一討論之重點乃採用勞力所得共同財產制之夫妻，於該財產制關係消滅時，其共同財產應如何分割之問題。

㈠我國夫妻財產制採用法定財產制與約定財產制併用之制度，夫妻以契約約定夫妻財產制時，以約定財產制優先適用。無約定時，則以法定財產制補充適用。民法上可選擇的約定財產制種類有分別財產制、普通共同財產制及勞力所得共同財產制。本問一之事實關係上，甲男與乙女依民法第 1041 條第一項之規定，選擇採用勞力所得共同財產制，並經法院之登記。此約定財產制之特色乃夫妻之共同財產僅以婚後勞力所得為限，二人公同共有，其他財產適用分別財產制。而所稱勞力所得，依民法第 1041 條第二項之規定，自包括婚姻存續中夫或妻所取得之薪資、工資、紅利、獎金及其他與勞力所得有關之財產收入；而勞力所得之孳息及其代替利益也包括在內。又依民法第 1041 條第四項之規定，婚前夫妻已有的財產或婚後不屬於勞力所得之財產，應適用分別財產制之規定。

㈡依我國普通共同財產制之民法第 1031 條之規定，夫妻之財產及所得，除特有財產外，合併為共同財產，屬於夫妻公同共有。民法第 1041 條之勞力所得共同財產制為普通共同財產制之特別型態，除法條另有規定外，依論理解釋，應適用普通共同財產制之規定。因此民法第 1031 條之一有關法定特有財產之規定，也適用於勞力所得之共同財產制：「1. 專供夫或妻個人使用之物。2. 夫或妻職業上必需之物。3. 夫或妻所受之贈物，經贈與人以書面聲明為其特有財產者（第一項）；前項所定之特有財產，適用關於分別財產制之規定」。

㈢本問一之情形，於甲男死亡時，甲男與乙女在婚姻關係存續中，二人以勞力所得之共同財產為甲男之 600 萬元與乙女之 240 萬元，共為 840 萬元，此財產為二人公同共有。至於乙女參加電視臺五燈獎節目所得之 20 萬元獎金，該節目雖為業餘之唱歌比賽，但畢竟一番努力獻唱所獲得之獎金，依民法第 1041 條第二項規定，獎金性質亦屬勞力所得之財產，且依民法第 1041 條第三項之規定，不能證明為勞力所得或勞力所得以外之財產者，推定為勞力所得。因此乙女之唱歌所得之獎金 20 萬元，應為勞力所得之財產，而納入甲男與乙女共有財產之一部為當。故二人共同財產為 840 萬元加上 20 萬元，共有 860 萬元。依民法第 1041 條第五項準用民法第 1040

條第二項之規定，應為共同財產之分配。甲男與乙女各得該財產之半數，即 430 萬元。

㈣甲男除 430 萬元共同財產之分配額外，尚有不加入共同財產之財產，即婚前銀行 180 萬元之存款、股票 260 萬元及 600 萬元遺產繼承所得，扣減 60 萬元之遺產稅及婚前股票於婚後所增加之孳息 30 萬元，共為 1010 萬元。甲男總共財產為 430 萬元加上 1010 萬元，即 1440 萬元。乙女除 430 萬元共同財產分配額外，尚有不加入共同財產之個人使用之特有財產 60 萬元（民 1031 條一款）與婚前嫁妝房屋 360 萬元，故總共為 850 萬元（參考圖十四）。

▶ 問二：

甲男死亡後，因甲男之死亡而開始繼承。甲男之法定繼承人，依民法第 1138 條繼承順序之規定，由生存配偶乙女與第四順序之祖父丙與外祖母丁共同繼承。甲男死亡時，其所留下之應繼財產 1440 萬元，依民法第 1144 條第三款之規定，由乙女獨得 1440 萬元之 2/3，即 960 萬元。而丙男與丁女各得 1440 萬元之 1/3 之 1/2，即 240 萬元。有鑑於此，甲男死亡時，乙女之財產有共同財產之分配額 430 萬元、個人使用之首飾 60 萬元、婚前嫁妝房屋 360 萬元及從甲男繼承取得之遺產 960 萬元，總共有 1810 萬元（參考圖十四）。

例題十二　普通共同財產制共同財產盈餘之分配

事實關係

甲男與乙女結婚時，採用普通共同財產制。結婚時甲男已有一筆 360 萬元之土地，乙女亦有嫁妝之股票 60 萬元。婚姻存續中夫妻二人均上班工作。婚後二十年，二人因甲男之外遇而兩願離婚。離婚時，甲男因工作之所得有銀行存款 600 萬元、婚前土地所收取之租金 20 萬元及婚後休閒用之一套高爾夫球具，值 10 萬。又甲男於離婚前以其婚後所得之薪資買一部 120 萬元之高級小轎車，但僅開三個月後被他人違規撞毀，而從保險公司獲理賠 100 萬元保險金之請求權。乙女亦有婚後歌唱收入之銀行存款 400 萬元及歌星所需之值 30 萬元之器材。

㈠法律問題

▶ 問一： 甲男與乙女離婚時，甲男與乙女各有多少財產？

▶ 問二： 本例題之事實關係，如改為甲男與乙女並未離婚，而是甲男因病死亡。甲男死亡時，僅有配偶乙、血親之兄丙、妹丁及弟戊。此時甲男留下多少財產及應如何繼承？

▶ 問三： 本問二之事實關係，如改為甲男之死亡係因甲男之外遇，乙女一時氣憤而將其殺害，致乙女被法院判刑十年徒刑確定時，甲男所留下財產之繼承關係與問二之情形有何不同？

㈡問題解說

▶ 問一：

　　本問一之討論重點乃採用普通共同財產制之夫妻，於該財產制消滅時，應如何為盈餘之分配問題。甲男與乙女結婚時選用普通共同財產制為二人在婚姻關係存續中所規律之財產關係。依民法第 1031 條之規定，普通共同財產制之特色乃夫妻婚前之財產及婚後所得，除特有財產外，合併為共同財產，屬於夫妻公同共有。二人結婚二十年後，依法兩願離婚。離婚後，其共同財產制關係消滅，二人公同共有之財產必須清算與分割。

　　㈠在本問一事實關係上，首先要解決之法律問題是甲男與乙女離婚時之公同共有之財產，究竟有多少？甲男婚前有 360 萬元之一筆土地，乙女婚前也有股票 60 萬元，因此二人結婚時已有公同共有之財產 420 萬元。於離婚前，甲男婚後工作所得有銀行存款 600 萬元及土地租金收入 20 萬元屬於公同共有之財產。甲男於婚後所購買之 120 萬元轎車，因被第三

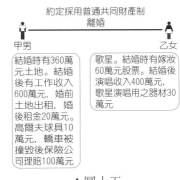

約定採用普通共同財產制
離婚

甲男｜結婚時有360萬元土地。結婚後有工作收入600萬元，婚前土地出租，婚後租金20萬元。高爾夫球具10萬元，轎車被撞毀後保險公司理賠100萬元

乙女｜歌星。結婚時有嫁妝60萬元股票。結婚後演唱收入400萬元，歌星演唱用之器材30萬元

▲圖十五

人違規撞毀所獲得 100 萬元理賠之保險金請求權，依民法第 1041 條第二項之規定，其係勞力所得之代替利益，也應納入公同共有之財產。但甲男 10 萬元之高爾夫球具乃其專供個人使用之物，應屬於民法第 1031 條之一第一款之法定特有財產，而不屬於公同共有之財產。於離婚前，乙女有婚後工

作所得 400 萬元，應加入二人之公同共有之財產內。但婚後所購買之唱歌器材 30 萬元，屬於職業上所必須使用之物。依民法第 1031 條之一第二款，屬於法定特有財產，不加入公同共有財產之內。因此婚後甲男與乙女之公同共有之財產有甲男銀行存款 600 萬元、婚前財產於婚後所得之利息 20 萬元、100 萬元保險公司理賠之保險金請求權及乙女 400 萬元唱歌收入 1120 萬元。二人離婚時，其公同共有之財產有婚前之 420 萬元與婚後之 1120 萬元，共為 1540 萬元。

㈡其次，本問一要解決之法律問題是甲男與乙女離婚時，該 1540 萬元之公同共有之財產應如何分割？依民法第 1058 條之規定，夫妻離婚時，除採用分別財產制外，各自取回其結婚或變更夫妻財產制時之財產。如有剩餘，各依其夫妻財產制之規定分配之。本問一之事實關係上，甲男與乙女採用普通共同財產制，故二人應先適用民法第 1040 條第一項之規定，即共同財產制關係消滅時，除法律另有規定外，夫妻各取回其訂立共同財產制契約時之財產。依此規定，甲男訂立共同財產制契約時有 360 萬元一筆土地，乙女也有嫁妝之 60 萬元之股票。甲男與乙女先各自取回該財產。其後依民法第 1040 條第二項之規定，即共同財產制關係存續中取得之共同財產，由夫妻各取得其半數。依此規定，甲男與乙女在婚姻關係存續中，共有公同財產 1120 萬元。二人各得其半數，即 560 萬元。

有鑑於以上之分析，甲男於離婚時有婚前先取回之財產 360 萬元之土地價值、婚後公同共有財產之分配額 560 萬元及法定特有財產之高爾夫球具 10 萬元，共為 930 萬元。乙女於離婚時有婚前先取回之 60 萬元股票、婚後公同共有財產之分配額 560 萬元及歌星必須使用之法定特有財產之 30 萬元器材，共為 650 萬元（參考圖十五）。

▶ 問二：

㈠本問二之討論重點，與問一情形不同之處，在於甲男與乙女並非離婚，而是甲男先於乙女死亡時，其共同財產應如何分割之問題。本問二之事實關係上，甲男與乙女並無離婚，而是甲男因病死亡。且甲男死亡時，除生存配偶乙女外，尚有甲之兄丙、妹丁及弟戊為繼承人，其他事實關係

沒有變更。本問二上，首先要解決之法律問題是：同樣共同財產制關係消滅的離婚與配偶一方先死亡時之共同財產之分配是否有不同？如不同時，後者應如何分配？依民法第 1039 條規定，夫妻一方在適用共同財產制先死亡時，共同財產分配之情形如何？該條第一項乃夫妻之一方正常先死亡之分

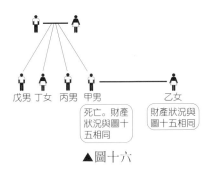

▲圖十六

配情形：「夫妻之一方死亡時，共同財產之半數，歸屬於死亡者之繼承人，其他半數，歸屬於生存之他方」。依此規定，在本問二上，甲男與乙女之婚前與婚後之共同財產合起來有 1540 萬元，甲男之繼承人得其 1/2，即 770 萬元，乙女也得 1/2，即 770 萬元。甲男死亡時，尚有 10 萬元之法定特有財產，故其應繼財產為 780 萬元。乙女有 770 萬元及法定特有財產 30 萬元，共為 800 萬元。

⟨二⟩其次，本問二所要解決之法律問題是甲男所留下之 780 萬元之應繼財產，應如何繼承？依民法第 1138 條第三款之規定，甲男死亡時，其法定繼承人為生存配偶之乙女與第三順序之兄丙、妹丁及弟戊共同繼承。又依民法第 1144 條第二項之規定，配偶與第 1138 條所定第三順序之繼承人同為繼承時，其應繼分為遺產之 1/2。因此甲男留下 780 萬元之遺產，乙女獨得 1/2，即 390 萬元，其餘 390 萬元，由甲男之兄丙、妹丁及弟戊三人，依民法第 1141 條之規定，同一順序之繼承人有數人時，按人數平均繼承，因此各得 390 萬元之 1/3，即 130 萬元（參考圖十六）。

▶ 問三：

本問三之事實關係與問二甲男死亡之情形有所不同，前者之甲男係正常發病死亡，而後者之甲男係被乙女故意殺害，且其犯罪行為尚被法院判徒刑確定。在此種特殊情形之共同財產制關係之消滅，應適用民法第 1039 條第三項之規定，即：「第一項情形，如該生存之他方，依法不得為繼承人時，其對於共同財產得請求之數額，不得超過於離婚時所應得之數額」。依此規定，夫妻之一方先死亡，而其死亡，他方不能為繼承人時，二人共同

財產之分配，不能各得共同財產之一半，而是比照離婚時之分配，且不能多於離婚時應得之數額。

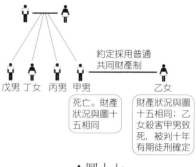

▲圖十七

此處所稱生存之他方，依法不得為繼承人，乃指生存之他方有民法第 1145 條第一項有關繼承權喪失之各款事由。在本問三之事實關係，乙女有故意殺害被繼承人之甲男，且被法院判徒刑確定，此犯罪行為符合民法第 1145 條第一項第一款喪失繼承權事由之規定。因此乙女對共同財產所能分配之數額為不能多於離婚時所能得到之 560 萬元。如法院對 1120 萬元之共同財產之分配數額僅酌給乙女 410 萬元時，甲男得 710 萬元。甲男尚有 10 萬元之法定特有財產。其全部財產共為 720 萬元。甲男之繼承人剩下第 1138 條第三款之第三順序之兄丙、妹丁及弟戊共同繼承，生存配偶乙女因喪失繼承權，而不再為繼承人。依民法第 1141 條之規定，三位繼承人依人數平均繼承，各人得 720 萬元之 1/3，即 240 萬元（參考圖十七）。

例題十三　從普通共同財產制改為法定財產制

事實關係

甲男為開業醫師與歌星乙女於民國 88 年之中秋節結婚，並依法採用普通共同財產制。結婚時，甲男已有 120 萬元之存款；在銀行之存摺上，乙女也有 40 萬元。二人於民國 92 年 6 月 8 日改採法定財產制。在共同財產制期間，甲男之存款從 120 萬元增加至 480 萬元外，尚購買了價值 200 萬元之醫療器材，乙女之存摺也從 40 萬元增加至 160 萬元外，尚添購項鍊、耳環等首飾，值 80 萬元。又在改用法定財產制前一年，乙女之公司舉辦歲末尾牙之餐會，在員工通通有獎之摸彩節目上，乙女獲得特獎，而得一部 20 萬元之大型液晶電視機。民國 96 年 1 月 8 日，二人因性格不合，依法辦妥兩願離婚。二人在法定財產制期間，甲男除共同財產制時所分得之財產外，另有開業收入 400 萬元及新添買之 X 光機器 120 萬元。乙女除共同

財產制時所得之財產外，也另有歌唱收入 240 萬元及因債務不履行，對丙男有 30 萬元財產上之損害賠償請求權及因父為丁男所殺害，而獲 60 萬元非財產上之損害賠償。

㈠**法律問題**

▶ 問一：甲男與乙女改採法定財產制時，各人有多少財產？

▶ 問二：甲男與乙女於兩願離婚時，各人有多少財產？

㈡**問題解說**

▶ 問一：

本問一討論之重點乃夫妻適用之夫妻財產制從共同財產制改為法定財產制時，應如何為盈餘財產分配之問題。甲男與乙女夫妻結婚時，依民法第 1004 條之規定，依法先採用普通共同財產制，然後在婚姻關係存續中，改用法定財產制。因此本問一之事實關係上，先要知悉二人在改用法定財產制時，依民法第 1040 條之規定，算出夫妻於共同財產分割後，二人各自所有之財產，並依民法第 1017 條之規定，夫妻各有多少視為婚前之財產，然後在兩願離婚時，如何為剩餘財產之分配後，並算出各自所有之財產。

甲男與乙女採用普通共同財產制時，甲男已有存款 120 萬元，乙女有 40 萬元。在共同財產制存續期間，甲男之存款從 120 萬元增加至 480 萬元，同時還有 200 萬元之醫療器材，乙女之存款也從 40 萬元增加至 160 萬元，且添購 80 萬元之首飾。依民法第 1031 條之一第一項第二款

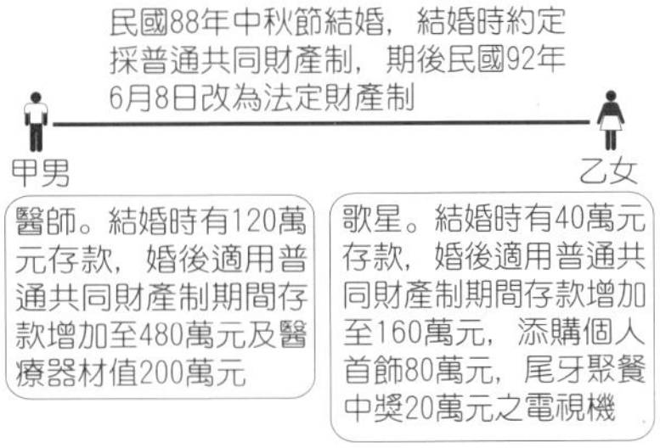

民國88年中秋節結婚，結婚時約定採普通共同財產制，期後民國92年6月8日改為法定財產制

甲男　醫師。結婚時有120萬元存款，婚後適用普通共同財產制期間存款增加至480萬元及醫療器材值200萬元

乙女　歌星。結婚時有40萬元存款，婚後適用普通共同財產制期間存款增加至160萬元，添購個人首飾80萬元，尾牙聚餐中獎20萬元之電視機

▲圖十八

之規定，甲男為一開業醫師，其 200 萬元之醫療器材為其職業上所必需之物，故為其法定特有財產，不加入共同財產盈餘之分配。依同條第一款之規定，乙女值 80 萬元之首飾，乃專供妻個人使用之物，也成為妻之法定特有財產，不加入共同財產盈餘之分配。甲男乙女在改用法定財產制時，二人之共同財產為結婚前與結婚期間一切勞力或工作之所得，即甲男之 480

萬元存款加上乙女之 160 萬元存款，共有 640 萬元。

　　二人於民國 92 年 6 月 8 日改採法定財產制。甲男與乙女之普通共同財產制終了，此時二人應依民法第 1040 條第一項之規定，夫妻各取回其訂立共同財產制契約時之財產。因此由甲男取回 120 萬元之財產，由乙女取回 40 萬元之財產。又依民法第 1040 條第二項之規定，共同財產制存續中取得之共同財產，由夫妻各得其半數。故甲男乙女共同財產之盈餘為 640 萬元減去 160 萬元，即 480 萬元，但乙女歲末得到之 20 萬元獎品為員工一年辛苦慰勞之獎金，故二人共同財產之盈餘為 500 萬元，為每人各得 250 萬元。從而於改採法定財產制時，依民法第 1017 條第三項之規定，甲男視為婚前財產有 120 萬元加上 250 萬元盈餘之分配財產，加上 200 萬元之特有財產，共為 570 萬元；而乙女有 40 萬元，加上 250 萬元，再加上 80 萬元之特有財產，共為 370 萬元（參考圖十八）。

▶ 問二：

　　本問二之討論重點乃在於夫妻先適用共同財產制後，改採法定財產制一段期間而告離婚。離婚時，夫妻應如何為剩餘財產分配之問題。

　　㈠甲男與乙女在婚姻關係存續中從共同財產制改採法定財產制。依現行法上之法定財產制，夫與妻之財產，依民法第 1017 條第一項之規定，分為婚前財產與婚後財產。婚前財產不為民法第 1030 條之一規定剩餘財產分配之財產。婚後財產原則上應為剩餘財產之分配，但有少數婚後財產有例外不分配之情形。甲男與乙女於民國 96 年 1 月 8 日兩願離婚。依民法第 1058 條之規定，夫妻離婚時，除採用分別財產制者外，各自取回其結婚或變更夫妻財產制時之財產，如有剩餘，各依其夫妻財產制之規定分配之。甲男與乙女係採用法定財產制，故應依民法第 1030 條之一第一項之規定，為剩餘財產之分配：「法定財產制關係消滅時，夫或妻現存之婚後財產，扣除婚姻關係存續中所負債務後，如有剩餘，其雙方剩餘財產之差額，應平均分配。但下列財產不在此限：1.因繼承或其他無償取得之財產；2.慰撫金」。

　　㈡甲男與乙女離婚時，甲男視為婚前財產有 570 萬元，而乙女亦有 370 萬元。此財產並非剩餘財產分配之對象，二人先行取回。甲男於法定財產

制期間，又有開業收入 400 萬元，此財產
為剩餘財產分配之財產。至於其 120 萬元
新添買之醫療器材，因在法定財產制再也
沒有法定特有財產之規定，故採用法定財
產制後新買 120 萬元之醫療器材，應算
入婚後剩餘財產之一部分。甲男剩餘財產
分配之財產共有 520 萬元。

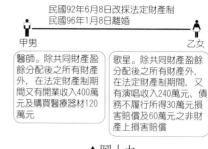

民國92年6月8日改採法定財產制
民國96年1月8日離婚

甲男　　　　　　　　　　乙女

醫師。除共同財產盈餘分配後之所有財產外，在法定財產制期間又有開業收入400萬元及購買醫療器材120萬元

歌星。除共同財產盈餘分配後之所有財產外，在法定財產制期間，又有演唱收入240萬元、債務不履行所得30萬元損害賠償及60萬元之非財產上損害賠償

▲圖十九

　　乙女在採用法定財產制期間，其唱歌之收入 240 萬元為婚後加入剩餘
財產分配之財產。又乙女 30 萬元財產上之損害賠償請求權屬於共同財產制
施行後之所得，應算入剩餘財產之分配。至於其 60 萬元非財產上之損害賠
償請求權❶❹，依民法第 1030 條之一第一項但書之規定，應屬於慰撫金之性
質，不加入剩餘財產之分配。從而乙女加入剩餘財產分配之財產有 240 萬
元加上 30 萬元，共為 270 萬元。

　　二人剩餘財產之差額為 520 萬元減去 270 萬元，即 250 萬元，乙女得
向甲男請求剩餘財產分配之數額為 250 萬元之一半，即 125 萬元。因此甲
男有視為婚前財產 570 萬元加上剩餘財產分配數額 520 萬元減去 125 萬
元，共為 965 萬元。乙女有視為婚前財產之 370 萬元，加上剩餘財產分配
數額 125 萬元，加上 270 萬元婚後財產，再加上依民法第 194 條規定所獲
得之 60 萬元不加入剩餘財產分配之慰撫金，共為 825 萬元（參考圖十九）。

例題十四　從法定財產制改為普通共同財產制

事實關係

　　甲男與乙女為夫妻，甲男為一開業醫師，乙女為一家庭主婦，有年幼
子女三人。二人於民國 88 年 10 月 1 日結婚，結婚時未約定夫妻財產制。
此時甲男已有受遺贈之一筆 600 萬元之山坡地，乙女也有一批個人使用之
20 萬元首飾及剛繼承其父 900 萬元之一棟房屋，但因有 30 萬元之遺產稅，

---

❶❹　民法第 194 條規定：「不法侵害他人致死者，被害人之父、母、子、女及配偶，
　　雖非財產上之損害，亦得請求賠償相當之金額」。

由乙女向其兄丙借貸 30 萬元繳納。二人於民國 93 年 2 月 5 日依法改採普通共同財產制。在婚姻關係存續期間而改用普通共同財產制之時點，甲男有開業收入之存款 840 萬元外，尚有所購買的一筆 360 萬元之土地，但其 24 萬元之土地增值稅，由乙女以婚前所繼承之 900 萬元房屋，於婚後出租所得之租金代為繳納，乙女於改採普通共同財產制之時點，該房屋租金之收入，除代繳甲男 24 萬元之增值稅外，尚餘 96 萬元。甲男與乙女改採用普通共同財產制後，感情逐漸不睦，於民國 96 年 1 月 10 日辦妥兩願離婚。在適用共同財產制至離婚之時點，甲男開業之收入又增加 240 萬元外，並新添購了 120 萬元之醫療器材。於同樣時點，乙女又收到該房屋之租金 30 萬元，並添購了 8 萬元個人使用之首飾。惟乙女為家庭生活之所需，對傳統市場之肉商丁男積欠 20 萬元與對兄長丙男所欠之 30 萬元一直尚未清償。

㈠法律問題

▶ 問一：甲男與乙女改採普通共同財產制時，各有多少財產？

▶ 問二：甲男與乙女於兩願離婚時，各有多少財產？

㈡問題解說

▶ 問一：

　　本問一討論之重點乃在夫妻適用法定財產制，而於改採普通共同財產制時，二人在法定財產制時之剩餘財產尚未分配前，其債務如何清償與補償及其後剩餘財產如何分配之問題。

　　依本問一之事實關係上，甲男與乙女於結婚時，未約定夫妻財產制，依民法第 1005 條之規定，當然以法定財產制為婚姻關係存續中所適用之夫妻財產制。但在婚姻關係存續中，二人依民法第 1004 條之規定，改採普通共同財產制。甲男與乙女採用法定財產制之期間，因民國 91 年 6 月 26 日法定財產制修正，其名稱從聯

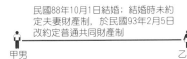

民國88年10月1日結婚；結婚時未約定夫妻財產制，於民國93年2月5日改約定普通共同財產制

甲男｜醫師。結婚時有受遺贈600萬元之山坡地。改採普通共同財產制時，有開業收入存款840萬元，又購買360萬元土地，其24萬元增值稅，由乙女以婚前財產房屋，於婚後出租之租金代繳納

乙女｜家庭主婦。結婚時有20萬元個人首飾及繼承900萬元之房屋，其30萬元之遺產稅由兄丙代繳。在改用普通共同財產制時，除於婚後出租其房屋所得租金代繳甲男24萬元之增值稅外，尚有96萬元

▲圖二十

合財產制改為法定財產制，內容多少也有變動。甲男與乙女所適用法定財產制乃從舊法之聯合財產制跨到修正後之新法定財產制。

㈠在甲男與乙女採用法定財產制後，改用普通共同財產制。因此在二人改用普通共同財產制前，要計算甲男與乙女各有多少財產時，應依民法第 1030 條之一第一項為剩餘財產之分配。依親屬編施行法第 6 條之二之規定，民國 91 年民法親屬編修正前適用聯合財產制之夫妻，其特有財產或結婚時之原有財產，於修正施行後視為夫或妻之婚前財產；婚姻關係存續中取得之原有財產，於修正後視為夫或妻之婚後財產。甲男於婚前受遺贈之原有財產 600 萬元，於法定財產制修正後，應視為婚前財產。乙女於婚前所有個人使用之 20 萬元特有財產（舊民 1013 條一款）及繼承 900 萬元之遺產，於法定財產制修正後，應視為婚前財產，但乙女曾為此 900 萬元繼承遺產而向丙所借之 30 萬元債務，應由此繼承財產負擔，乙女婚前財產共為 890 萬元。此二人之婚前財產不加入日後剩餘財產之分配。

㈡甲男與乙女於民國 93 年 2 月 5 日改採普通共同財產制，此為法定財產制關係消滅之原因之一，故二人應依民法第 1030 條之一第一項為剩餘財產之分配：夫或妻現存之婚後財產，扣除婚姻關係存續中所負債務後，如有剩餘，其雙方剩餘財產之差額應平均分配。甲男婚後剩餘財產分配之財產有開業收入 840 萬元存款及 360 萬元之一筆土地，共為 1200 萬元。乙女婚後剩餘財產分配之財產有婚前財產於婚後出租所得之租金 96 萬元。乙女曾為甲男婚後財產之 360 萬元之土地代為繳納 24 萬元之土地增值稅，此代繳之費用為乙女婚後之財產，依民法第 1023 條第一項之規定，乙女得請求補償。有鑑於此，甲男之剩餘財產有 1176 萬元，而乙女之剩餘財產為 120 萬元。二人之剩餘財產差額之一半平均分配後，甲男與乙女各得 648 萬元。甲男之婚前財產 600 萬元加上剩餘財產分配額 648 萬元，共 1248 萬元。乙女婚前財產 890 萬元加上剩餘財產 648 萬元，共為 1538 萬元（參考圖二十）。

▶ 問二：

本問二之討論重點乃夫妻在婚姻關係存續中從法定財產制改用共同財產制後，二人離婚時，如何為盈餘財產之分配。

㈠依本問一之事實關係，甲男與乙女於民國 93 年 2 月 5 日從法定財產制改採普通共同財產制後，於民國 96 年 1 月 10 日辦妥兩願離婚。依民法第 1058 條之規定，夫妻離婚時，除採用分別財產制外，各自取回其結婚或變更夫妻財產制時之財產。如有剩餘，各依其夫妻財產制之規

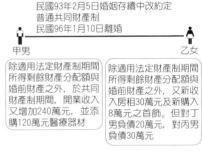

民國93年2月5日婚姻存續中改約定
普通共同財產制
民國96年1月10日離婚

甲男 　　　　　　　　　　　　　乙女

除適用法定財產制期間所得剩餘財產分配額與婚前財產之外，於共同財產制期間，開業收入又增加240萬元，並添購120萬元醫療器材

除適用法定財產制期間所得剩餘財產分配額與婚前財產之外，又新收入房租30萬元及新購入8萬元之首飾。但對丁男負債20萬元，對丙男負債30萬元

▲圖二十一

定分配之。甲男與乙女因在婚姻關係存續中改採普通共同財產制，且以離婚而消滅普通共同財產制關係。此時甲男與乙女之共同財產除甲男與乙女改用共同財產制時甲男之 1248 萬元加上乙女之 1538 萬元之財產外，在採用共同財產制期間，甲男又有 240 萬元之開業收入，應加入共同財產內。但新添購之 120 萬元醫療器材，依民法第 1031 條之一第一項第二款之規定，為甲男之特有財產，不加入盈餘之分配。乙女於共同財產制期間所得之 30 萬元租金應加入共同財產，但 8 萬元之首飾為民法第 1031 條之一第一項第一款特有財產，不加入盈餘之分配。

㈡至於乙女對丁男為家庭生活所需積欠之 20 萬元，依民法第 1003 條之一第二項之規定，應由甲男與乙女連帶負清償之責任，但又依同條第一項之規定，在夫妻間內部家庭生活費之負擔，除法律或契約另有約定外，由夫妻各依其經濟能力、家事勞動或其他情事分擔之❶。在本例題上，乙女為一家庭主婦，從事家務工作及養育三位年幼之子女。因此該 20 萬元之債務，應由甲男之財產負擔是。但二人所採用之財產制為普通共同財產制，而因家庭生活需要所負之債務，係共同財產所負之債務。依民法第 1038 條第一項之規定，共同財產所負之債務，而以共同財產清償者，不生補償請求權。又乙女對其兄長丙為婚前所繼承其父 900 萬元所欠之 30 萬元遺產稅，應從 900 萬元中扣減，此在採用共同財產制時，已受扣減。

㈢甲男與乙女之共同財產有甲男之 1248 萬元加上 240 萬元及乙女之 1538 萬元加上 30 萬元，但扣減 20 萬元對丁男之債務。依民法第 1040 條

---

❶ 高鳳仙，《親屬法——理論與實務》，142 頁；戴合著，《親屬法》，127 頁以下。

第一項之規定，夫妻應先取回其訂立共同財產制契約時之財產，因此甲男取回 1248 萬元，乙女取回 1538 萬元。其後二人共同財產為 240 萬元加上 30 萬元，扣除 20 萬元之債務後，二人各得 250 萬元之一半，即 125 萬元。

　　甲男於離婚時，有取回之財產 1248 萬元加上盈餘分配之 125 萬元，再加上 120 萬元之特有財產，共 1493 萬元，乙女有取回之 1538 萬元，加上盈餘分配之 125 萬元，再加上 8 萬元之特有財產，共 1671 萬元（參考圖二十一）。

第四節　夫妻財產制之適用與繼承之關係

例題十五　法定財產制之適用與財產繼承之拋棄

事實關係

　　甲男與乙女為夫妻，育有丙、丁二子。丙男已成人，與戊女結為夫妻，也生下己女與庚女。甲男與乙女於民國 91 年 10 月 12 日結婚時，未約定夫妻財產制。此時甲男已有存款 240 萬元，乙女也有 60 萬元之現金儲蓄。為報答博士論文指導教授之恩德，甲男對教授之獨子辛男，以自書遺囑贈送 60 萬

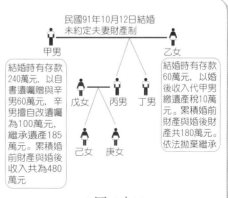

▲圖二十二

元之財產，並由辛男自己保管該遺囑。惟辛男嫌遺贈之數額過少，擅自將該金額改為 100 萬元。甲男與乙女在婚姻關係存續中，甲男從其母親繼承 185 萬元一幅名畫之遺產，但於甲男死亡前，乙女以婚後工作收入之財產代甲男清償其所負 10 萬元之遺產稅。有一日，甲男與丙男開車旅遊，中途發生車禍，丙男當場死亡，甲男則送至醫院後始告斷氣。辛男見甲男已死亡，即提出甲男所立之遺囑，要求 100 萬元之債權，但為共同繼承人之丁男識破其偽造遺囑之事。乙女見二人家屬之相繼死亡，因傷心過度，不願

繼承財產，而依法表示拋棄其應繼分之繼承。甲男死亡時，甲男累積婚前與婚後之財產全部為 480 萬元，尚有 185 萬元繼承其母名畫之遺產。乙女累積婚前財產與婚後財產共有 180 萬元。

㈠法律問題

▶ 問一：甲男死亡時，其應繼財產有多少？

▶ 問二：甲男所留下之遺產，應如何繼承？

㈡問題解說

▶ 問一：

　　本問一之討論重點乃在於親屬法上法定財產制之適用與法定繼承人繼承被繼承人之遺產相結合。本問一乃繼承開始後，有法定繼承人拋棄繼承權之情形。為此應先計算被繼承人死亡時，其適用之夫妻財產制應如何清算，然後始能解決繼承之問題。因此本問一之事實關係上，甲男死亡時，其究竟留下多少應繼財產，由其法定繼承人繼承之前，先要知悉甲男與乙女採用法定財產制，而於法定財產制消滅時，如何為剩餘財產之分配？然後始能知道被繼承人所留下之遺產有多少。

　　依本問一之事實關係，甲男與乙女於民國 91 年 10 月 12 日始結婚，而我國民法上之夫妻財產制於民國 91 年 6 月 26 日修正一次。故二人應適用現行新的夫妻財產制。其次，二人結婚時，未約定夫妻財產制，故應依民法第 1005 條之規定，當然適用新修正之法定財產制。甲男婚前財產為 240 萬元，乙女為 60 萬元，此財產為不加入剩餘財產分配之財產。甲男之婚後財產為 480 萬元減去 240 萬元之存款，即 240 萬元。此為應加入剩餘財產分配之婚後財產。甲男婚後繼承其母之 185 萬元因有繼承債務，應從繼承財產扣除 10 萬元繼承債務，即 175 萬元。此婚後所取得之財產，依民法第 1030 條之一但書之規定，不必加入剩餘分配之財產。乙女之婚後財產為 180 萬元減去 60 萬元之存款，即 120 萬元及加上為甲男代繳之繼承債務 10 萬元，依民法第 1023 條第二項之規定，應予以補回，共為 130 萬元。依民法第 1030 條之一第一項之規定，法定財產制關係，因甲男之死亡而消滅時，

夫或妻現存之婚後財產，扣除婚姻關係存續中所負之債務後，如有剩餘，其雙方剩餘財產之差額，應平均分配。

　　本問一之事實關係上，甲男繼承財產所負之 10 萬元債務，因繼承財產不為婚後財產剩餘分配之財產，故不能由甲男之婚後剩餘財產中扣除，而僅能從繼承財產之 185 萬元扣除，有如前述。甲男婚後剩餘財產為 240 萬元，而乙女為 130 萬元。二人剩餘財產之差額為 110 萬元，故甲男應給乙女剩餘財產分配額 55 萬元。甲男死亡時，其應繼承之財產為婚前財產 240 萬元，加上剩餘財產 185 萬元之分配數額，再加上 175 萬元之繼承財產，共為 600 萬元（參考圖二十二）。

▶ 問二：

　　甲男死亡時，其應繼承財產為 600 萬元，依民法第 1138 條第一款之規定，法定繼承人為配偶乙女及甲男之直系血親卑親屬丙男與丁男，共有三人。又依民法第 1144 條第一項之規定，其法定應繼分依人數平均繼承，各為 600 萬元之 1/3，即 200 萬元。甲男遺贈辛男 60 萬元，但因辛男擅自變造遺囑，而為丁男所識破，依民法第 1188 條之規定，第 1145 條喪失繼承權之規定，於受遺贈人準用之。而依民法第 1145 條第一項第四款之規定，偽造、變造被繼承人關於繼承之遺囑者，喪失繼承權。依此規定，辛男受遺贈 60 萬元之債權不再存在，共同繼承人不必清償該債務。乙女於繼承開始後，依法拋棄繼承權。依民法第 1176 條第一項之規定，配偶拋棄繼承權者，其應繼分歸屬於與其同為繼承之人。現乙女拋棄繼承權後，其 200 萬元之應繼分歸屬於丙男與丁男，二人平分後，各得 100 萬元，因此丙男與丁男各繼承甲男之遺產 300 萬元。但丙男早於甲男死亡，依民法第 1140 條之規定：「第 1138 條所定第一順序之繼承人，有於繼承開始前死亡或喪失繼承權者，由其直系血親卑親屬代位繼承其應繼分」。丙男之直系血親卑親屬有己女與庚女，由二人代位繼承丙男 300 萬元之應繼分，各得 150 萬元（參考圖二十二）。

例題十六　普通共同財產制之適用與繼承權之喪失

事實關係

　　甲男為醫師與乙女於民國 92 年中秋節結婚。結婚時，二人依法訂立普通共同財產制契約。當時甲男已有 240 萬元之存款，乙女也有 60 萬元之儲蓄。其婚後生下丙與丁二子。丙男成年後，與戊女結婚，生下己女與庚男。其後甲男與壬男之妻辛女發生姦情，而生下丑女。甲男偷偷以金錢接濟丑女之生活，並以密封遺囑贈送辛女 30 萬元。丙男知悉該遺囑後，對辛女大為不滿，而加以重大侮辱。甲男知悉丙男對辛女之態度後，對丙男極為光火，即聲明丙男不得為其繼承人。辛女懷疑丙男對其侮辱乃受乙女之指使，而先對乙女謀害未死，被法院判二年徒刑確定。其後乙女就辛女對其身體之加害，認為係來自於甲男對婚姻之不忠，故對甲男極度不滿而為重大侮辱。甲男一氣之下，聲明乙女也不得為其繼承人。甲男死亡時，甲男與乙女全部共同財產有 840 萬元，又乙女尚有項鍊、耳環等個人之飾物，值 60 萬元。甲男尚有其醫療所需要之器材，值 120 萬元。

> 民國92年中秋節結婚，約定普通共同財產制。
> 甲男死亡時，有共同財產840萬元，乙女個人飾物60萬元，甲男醫療器材120萬元
>
> 醫師。結婚時有存款240萬元，遺贈辛女30萬元
>
> 壬男　辛女　　　甲男　　　乙女
> 　　通姦　　　　　　　　結婚時有存款60萬元。對甲男重大侮辱，被甲男聲明不得為其繼承人
>
> 謀害乙女未死，被判有期徒刑二年確定
>
> 丑女 戊女　丙男　　　丁男
>
> 重大侮辱辛女，被甲男表示不得為其繼承人
>
> 己女 庚男
>
> ▲圖二十三

(一)法律問題

▶ 問一：依現行民法之規定，甲男死亡時，留下多少應繼財產？

▶ 問二：甲男所留下之遺產應如何繼承？

(二)問題解說

▶ 問一：

　　本例題討論之重點乃普通共同財產制與繼承法上有關法定繼承人有人

喪失繼承權後如何繼承被繼承人之財產之問題。本問一在繼承遺產之前，應先解決甲男與乙女共同財產分割之情形，然後甲男為被繼承人，其究竟留下多少遺產及如何被繼承法定繼承人繼承。

㈠依本問一之事實關係，甲男與乙女結婚時，依民法第 1004 條之規定，以夫妻財產制契約，依法採用普通共同財產制。結婚時甲男已有 240 萬元財產，而乙女也有 60 萬元財產。甲男死亡時，其共同財產從結婚時之 300 萬元增加至 840 萬元。此外甲男尚有職業上所需要之醫療器材 120 萬元，此財產依民法第 1031 條之一第一項第二款之規定，屬於甲男之法定特有財產。乙女也有價值 60 萬元之首飾，此財產為民法第 1031 條之一第一項第一款之規定，屬於乙女個人使用之物而屬於法定特有財產。依同條第二項之規定，特有財產因適用分別財產制之規定，而不加入盈餘財產之分配。

㈡因甲男之死亡，甲男與乙女之共同財產制關係消滅。依民法第 1039 條第一項之規定，夫妻之一方死亡時，共同財產之半數，歸屬於死亡者之繼承人，其他半數，歸屬於生存之他方。乙女因對甲男有重大侮辱，而被甲男表示其不得為甲男之繼承人。此事由乃符合民法第 1145 條第一項第五款之表示喪失繼承權之要件。故甲男與乙女共同財產之分割，不能適用民法第 1039 條第一項之規定，各得共同財產之半數，而應適用同條第三項之規定：「第一項之情形，如該生存之他方，依法不得為繼承人時，其對於共同財產得請求之數額，不得超過於離婚時所應得之數額」。有鑑於此，必須了解甲男與乙女離婚時，其共同財產如何分割。而本例題係生存配偶不能繼承死亡配偶之財產時，其對共同財產分割之數額最多與離婚時相同，但法院得酌減比離婚時之分割數額較少。

㈢甲男與乙女離婚時，有關共同財產之分割，依民法第 1058 條之規定，即夫妻離婚時，除採用分別財產制者外，各自取回其結婚或變更夫妻財產制時之財產。如有剩餘，各依其夫妻財產制之規定分配之。依此規定，甲男與乙女就其共同財產之分割應適用民法第 1040 條之規定。其第一項：「共同財產制消滅時，除法律另有規定外，夫妻各自取回其訂立共同財產制契約時之財產」。因此甲男訂立共同財產制時，已有 240 萬元，乙女有 60

萬元。此財產甲男與乙女先各自取回。同條第二項規定：「共同財產制關係存續中取得之共同財產，由夫妻各得其半數」。甲男與乙女在共同財產制關係存續中有 840 萬元減去二人各自取回之財產 300 萬元，故共有 540 萬元之共同財產。二人平分後，各得 270 萬元。因此甲男死亡時，其所留下之全部遺產為 240 萬元取回之財產、270 萬元盈餘之分配及特有財產 120 萬元，總共為 630 萬元（參考圖二十三）。

▶ 問二：

本問二之討論重點乃甲男留下 630 萬元之遺產，有法定繼承人喪失繼承權時，應如何繼承之問題。

㈠甲男死亡時，其繼承人依民法第 1138 條第一款之規定，有生存配偶乙女及直系血親卑親屬丙男與丁男。至於甲男生前與辛女發生姦情而所生之丑女是否為甲男之直系血親卑親屬？辛女懷胎丑女時，辛女與壬男有婚姻關係。因此丑女之出生，依民法第 1063 條第一項之規定，妻之受胎，係在婚姻關係存續中者，推定其所生之子女為婚生子女。壬男或辛女有權依民法第 1063 條第二項之規定，對婚生推定之子女，提起否認之訴，但應於知悉該子女非為婚生子女之時起，二年內為之。惟壬男或辛女並沒有在法定期間內提出婚生否認之訴，丑女在法律上已確定為壬男之女。甲男雖有接濟丑女生活費之事實，但生父對已受婚生推定之子女，不能依民法第 1065 條第一項，經認領或視為認領，而成立父子關係；換言之，該認領為無效。丑女非甲男之直系血親卑親屬，對甲男無繼承權。

㈡丙男對辛女重大侮辱，而被甲男聲明丙男不得為其繼承人，此時丙男是否喪失繼承權？丙男不會喪失其對甲男之繼承權，因為依民法第 1145 條第一項第五款之規定，繼承人對被繼承人本人之重大侮辱，始能由被繼承人聲明不得為其繼承人。丙男對辛女之侮辱，而非對被繼承人為之，故丙男對辛女之重大侮辱尚不能由甲男表示不得為其繼承人。其次，乙女對被繼承人甲男之重大侮辱，而由甲男表示乙女不得為其繼承人，此情形符合民法第 1145 條第一項第五款之規定，乙女喪失對甲男之繼承權。

㈢甲男對情婦辛女遺贈 30 萬元，該遺贈於甲男死亡時是否發生效力？

該遺贈不會發生效力。因為辛女曾對應繼承人乙女故意殺害而未死亡，被法院判二年徒刑確定。依民法第 1188 條之規定，第 1145 條喪失繼承權之規定，於受遺贈人準用之。辛女對乙女之犯罪行為係民法第 1145 條第一項第一款之規定，即故意致被繼承人或應繼承人於死或雖未致死因而受刑之宣告者。有鑑於此，辛女不能從甲男受 30 萬元之遺贈。

　　㈣丙男因未喪失其對甲男之繼承權，丙男之直系血親卑親屬己女與庚男，不能依民法第 1140 條之規定，代位繼承丙男之應繼分。甲男死亡後，其繼承人有丙男、丁男二人。依民法第 1141 條之規定，同一順序之繼承人有數人時，按人數平均繼承，二人各得 630 萬元之 1/2，即 315 萬元（參考圖二十三）。

附　錄

主要參考書

一、中文部分

1. 史尚寬著《親屬法論》，民國 53 年。

2. 吳歧著《中國親屬法原理》，中國文化服務社，民國 36 年。

3. 胡長清著《中國民法親屬論》，商務印書館，民國 35 年。

4. 高鳳仙著《親屬法──理論與實務》，五南圖書出版公司，民國 91 年 9 月。

5. 曹傑著《中國民法親屬論》，會文堂新記書局，民國 35 年。

6. 陳棋炎、黃宗樂、郭振恭合著（簡稱陳、黃、郭合著）《民法親屬新論》，三民書局，民國 97 年 1 月。

7. 趙鳳喈著《民法親屬論》，正中書局，民國 34 年。

8. 謝振民編著《中華民國立法史》，正中書局，民國 37 年。

9. 戴炎輝著《中國法制史》，三民書局，民國 68 年。

10. 戴炎輝、戴東雄、戴瑀如合著（簡稱戴合著）《親屬法》，民國 96 年 9 月。

11. 戴東雄著《親屬法論文集》，東大圖書公司，民國 77 年 12 月。

12. 戴東雄著《中世紀意大利法學與德國繼受羅馬法》，國立臺灣大學法學叢書 (28)，民國 81 年。

13. 戴東雄著《民法親屬編修正後之法律疑問》，元照出版公司，民國 89 年 3 月。

14. 戴東雄著《親屬法實例解說》，國立臺灣大學法學叢書 (60)，民國 95 年 9 月。

15. 瞿同祖著《中國法律與社會》，里仁書局，民國 71 年。

16. 羅鼎著《親屬法綱要》，大東書局，民國 35 年。

二、外文部分

1. Coester-Waltjen, Dagmar, *Familienrecht*, 5. Aufl., München, 2006.

2. Dolle, Hans, *Familienrecht*, Bd.2, Karlsruhe, 1964.

3. Schülter, Wilfried, *BGB-Familienrecht 2003*, 10. Aufl., Heidelberg.

4. Tuor, Peter/Schnyder, Bernhard/Schmid, Jörg/Rumo-Jungo, Alexandra, *Das schweizerische Zivilgesetzbuch*, 12. Aufl., Schulthess, 2002.

法學啟蒙叢書　民法系列

◎ 繼　承　　戴東雄／著

　　本書主要內容在說明民法繼承編重要制度之基本概念，並檢討學說與實務對法條解釋之爭議。本書共分四編，第一編緒論；第二編為遺產繼承人；第三編乃遺產繼承；第四編為遺產繼承之方法。在各編重要章次之後，皆附以實例題，並在書末之附錄上，提出綜合性實例題，以邏輯之推演方法，解決實際法律問題。

◎ 動產所有權　　吳光明／著

　　本書主要在敘述動產所有權及其相關法律問題，除依民法物權編、民法物權編部分條文修正草案，以及參考九十六年三月二十八日最新公布之新「擔保物權」規定，敘述其修正說明外，另參考法院實務判決，提出實際發生之案例進行探討。希望藉由本書的介紹能幫助讀者建立清楚、完整的概念。

◎ 契約之成立與效力　　杜怡靜／著

　　本書為使初學者能儘速建立契約法之基本概念，以深入淺出之方式，於理論基礎之說明上，儘量以簡潔文字並輔以案例加以說明。此外為使讀者融會貫通契約法間之關連性，書末特別附有整合各項契約法觀念的綜合案例演練，促使讀者能夠匯整關於契約法的各項觀念，並藉由本書之介紹，進入學習民法之殿堂。

法學啟蒙叢書 民法系列

◎ 贈 與 郭欽銘／著

　　本書以淺顯易懂的文字及活潑生動的案例，介紹我國民法有關贈與規定之學說與實務見解，期使讀者能將本書知識與現實生活中之法律問題相互印證。案例演習中，若涉及民法贈與其他相關規定，本書均會詳為論述解說，因此可讓非法律人或法律初學者在閱讀時，輕易理解其內容。

◎ 承 攬 葉錦鴻／著

　　承攬的條文雖不多，但在日常生活中卻常出現，相當值得我們注意。本書除了介紹承攬的每個條文及其相關實務見解外，對於學說上見解亦有所說明，希望藉由這些解說，更加豐富承攬規定的法律適用。本書內容包括概說、承攬人之義務、定作人之義務、承攬契約的效力、合建、委建與承攬，並在附錄以例題對本書重點做一回顧，希望讓讀者清楚了解承攬之全貌。

◎ 買 賣 陳添輝／著

　　為什麼買賣契約是債權契約？為什麼出賣他人之物，買賣契約有效？為什麼一物二賣，二個買賣契約均為有效？就買賣的概念而言，一般人的理解與法律規定之間，為何會有如此大的差異？本書盡力蒐集羅馬法及歐陸各國民法之相關資料，希望幫助讀者了解買賣制度之沿革發展，進一步正確掌握我國民法有關買賣規定之意義。